《21世纪交通文化建设研究与实践》系列丛书

航道文化

方大怀　主　编
章　婧　副主编

人民交通出版社
China Communications Press

图书在版编目（CIP）数据

航道文化 / 方大怀主编. – 北京：人民交通出版社，2008.12

ISBN 978-7-114-07377-9

Ⅰ. 航⋯ Ⅱ. 方⋯ Ⅲ. 航道–文化–研究 Ⅳ. U612–32

中国版本图书馆 CIP 数据核字（2008）第 138407 号

《21 世纪交通文化建设研究与实践》系列丛书

书　　名：**航道文化**
著 作 者：方大怀
责任编辑：张征宇　乔文平
出版发行：人民交通出版社
地　　址：（100011）北京市朝阳区安定门外外馆斜街 3 号
网　　址：http://www.ccpress.com.cn
销售电话：（010）59757969，59757973
总 经 销：北京中交盛世书刊有限公司
经　　销：各地新华书店
印　　刷：中国电影出版社印刷厂
开　　本：787 × 960　1/16
印　　张：19.5
字　　数：318 千
版　　次：2008 年 12 月第 1 版
印　　次：2008 年 12 月第 1 次印刷
书　　号：ISBN 978-7-114-07377-9
印　　数：0001–4000 册
定　　价：56.00 元

交通文化建设研究工作指导委员会

主　　任　黄先耀

副 主 任　何建中　孙国庆

成　　员　柯林春　陈永久　张　润　任明英　杨根林
张月斌　余昌平　王新华　李云鹏　马宝亮
王　镭　贺建华　钟　华　梁晓安　王永明
黄　强　徐俊池　李伟红　陈汉发　孙立成
周　伟　李作敏　丘建华　徐世强　李宗琦
刘文杰

交通文化建设研究工作联络组

组　　长　柯林春

副 组 长　黄克清　洪晓枫

组　　员　王先进　王海峰　齐树平　杨俊威　胡　斌
严志明　覃万兵　何发举　王之安　辛加和
王淑敏　宋　颖　侯海强　马平原　邱　铭
羊　磊　胡利民　葛树增　章　婧　胡建华
向良凯　李　春　徐　丽　李和仁　梅　君

《航道文化》研究工作领导小组

组　　长	李伟红　唐冠军
常务副组长	方大怀
副 组 长	刘恒伟　李成秀　董文虎　李庆元
成　　员	邵　国　李雁翀　梁金龙　戚志群　章　婧 江德敏　宁晓东　周　军
主　　审	王先进
主　　编	方大怀
副 主 编	章　婧
编写人员	章　婧　朱仁健　张兆明　艾峦岑　程丛芦 刘方来　殷　黎　周　军
专家顾问	李矩海　石友蓉　张艳国　黄克清　乔文平 施继建　田世东

总 序

国民之魂，文以化之；国家之神，文以铸之。“加强文化建设，明显提高全民族文明素质”，是党的十七大提出的实现全面建设小康社会奋斗目标的新要求。胡锦涛总书记在党的十七大报告中明确指出：“当今时代，文化越来越成为民族凝聚力和创造力的重要源泉、越来越成为综合国力竞争的重要因素，丰富精神文化生活越来越成为我国人民的热切愿望。要坚持社会主义先进文化前进方向，兴起社会主义文化建设新高潮，激发全民族文化创造活力，提高国家文化软实力，使人民基本文化权益得到更好保障，使社会文化生活更加丰富多彩，使人民精神风貌更加昂扬向上。”这不仅深刻阐明了兴起社会主义文化建设新高潮的重大现实意义和深远历史意义，更为新时期加强文化建设指明了方向和路径。

交通文化是社会主义先进文化的重要组成部分，是交通行业的灵魂，是实现交通又好又快发展的重要精神支柱。交通运输是支撑经济良性发展、促进社会全面进步的基础性、先导性产业和服务性行业，服务是其本质属性。基于这一认识，我们提出了“交通发展要服务国民经济和社会发展全局、服务社会主义新农村建设、服务人民群众安全便捷出行”，提出了“发展现代交通业，建设一个更安全、更通畅、更便捷、更经济、更可靠、更和谐的现代公路水路交通系统”。从文化的角度看，这也正是我们基于交通运输的本质属性和交通行业的神圣使命所作出的价值选择，是交通文化的核心内涵，是引导交通事业科学发展的价值导向，也是贯彻落实党的十七大关于加强社会主义文化建设的具体体现。

交通部党组高度重视文化建设工作。2006年全国交通工作会议明确提出：“努力建设具有鲜明行业特点和时代特征的交通文化，用文化和精神的力量凝聚全行业，使交通行业更加充满活力，不断开创交通事业发展的新局面。”2006年6月26日召开的全国交通行业精神文明建设工作会议更加明确地提出：“加强交通文化建设，努力增强行业软实力”，力争文化建设在今后五年内取得明显进展。随后，部印发了《交通文化建设实施纲要》，对交通文化建设的指导思想、目标任务、工作原则和工作措施作出了具体安排和部署。这是交通部颁布的第一个有关交通文化建设的重要文件，它强调新时期交通文化建设要深入贯彻科学发展观和构建社会主义和谐社会的要求，建设具有鲜明时代特点和交通行业特色的精神文化、制度文化和物质文化；要以实践社会主义荣辱观为主线，以弘扬爱国主义为核心的民族精神和以改革创新为核心的时代精神为重点，大力加强精神文化建设；要在实践中加强探索和研究，系统总结交通文化建设的丰硕成果，确立符合先进文化前进方向和交通事业发展要求的交通行业的核心价值体系；要实施“五个一工程”，即形成一批交通文化研究成果，提炼一种交通精神，征集确定一个交通行业徽标，创作一批交通文艺作品，完善一批交通博物馆，将全行业文化建设提高到一个新水平，全面增强交通文化的吸引力和感召力，不断增强交通行业的凝聚力，提升交通行业的影响力，提高交通发展的软实力，为交通事业又好又快发展营造良好的文化环境。

为全面深入推进交通文化建设工作，2006年11月部务会议研究决定成立了交通文化建设研究工作指导委员会，按照行业文化、系统文化、专业文化、组织文化四个层次，分别成立了交通行业文化建设研究总课题组和公路文化、道路运输文化、交通规费征稽文化、港口文化、海事文化、救捞文化、船检文化、航海文化、廉政文化、公路执法文化、长江航运文化、交通公安文化、路文化、桥文化、车文化、站文化、船文化、航标文化、航道文化、交通行政机关文化、交通企业文化和交通事业单位文化等22个子课题组，由行业内有一定研究基础、有积极性、有较好的支撑条件、具有代表性的部门或单位牵头，并邀请文化学、管理学、社会学等方面的专家学者共同参与，按照力求出精品的要求，系统地开展了交通文化研究工作。经过广大研究人员一年多的辛勤劳动和艰苦努力，研究工作进展顺利，取得了一批可喜的研究成果。出版这套多卷本的《21世纪交通文化建设研究与实践》系列丛书，是交通文化建设研究成果的重要组成部分。丛书从多个层面、多个领域系统地总结了交通文化源远流长的发展历史、积淀丰厚的特色文化、形式多样的实践活动、绚丽多彩的建设成果。“系统文化”侧重于交通行业不同系统的特色文化研究，重点提炼和阐述了各系统具有系统特色的价值理念；“专业文化”侧重于不同专业领域的特色文化研究，重点是收集、挖掘和整理了交通行业物质文化成果；“组织文化”侧重于交通行业不同组织的特色文化研究，重点梳理、凝炼和展示了各类交通组织的特色价值理念、行为规范和形象标识。整个研究工作坚持以社会主义核心价值体系为指导，将“铺路石”、“航标灯”等交通行业传统精神与包起帆、许振超、陈刚毅等先进典型所展现的时代精神有机结合，在建设交通行业核心价值理念体系方面做了积极探索。

交通文化建设是一项长期性、系统性、复杂性的工作，既要整体部署，又要稳步推进。近年来，尤其是实施《交通文化建设实施纲要》以来，全行业日益重视交通文化建设，注重丰富交通发展的文化内涵，取得了一些有行业特点和时代特征的文化成果，涌现了青岛港、天津港等一批优秀企业文化建设单位和青岛交运集团“情满旅途”、南京长途汽车站“爱心始发站”等一批知名服务品牌，形成了南京交通局“交通文化通论”等一批理论研究成果。《21世纪交通文化建设研究与实践》系列丛书的出版发行，对于全国交通行业深入贯彻落实党的十七大精神，兴起交通文化建设新高潮，进一步提高交通行业凝聚力和战斗力，推动交通事业又好又快发展，切实做好“三个服务”，必将起到重要的推动作用。

交通部部长 李盛霖

二〇〇七年十二月十三日

导 论

交通为人员流动和物资流通提供基础条件，为人和物的空间位移提供运输服务，是支撑经济良性发展、促进社会全面进步的基础性产业和服务性行业。交通是一个古老而年轻的行业，自农业社会到工业社会以至信息社会，交通就一直伴随着人类文明的发展而演进，并构成人类文明的重要组成部分。中国是一个具有悠久历史的文明古国，在延绵数千年的文明进程中，曾造就了其他文明古国概莫能及的相对发达的交通体系；新中国成立后，中国交通事业进入一个崭新的发展阶段，经过近60年的建设尤其改革开放近30年的建设，交通发展在数量规模、质量水平和结构层次等方面都发生了翻天覆地的变化，取得了举世瞩目的成就，已跻身世界交通大国之列，正朝着世界交通强国迈进。中国交通发展的历史伟绩和现代成就为中华文明和世界文明做出了重大贡献，与此同时，在这个历经风雨的漫长岁月中，勤劳智慧的中华民族创造了与历史俱进、与时代同步的丰富多样、绚丽多彩的交通文化，为中华文化和世界文化的不断发展增添了更加丰富的内涵和更为亮丽的色彩。

一、交通文化的概念

理解交通文化的概念需先考查文化的概念。关于“文化”一词，长期以来，国内外一直没有形成统一的定义。但是，人们对文化内涵的解释还是存在共识，一般认为：文化是人类在社会历史发展过程中不断创造的各种精神财富、制度体系和物质财富的总和，其核心内容是人类创造各种精神财富、制度体系和物质财富所秉持的或反映出的价值理念。这是人们对社会主文化内涵所作的解释。基于这一认识，人们于是对隶属于社会主文化的各种亚文化的概念也做出了界定，如组织文化、系统文化和行业文化等。

交通文化也是隶属于社会主文化的一种亚文化，交通文化建设的理论渊源是文化人类学。对于交通文化的概念，可以根据社会主文化概念的核心内容和基本要素作出界定：交通文化是交通行业在长期的交通建设、运输和管理实践中逐步形成并不断发展的为广大交通员工所普遍认同并付诸实践的具有鲜明行业特点和时代特征的价值理念，是交通行业各种精神文化、制度文化和物质文化的总和，是交通发展的重要成果，是交通文明的重要结晶。其中，精神文化是交通行业的核心文化，是交通行业纲领性的核心思想，是指导交通发展的核心价值；制度文化是交通行业的浅层文化，是交通行业制定并执行办事规程、道德规范和行为准则所秉承的价值理念；物质文化是交通行业的表层文化，是交通行业生产物质实体、展现外在形象所秉承的价值理念。对于这一概念，可从以下角度进一步理解其内涵：

交通文化的核心内容是价值理念。价值理念属于意识形态或思想认识范畴，体现为交通行业对交通发展所秉持的态度、所采取的方式和所表现的行为，为交通发展所倡导的精神、所制定的规范和所树立的形象，这些态度、方式和行为都自觉或不自觉地反映了交通行业所秉承的价值理念，从而形成了交通文化。

交通文化的本质要求是强调实践。交通文化是交通行业普遍认同并付诸实践的价值理念，其突出强调价值理念的实践性，强调所倡导的价值理念要得到普遍认同和真正落实，要使之内化于心、固化于制、外化于形，从而在交通建设、运输和管理实践中发挥出实际的作用，为交通发展提供精神动力、制度保障和物质基础。

交通文化的层次定位是行业文化。从价值理念的从属主体来看，有国家的、民族的、组织的和个人的价值理念等，交通文化则属于整个交通行业的价值理念。因此，交通文化是对整个交通行业各部门、各单位价值理念的提炼与整合，代表了交通行业从业人员的主流思想，代表了整个行业广泛认同和普遍接受的价值理念。

交通文化的鲜明个性是交通特色。交通文化是交通行业的特色文化。各个行业的特色文化在其形成和发展过程中，虽然受到整个国家、民族的价值理念的影响，但各个行业生产特征、服务要求和管理模式存在很大差异，其价值取向也必然存在较大差异。交通作为经济社会发展的基础性产业和服务性行业，其所秉承的价值理念自然也有别于其他行业，从而有其自身鲜明的个性特色。

二、交通文化的特点

不同行业有其各自的结构形态和嬗变沿革，以及不同的静态表征和动态特征，因而体现出与之相对应的文化体系特点。从这方面考察，交通文化具有多样性、层次性、传承性、时代性等突出特点。

交通文化的多样性。交通行业由多个系统、多种专业、多种组织构成。从职能范围看，交通行业主要有公路建设与管理、道路运输、规费征稽、港口、航运、海事、救捞、船检、公安等系统；从专业性质看，交通行业主要有公路、桥梁、车辆、站场、船舶、航标、航道等专业领域；从组织性质看，交通行业主要有行政机关、执法单位、交通企业和事业单位等组织。不同的系统、专业、组织都有其自身的生产特征、服务要求和管理模式，因而具有不尽相同的价值理念，从而形成了文化的多样性。交通文化的多样性，要求交通文化建设要充分考虑不同文化价值理念的个性与共性，整个行业的文化建设在价值理念的提炼和价值体系的整合上要兼收并蓄、博采众长，从而形成能为整个行业广泛认同并普遍接受的价值理念。

交通文化的层次性。按照交通行业的职能、专业和组织等分类，可将交通文化细分为交通系统文化、交通专业文化和交通组织文化，各组成部分按照某种秩序有机结合，呈现出一定的层次性。其中，行业文化是一个面，系统文化是一条线，组织文化是一个点，专业文化则可看作对系统文化的细分，因为公路、桥梁、车辆、站场、船舶、航标和航道等是隶属于各交通系统的物质实体。整个交通文化体系因此呈现出一种“点-线-面”式的层次特征。各层次文化所秉承的价值理念具有内在的联系，一般来说，上层文化价值理念是对下层文化价值理念的归纳，上层文化更为抽象，下层文化更为具体。交通文化的层次性，要求提炼、整合交通行业的价值理念要自下而上、由点到面，逐层归纳，从而形成具有深厚基础的价值理念。

交通文化的传承性。交通文化形成于交通发展的实践，并随着交通的发展而发展。交通发展过程就是交通文化形成的过程，交通发展的历史沿革就是交通文化的传承沿革。交通发展在不同时期面临着不同的发展任务和发展条件，因而有着不同的价值理念和文化内涵。传承是发展的基础。交通文化的传承性，要求用历史唯物主义和辩证唯物主义的观点和方法去认识交通文化，从源远流长、积淀丰厚的发展历史中发掘、提炼交通文化的价值理念元素，充分吸收传统文化的合理成分，进而将交通行业优良的传统文化发扬光大。

交通文化的时代性。中国乃至世界交通发展都已进入新的阶段，快速推进中的中国交通现代化要求坚持科学的价值理念，发展先进的交通文化，以此促进交通事业又好又快发展。因此，建设交通文化，必须坚持先进文化前进方向，在传承交通传统文化的基础上，充分融入现代意识，不断丰富和发展其科学内涵，确立具有时代特征的价值理念，发展具有现代意识的物质文化、制度文化和精神文化体系。

三、交通文化的功能

交通文化的作用集中体现在“内聚人心、外塑形象”两个方面，具有凝聚、导向、激励、约束、外塑和辐射等基本功能。认识这些基本功能，是认识交通文化的建设目的与建设意义的基础。

交通文化的凝聚功能。交通文化所倡导的价值理念一旦为整体行业认同并接受，就成了千百万从业人员共同的理想与追求，进而以其强大的粘合力，从各个方面将整个行业及其成员聚合起来，形成巨大的向心力和凝聚力，形成强烈的集体意识团队精神，为实现共同的理想与追求而齐心协力、共同奋斗。

交通文化的导向功能。交通文化所倡导的价值理念是整个行业的共同理想和共同追求的集中反映，代表了千百万交通人的主流思想和主流意识。这种共同的理想和追求，通过教育和灌输，会引导行业的个体与群体在思想、观念上做出调整，使其与整个行业所确立的价值取向保持一致，从而起到一种导向作用。

交通文化的激励功能。交通文化建设的核心要旨是以人为本、以文化人，强调确立共同的理想、营造和谐的氛围。这些都有利于增强各部门、各单位干部职工的使命感和责任感，激发干部职工的积极性和创造性，使广大干部职工乐于参与交通建设，乐于发挥聪明才智，为实现共同理想、实现自身价值而做出努力。

交通文化的约束功能。交通文化一旦形成，就建立了自身系统的价值理念，就为行业整体及其成员明确了价值取向，同时也确立了道德规范和行为准则，从而对行业整体及其成员起到一种约束作用。但是，这种约束具有自觉性，是一种软约束，这种软约束产生于整个行业的文化氛围，使各个成员产生共鸣，继而达到自我控制。

交通文化的外塑功能。交通行业特色文化所倡导并实践的价值理念是交通行业的旗帜，旗帜就是形象，这种形象包括理念形象、行为形象和视觉形象。这些形象是社会公众了解和评价交通行业的标志和表征。因此，交通文化具有外塑形象的重要功能。

交通文化的辐射功能。交通文化的辐射功能主要体现在所倡导并实践的价值理念通过外化而为广大社会公众所了解、所感受，会影响整个社会价值理念的形成与发展，从而使交通文化成为社会主文化的生长点和贡献源，为社会主义文化大发展、大繁荣做出贡献。

四、交通文化的载体

凡文化均有其价值理念的承载体或附着体。人类通过劳动创造文化。人类的劳动作用于自然形成物质文化，作用于社会形成制度文化，作用于人类自身形成精神文化。交通文化的载体主要包括主体载体、组织载体、制度载体和物质载体等。从根本上说，建设交通文化就是建设和优化这些载体。

主体载体。交通行业从业人员是交通行业的主体，自然也是交通文化的主体。交通行业从业人员既是交通行业价值理念的倡导者和实践者，也是交通行业价值理念的承载者和传播者。交通文化说到底是交通人的文化，是交通人的思想意识和价值取向。建设交通文化，要注重人的决定性因素，突出人的主体性地位，一是注重发掘广大从业人员的价值理念元素，确立具有深厚群众基础的价值理念体系；二是注重依靠广大从业人员建设交通文化，践行价值理念；三是注重通过文化建设来提升广大从业人员的综合素养，运用文化的力量来增强从业人员的凝聚力和向心力，激发交通从业人员的积极性和创造性。

组织载体。交通行业的行政机关、事业单位和交通企业等各种组织，既是交通行业的基本单元，也是交通文化建设的基本单元。这些组织作为交通文化的载体，与文化的内在联系主要体现在以下几个方面：一是组织内涵反映组织文化的性质。组织内部共同的目标追求、一致的价值取向、和谐的分工合作都是文化使然，其既是文化作用的结果，也是文化自身的表征。二是组织结构体现组织文化的个性。组织结构决定了组织内部的职责关系，其选择和形成受到组织文化的影响，并反作用于组织文化，从而使得不同的组织结构体现出不同的文化个性。三是组织功能体现组织文化的要求。组织的功能主要体现在整合人力资源、规范人的行为、满足人的需要，从而履行组织使命，实现组织目标，这些功能和作用与组织文化的功能和作用是一致的，正好体现了组织文化建设的目的和要求。建设交通文化，要求将组织建设作为重点内容，着力提升组织管理理念，改进组织管理方式，按照科学管理、规范管理的要求，优化组织的内部结构与协作关系。

制度载体。制度是要求组织成员共同遵守的办事规程、道德规范和行为准则。组织制度和组织文化之间关系十分密切。一方面，组织文化是组织制度制定与执行的重要决定因素，影响着组织制度的形成及其功效的发挥。组织制度是组织文化的产物，组织制度所具有的规范约束和激励作用等本身就体现了组织文化建设的直接目的和内在要求。这样，组织制度就成为了组织文化的重要载体，组织制定并执行各种办事规程、道德规范和行为准则都反映了组织文化所倡导的价值理念。另一方面，组织制度对组织文化的形成和发展也具有重要影响，有什么样的组织制度也必然会使组织成员表现出相应的处事态度和行为方式，从而营造相应的组织氛围、孕育相应的组织文化。建设交通文化，要求将制度建设作为重点内容，按照以人为本、科学管理的要求，以实现员工价值、规范员工行为为价值取向，着力健全组织内部的管理制度，推进制度创新与制度变革。

物质载体。物质载体是反映交通文化特色内容的重要载体和交通文化先进程度的重要标志。交通文化的物质载体主要包括以下几类：一是交通行业的生产资料，包括基础设施、运输装备及其支持保障系统，如公路、桥梁、车站、港口、航道、航标、车辆和船舶，办公场所、生产车间和服务场所等，这是交通生产力的物质基础，其外形特征、结构特点、技术价值、美学价值、历史价值、民族特色、地域特征、人文内涵及其社会经济意义等，是交通文明的重要标志，也是交通文化的重要特色所在。二是交通行业的形象标识，如各系统、部门和组织的徽标、着装和歌曲等，这也是交通文化的可感知性象征物，充分体现了交通文化的个性和风格。三是交通行业各种组织保障员工基本权益、提升员工综合素养的各种实体手段，如保健、卫生和安全等设施，技术培训、职业教育和文化教育等文化设施，这些也都充分体现了交通文化的个性和风格。建设交通文化，要求将物质载体建设作为重点内容，既要着力保证物质实体的经济社会意义，也要着意丰富物质实体的技术价值、美学价值、历史价值、民族特色、地域特征和人文内涵，着力提升交通行业的外在形象。

五、交通行业的价值体系

交通文化建设坚持社会主义先进文化前进方向，用马克思主义中国化最新成果武装和教育广大干部职工，用中国特色社会主义共同理想凝聚力量，用以爱国主义为核心的民族精神和以改革创新为核心的时代精神鼓舞斗志，用社会主义荣辱观引领风尚。经过长期的探索与实践，交通行业逐步形成了具有鲜明行业特色和时代特征的交通精神文化、制度文化和物质文化，形成了实践证明对于引导交通事业快速发展、科学发展、和谐发展具有重要指导作用的价值体系。

（一）行业使命：发展现代交通，做好“三个服务”

发展现代交通，促进民富国强，是国家和人民赋予交通行业的神圣使命。交通是支撑经济良性发展、促进社会全面进步的基础性产业和服务性行业，是促进经济增长、优化产业布局、改善人民生活、保障国家安全、维护社会稳定的基础条件和重要依托。交通发展的主要任务是发展现代交通业、实现交通现代化，根本目的是促进人民富裕、实现国家强盛。在目前及今后相当长时期内，交通行业围绕履行这一使命，必须把握世界交通发展的总体趋势和我国交通发展的阶段特征，着力调整交通结构、转变发展方式、推进自主创新、完善行业管理，加快推进交通由传统产业向现代服务业转型，努力提高做好“三个服务”（服务国民经济和社会发展全局，服务社会主义新农村建设，服务人民群众安全便捷出行）的能力和水平。

（二）共同愿景：建设一个更安全、更通畅、更便捷、更经济、更可靠、更和谐的现代化公路水路交通运输系统，实现人便于行、货畅其流，让人们享受高品质的运输服务，让经济社会发展更加充满活力，让交通与自然、交通与社会更加和谐。

交通行业致力于建设一个更安全、更通畅、更便捷、更经济、更可靠、更和谐的现代化公路水路交通运输系统，体现了交通行业基于自身使命而对未来交通发展愿望与发展前景的美好憧憬，对未来交通发展目标与发展效果的理想追求，是交通行业重要的价值取向。为实现这一愿景，一代代交通人前赴后继，作出了艰苦卓绝的不懈努力，取得了举世瞩目的巨大成就，交通事业各个方面不断地实现了历史性突破和跨越式发展。目前，公路主骨架、水运主通道、港站主枢纽和支持保障系统建设全面推进，高速公路、特大桥梁、长大隧道和专业码头建设快速发展，万车竞发、百舸争流的繁荣景象已经初步形成，货畅其流、人便于行的良好效果已经日益显现，现代化公路水路交通运输系统已经初具规模，更加宏伟的发展目标正在又好又快地大力推进之中，交通发展的美好愿景必将成为现实。

（三）交通精神：艰苦奋斗、勇于创新，不畏风险、默默奉献

交通精神是民族精神和时代精神在交通实践中的生动体现，是对交通行业先进典型精神内核的高度概括，是交通行业广大从业人员共同创造的精神财富，是交通行业履行自身使命、实现共同愿景的强大动力，代表了交通行业广大从业人员的思想意志和精神风貌。交通精神的核心要素是“艰苦奋斗、勇于创新，不畏风险、默默奉献”。

艰苦奋斗是交通行业的优良传统。立足我国建设任务繁重、经济基础薄弱的基本国情，交通行业各条战线广大员工，本着高度的使命感和责任感，始终保持勤俭节约、艰苦朴素、拼搏进取、努力奋斗的优良传统，大力推进我国的现代化交通建设，确保交通发展的质量、效益和效率，创造了无数可圈可点的光辉业绩，涌现了以“一代人要有一代人的作为、一代人要有一代人的贡献、一代人要有一代人的牺牲”的“青岛港精神”，“胸怀祖国、热爱边疆的爱国精神，刻苦钻研、勤奋好学的进取精神，不懈探索、敢于突破的创新精神，恪尽职守、忘我工作的敬业精神，淡泊名利、清正廉洁的自律精神，生命不息、奋斗不止的拼搏精神”这一“刚毅精神”，以及“勇闯新路、改革进取的精神，干字当头、艰苦奋斗的精神，遵纪守法、诚实劳动的精神，领导干部以身作则、吃苦在前、享受在后的精神”这一“华铜海精神”等为代表的彰显艰苦奋斗精神的先进典型。

勇于创新是交通行业的时代追求。锐意进取、勇于创新，是交通行业在长期的改革与发展实践中不断适应新的形势变化和发展要求，有效解决突出矛盾和问题，不断取得重大进展与突破的成功经验。长期以来，交通行业抓住机遇、与时俱进，

注重理念创新、科技创新、体制机制创新和政策创新，为实现交通事业又好又快发展提供不竭动力，涌现了以“报效祖国，服务人民的主人翁精神，立足本职、追求卓越的敬业精神，求真务实、勇攀高峰的科学精神，锲而不舍、勇于拼搏的进取精神，团结协作、淡泊名利的团队精神”这一“起帆精神”，“爱岗敬业、无私奉献的主人翁精神，艰苦奋斗、努力开拓的拼搏精神，与时俱进、争创一流的创新精神，团结协作、互相关爱的团队精神”这一“振超精神”，“恪尽职守、忘我工作的敬业精神，立足岗位、刻苦自励的拼搏精神，敢为人先、勇攀高峰的创新精神，凝心聚力、团结协作的团队精神”这一“孔祥瑞精神”，以及“凝心聚力的和谐意识，拼搏奉献的创业精神，敢为人先的创新精神，追求卓越的创优精神”这一“润阳大桥精神”等为代表的凸显勇于创新精神的先进典型。

不畏风险是交通行业的突出意志。交通建设逢山开路、遇水架桥，车辆行驶于陡峭险峻的群山之间，船舶航行于风急浪高的水面之上，无不存在一定风险，正所谓“行船走马三分险”。长期以来，中国航海者面对风浪惊涛的海洋环境和突如其来的各种困难，总是勇往直前、镇静应对、精诚协作，圆满完成国家和人民交付的各项运输任务，彰显了“乘风破浪、不畏艰险、同舟共济”的“航海精神”。尤其，在发生海上安全事故的情形下，我国海上搜救队伍更是凭藉精湛的技能和过人的胆略，不顾个人安危，及时赶赴现场，全力施行搜救，确保人民生命与财产安全，凸显了“把生的希望送给别人、把死的危险留给自己”的“救捞精神”，是交通行业坚强意志力和大无畏精神的突出体现。

默默奉献是交通行业的真情付出。我国公路水路交通建设、运输和管理大多是在气候恶劣、地形复杂、人烟稀少的特殊条件下展开的，广大交通建设、运输和管理人员，无数的铺路工、养路工和航标工，寒来暑往、经年累月，不顾风吹雨打、不计名利得失，在平凡的岗位上、在艰苦的条件下，恪尽职守、真诚奉献，用宝贵的青春和人生，铺就了无数大道、送去了万家温暖、确保了万家平安，留下了无数可歌可泣的感人事迹，涌现了以“为人民服务到白头”的“小扁担精神”，“爱岗敬业、默默奉献”的“铺路石精神”，“燃烧自己、照亮别人、奉献社会”的“航标灯精神”，“尚法弘德，为民负责，执法为民，服务社会”的“海事精神”，以及“尽职在岗、奉献在船”的“孙彪精神”等为代表的凸显默默奉献精神的先进典型。

（四）职业道德：爱岗敬业、诚实守信、服务群众、奉献社会

交通行业开展职业道德建设，坚持用社会主义荣辱观引领风尚，按照《公民道德建设实施纲要》的要求，大力倡导并努力践行以“爱岗敬业、诚实守信、服务群

众、奉献社会”为主要内容的职业道德，为交通事业又好又快发展提供有力的制度保障。

爱岗敬业是职业道德的基础。爱岗敬业要求从业人员干一行、爱一行、精一行。交通行业为全社会提供交通基础设施和客货运输服务，交通工程建设关乎百年发展大计，客货运输服务涉及广大公众利益，从业人员首先要热爱本职工作、履行岗位职责，要结合岗位需要、立足岗位工作，加强业务学习、注重实践锻炼，不断提高个人综合素质，在工作中恪尽职守、精益求精，为保证工程建设和运输服务质量作出自己应有的贡献。

诚实守信是职业道德的精髓。诚实守信要求从业人员做到诚实、诚恳、讲信义、守信用。交通行业倡导并实践诚实守信的职业道德，要着眼于切实解决交通、运输和管理中群众反映强烈、社会危害严重的突出问题，健全诚信机制，开展诚信教育，强化诚信意识，进一步推进“共铸诚信交通”实践活动，做负责任的行业、负责任的部门、负责任的岗位，努力提高整个行业的公信力和信誉度。

服务群众是职业道德的更高要求。交通行业本身是服务性行业，服务是交通的本质属性，做好服务是交通发展的突出主题。交通行业各部门、各单位广大员工要着力增强服务意识，努力提高做好服务的能力和水平。要继续开展文明行业、文明单位、示范窗口建设活动，大力推行热情服务、周到服务、规范服务，为人民群众提供更加安全、便捷、高效的优质服务。

奉献社会是职业道德的最高境界。交通作为经济社会发展的基础性产业和服务性行业，与社会生产和社会生活的各个方面息息相关，广大从业人员要将奉献社会作为职业道德建设的出发点和归宿，立足各自的本职工作，以宽广的胸襟和坦荡的胸怀，以自己的才华和汗水真情地反哺于人民、回馈于社会，在奉献中实现自我、发展自我。

六、交通文化建设的现实意义

大力推进交通文化建设，是交通行业深入贯彻落实科学发展观，促进交通事业全面发展的重要方面。党的十七大报告指出：深入贯彻落实科学发展观，要按照中国特色社会主义事业总体布局，全面推进经济建设、政治建设、文化建设、社会建设，促进现代化建设各个环节、各个方面相协调；推动社会主义文化大发展大繁荣，要坚持社会主义先进文化前进方向，兴起社会主义文化建设新高潮，提高国家文化软实力。大力推进交通文化建设，就是要确立符合先进文化前进方向和交通事业发展要求，具有鲜明行业特点和时代特征的价值体系，并付诸交通发展实践，提升交通文化软实力，为实现交通又好又快发展提供精神动力、制度保障和物质基础。

建设交通文化有利于确立共同理想，树立共同目标，进一步增强发展现代交通的使命感和责任感。理想就是信念，理想就是旗帜。交通文化建设大力倡导并努力践行建设一个更安全、更通畅、更便捷、更经济、更可靠、更和谐的现代化公路水路交通运输系统，致力促进人民富裕、实现国家强盛，这些核心价值一旦为交通行业各部门、各单位干部职工所接受，就成了广大交通员工共同的理想和信念，成了统一干部职工思想认识的旗帜和标杆，进而增强广大交通员工的使命感和责任感，引领广大交通员工为发展现代交通、促进民富国强而自强不息、奋斗不止。

建设交通文化有利于继承优良传统，弘扬时代精神，进一步提高做好“三个服务”的能力和水平。交通精神是交通行业的灵魂。交通文化建设大力倡导并努力践行以“艰苦奋斗、默默奉献、不畏风险、勇于创新”为核心要素的交通精神，是交通行业继承优良传统、体现时代要求，努力做好“三个服务”的精神追求和强大动力。建设交通文化，弘扬交通精神，就是要宣传先进典型，弘扬浩然正气，以此激发广大交通员工的积极性和创造性，使之成为不断提高做好“三个服务”的能力和水平的强大动力。

建设交通文化有利于凝聚行业力量，提升行业形象，进一步增强构建和谐交通的凝聚力和影响力。交通文化建设按照以人为本的核心要旨，在精神文化、制度文化和物质文化等各个层面，大力倡导并努力践行交通发展的事业追求和社会责任，努力实现好、维护好、发展好用户利益、公众利益、员工利益。这些价值取向，既是一种宣示，更是一种承诺，其所体现的人本主义和人文关怀，有利于改善交通行业的内在氛围、提升交通行业的外在形象，改善行业内外的关系，提高交通行业的凝聚力和影响力，从而提升交通发展的软实力，促进交通事业又好又快发展。

（执笔人：王先进　李春　樊东方　邱曼丽　刘利　张榕榕）

前　言

航道因水而生，因文化而勃兴。水是大自然生态系统的控制因子，又是生命元素、文明源泉和经济社会发展的基础。日月经天，江河行地，在广袤的大地上，滔滔江河总是流动着、载浮载沉，一路滋润，一路养育。远古时期，先民缘水而居，傍水而行，刳木为舟，剡木为楫，航道作为一种原始的运输通道而自然萌生，开始为人类走向美好生活架设起最便利的桥梁和纽带。伴随着人类文明的进步，古老的航道不断地从原始自然状态向现代化演进。纵观中国近现代交通运输的发展史，虽然综合运输体系的格局在不断地变化，但航道作为一种重要的交通基础设施始终发挥着不可替代的作用。进入新世纪新阶段，在科学发展观的指引下，中国水运事业真正意义上迎来了大振兴、大发展的春天。航道作为水运的基础和先导，更是备受瞩目、备受重视，处于优先发展的突出位置，一个加快航道现代化建设的热潮正在兴起。

盛世崇文。政治清明、经济发展、社会稳定，必然会促进也必然会要求有一个文化的大发展大繁荣。党的十七大站在新的时代起点上，对兴起社会主义文化建设新高潮、推动社会主义文化大发展大繁荣作出了全面部署。在做好“三个服务”的时代要求下，交通行业迎来了由传统产业向现代服务业转型的新阶段，交通部党组作出了把交通行业文化建设提升到一个新水平的部署。我们适逢航道发展的盛世，航道发展必然会促进也必然会伴随着行业文化的繁荣兴盛。正是在这样的背景下，为挖掘航道文化资源，总结航道文化建设成果，进一步加强航道文化建设，提升航道发展软实力，根据交通部关于交通文化建设研究的总体部署，由长江航道局牵头，经过全国航道系统的共同努力，历经一年多的辛勤工作，《航道文化》一书正式出版发行了。这是航道发展史上一件大事。这既是对前人的业绩进行客观的总结，也为今人提供大量的可鉴之资，更给后人留下了一笔宝贵的精神财富，堪称是一部可读、可资、可鉴的文化史书，对于推进航道事业又好又快地发展具有重要的意义，必将为整个行业的发展注入源源不竭的精神动力。

《航道文化》一书，遵循文化建设的理论，紧密结合行业的特征，着力从物质实体层面反映航道的精神文化、制度文化、行为文化，以开阔的视野和纵深的思维，梳理了航道文化的历史脉络，概括了航道文化的本质特征，提炼了航道文化的核心精神。通读全书，我们可以看到，航道作为综合运输方式中最古老的运输通道，具有久远的历史和旺盛的生命力。纵观航道发展史，既是服务水运、通达四海的物质文明发展史，也是文化积累、文明传承的精神文明发展史。从古至今，上善若水，厚德载物，为人称颂。航道因水而生，航道文化也深深地打上水的烙印。从中我们可以感受到，航道从业者顺势而为、应势而动的变革精神，百折不回、奔腾向前的进取气概，有惠泽众生、容纳百川的服务情怀，劈山穿石、疏江导河建设美好生活新航道的雄心壮志。

文化建设是一项长期的艰巨过程。《航道文化》一书的出版只是航道文化建设的新起点。如何进一步发挥文化的凝聚、辐射、渗透、导向作用，全国航道系统还要以更加深刻的认识、更加开阔的思路、更加得力的措施、更加自觉的行动和更加有为的姿态投身文化建设之中去，把“软实力”当做“硬任务”来抓。要通过开展形式多样的宣传教育活动，实现行业上下对价值观的深刻理解和广泛认同，实现文化内化于心；要将价值理念贯穿到各项规章制度和工作流程、工作标准中去，形成体现价值理念的制度体系，使行业文化转化为航道系统干部职工可遵循的行为准则和行为规范，实现价值观固化于制；要把价值理念体现在保障航道畅通、提供公共服务等生产管理活动中，体现在职工日常行为和行业对外形象上，使价值观外化于行。

前进的事业孕育着灿烂的文化，灿烂的文化必将推进事业的前进。我相信，伴随着《航道文化》一书的出版，航道文化建设必将迎来一个大发展、大繁荣的时代，必将推动航道事业在又好又快发展的轨道上阔步前进。

交通部水运司司长 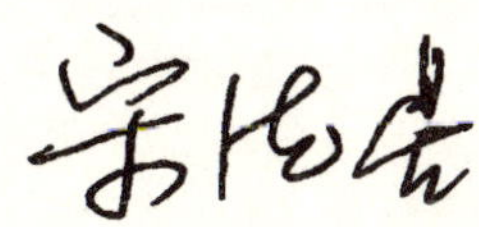

目 录

第一章　航道的发展和历史状况

一、航道的萌发

水是我们人类居住的这个星球上分布最广的一种物质。从远离地球的高空遥望，地球是一个蔚蓝色的水晶球。地球的表面一片汪洋，水连着水，而陆地则像水中的几个岛屿。地球上的水由三大部分组成，即大气水、地表水及地下水。其中，地表水包括海洋水、冰川水和永久积雪、河流水、湖泊水和沼泽水；地下水包括地壳深层水、地壳活动水和土壤水。科学观测告诉我们：地球70.8%的面积被海洋覆盖着，地球藏水总量多达138万万亿立方米，因此，地球又被人们亲切地称为“水星”。

水是生命之源，人的孕育生存，一刻也离不开水。《管子·水地篇》曰：“人，水也。男女精气合，而水流形。”说明人也是由水生成的。在人体组成的成分中，水的含量最高，大约占到人体重的60%至70%。成年人每天要从饮食中摄取2.5升左右的水。医学证实，人在有水无食的情况下可以存活一个月，可是没有水连一个星期也活不下去。同时，水对于人类维持生存所需要的物质产品而言，一样是不可或缺的极为重要的资源保障：江河湖海等水域蕴藏的丰富的水产品，一直是人类生存的重要食物之源；而粮食、水果、蔬菜等农业产品的生产，更离不开水的滋养和哺育。

远古时期，由于人类的生产能力十分低下，人类的祖先为了自身的生存和发展，只能选择水文地理条件较好的河流，缘水而居，傍水而行，凭借水资源开辟生活之源，并进行繁衍生息。这也有力地解释了为什么几大古代文明的悠久历史总与著名的河流相伴而行。人类的祖先在同水长期打交道的过程中逐渐发现，落叶与树木等物体能够飘浮于水面上顺流而行，于是慢慢悟出了“浮”的道理，并逐步学会利用简便的水上浮具来从事水上活动，原始意义上的“航道”也就应运而生。

起初，古人制造浮具的水平低下，只能利用一些简便现成的浮具进行

远古时期的石刻描绘了早期人类的航行活动（来自百度百科）

漂航，如利用独木和大葫芦一类的浮具，在有限的水域内涉猎，航行范围十分有限。后来逐步发现用几根竹木捆扎成筏比单根竹木的浮力大，稳定性也好，使得漂航的范围有了扩展。浮筏的问世标志着古人利用天然水道漂航能力的提高。到了原始社会后期，古人又创造出挖木为舟、削木为桨的制造技术，实现了水上漂航活动中的一次质的飞跃，大大提高了对天然水域的利用程度，航行范围已从居住区域附近的狭浅水道扩展到有较大水深和较辽阔的河湖里，甚至还敢涉足江海险道，航道范围逐步扩大。同时，人们在长期的水上航行实践中发现，利用山岩石嘴、树木等江湖两岸的地物地貌作为航行参照物可以更加有利于航行，这些航行参照物就成为了人类早期的助航标志。航道、浮具和早期助航标志是人类古代文明的重要内容，有力地促进人类的生存和发展。

住在幼发拉底河和底格里斯河流域的古巴比伦人很早就知道利用航道。在这块神奇的土地上至今还流传着一个古巴比伦的传说，故事说一位巴比伦国王的祖先梦见他遇到了神。神告诉他，洪水就要淹没大地，来惩罚人类的罪恶。因为他一向对神十分虔诚，所以神要搭救他。这个人听从神的吩咐，造了一只方舟，把全家人都搬到舟上，还带了几只动物和一些种子。没过多久，乌云布满天空，黑暗笼罩了大地，狂风暴雨袭来，滔滔洪水淹没了一切生命，只有那只方舟在茫茫无边的水面上漂行。到了第七天，风住了，河水平静下来。这时候，方舟漂到一座山旁。舟上的人把动物放出方舟，将种子撒在山上，大地的生命重新开始了。西方著名的诺亚方舟的故事就是从这个传说演变而来的。故事一方面寄托着古巴比伦人逢凶化吉的美好愿望，同时也反映出古代巴比伦人很早就开始利用舟楫。

古埃及人很早就懂得乘船在尼罗河上航行。在古埃及语中就有“到北方”和“到南方”的单词，其意义分别是“顺流而下”和“逆流而上”，说明利用尼罗河航行已是古埃及人当时重要的交通方式。另外，从史前时代的瓶画中可以看到人们乘着大船在尼罗河中航行的景象。由于尼罗河是天然的交通大道，不论是上行或下行，船是最方便的交通工具。古埃及人建造的船舶大约有两大类，一类是小型的日常交通用船，一般是用纸沙草编织而成的，由于制造和原料取得都很方便，船便成了人们最常用的交通工具。至于要运输货物和重物，如石材等，都必须用比较大的木船。古埃及人很早还明白了用帆的道理，有经验的水手，当他们向南航行时，就升起风帆，利用北风推帆逆流而上。

据史书记载，早在古印度进入文

明社会之前，住在印度河和恒河流域的古印度人就懂得利用河流来航行。通过考古还发现古印度人使用的印章中已经有了船的图案，进一步证明了古代印度人民很早就已经学会驾船航行在河流上。

原始人制造的独木舟和木浆复制品（来自百度百科）

我国古代人民最早懂得利用航道。考古发现，最迟约在7000多年前，长江下游地区的人们就可以操使木桨、驾驶独木舟活动在长江下游的一些支流水道上。从浙江河姆渡出土的木桨和陶舟，说明在距今7000多年前，中国东南沿海的渔民已经会使用木桨推进航海工具出海渔猎。考古还发现，早在5000年前左右，大溪人就驾舟行驶在山高水急的川江航道从事渔猎活动，正是大溪人最早驾舟行驶在川江水道上，为开辟川江航道积累了宝贵的经验。据古代文献记载，早在公元前26世纪至公元前22世纪，黑水（今黑龙江）就有了人类的水运活动。另外，根据文献记述，在公元前21世纪前后，素以操舟掷剑著称的原生长在湖北西部、湖南北部的巴人，乘小舟沿夷水（今清江）溯航到恩施，再转入四川，活跃在川江一带。据美国约翰·丁·斯蒂芬考证，早在公元前2000年，肃慎人（满族的先人）已经东渡鞑靼海峡，居住在库页岛南部的各河流域。

总之，人类的祖先早在原始社会就通过操舟驾筏逐步开启了利用天然水道航行的历史，史称原始航道时期。

二、航道的演变

展开中华人民共和国地图，纵横交错的河流、星罗棋布的湖泊就会映入眼帘。江河湖海之水如乳汁，滋养了一代代华夏子民繁衍生息、世世相传。我们的祖先在享受江河湖海物质恩赐的同时，“观落叶因以成舟”，逐步学会了利用和开发航道从事水上运输，在创造震古铄今的中华文明的同时，书写出荡气回肠的航道史诗，彰显着独具魅力的航道文化。

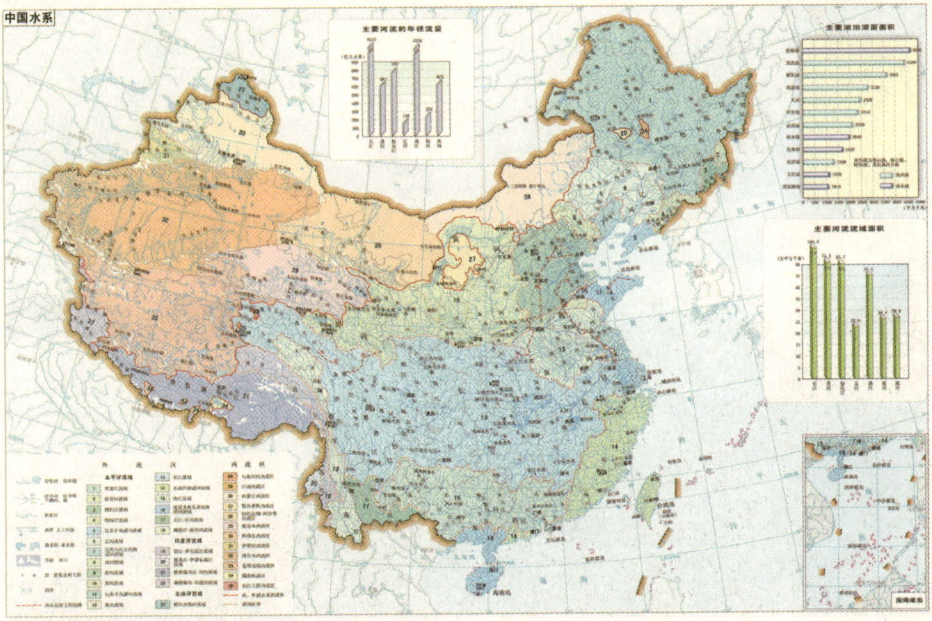

中国水系（来自地理频道网站）

长江发源于唐古拉山各拉丹冬雪峰，干流流经青海、西藏、四川、云南、重庆、湖北、湖南、江西、安徽、江苏、上海等11个省、自治区、直辖市，支流延至甘肃、陕西、贵州、河南、浙江、广西、福建、广东等8个省、自治区。长江是我国的第一大河，全长6300公里，在世界河流中，仅次于非洲的尼罗河和南美洲的亚马逊河，居世界第三位。长江水系庞大，浩荡的干流加上沿途700余条支流，纵贯东西，辐射南北，汇集而成一片流经180余万平方公里的广大地区，占国土总面积的18.8%。长江的主要支流有雅砻江、岷江、嘉陵江、乌江、沅江、汉江和赣江等，其中，流域面积以嘉陵江最大，为16万平方公里；长度以汉江最长，达1577公里；水量以岷江最丰，是877亿立方米。

黄河为中国第二大河，全长5464公里，在世界河流中，居第五位。黄河发源于青藏高原巴颜喀拉山北麓的约古宗列盆地，流经青海、四川、甘肃、宁夏、内蒙古、山西、陕西、河南、山东等9省、自治区，在山东省垦利县注入渤海。黄河一路汇集了40多条主要支流和1000多条溪川，流域面积达79.5万平方公里。黄河含沙量极大，平均年输沙量16亿吨，是举世闻名的多沙河流。黄河的主要支流有大夏河、洮河、

长江之源（来自佳友在线网站）

湟水、无定河、汾河、渭河、伊洛河，都集中在上中段。下游处于华北平原上，是著名的“悬河”。

雅鲁藏布江为中国第三大河，发源于海拔5300米以上的喜马拉雅山中段北坡冰雪山岭，全长2900多公里，流域面积93.5万平方公里。在我国境内长2057公里，流域面积24.1万平方公里。雅鲁藏布江河床一般在海拔3000米以上，是世界上最高的大河，也是世界最高的通航河流。

珠江是中国第四大河，干流总长2215.8公里，流域面积为45.3万平方公里，流经云南、贵州、广西、广东、湖南、江西以及香港、澳门8省、自治区和特别行政区。现在所说的珠江，是个水系的概念，它由西江、北江、东江和三角洲河网组成的珠江水系，干支流河道呈扇形分布，形如密树枝状。珠江水系河流众多，流域面积在1万平方公里以上的河流有8条，1千平方公里以上的河流有49条。西江是珠江水系的主干流，全长2214公里，流域面积35.3万平方公里。

松花江全长1927公里，流域面积约为54.5万平方公里，占东北地区总面积的69%，流经吉林、黑龙江两省。其主要支流有嫩江、呼兰河、牡丹江、汤旺河等。佳木斯以下，为广阔的三江平原，沿岸是一片土地肥沃的草原，多沼泽湿地，为我国著名的“北大荒”。

海河是中国华北地区最大水系。海河干流起自天津金钢桥附近的三岔河口，东至大沽口入渤海，其长度仅为73公里。但是，它却接纳了上游北运、永定、大清、子牙、南运河五大支流和300多条较大支流，构成了华北最大的水系——海河水系。

淮河位于长江与黄河两条大河之间，是中国中部的一条重要河流，由淮河和沂沭泗两大水系组成，流域面积26万平方公里，流经河南、安徽、江苏、山东四省，全长约1000公里。

辽河全长1430公里，流域面积23万平方公里，流经内蒙古、辽宁两省区。东、西辽河在辽宁省昌图县福德店附近汇合后始称辽河。辽河干流河谷开阔，河道迂回曲折，沿途分别接纳了招苏台河、清河、秀水河，经新民至辽中县的六间房附近分为两股，分别在营口和盘山湾入海。

塔里木河长1321公里，流经新疆境内，为我国最大的内陆河。干流长约1100公里。塔里木河干流处于非常干旱的塔里木盆地，河水主要靠上游的阿克苏河补给。

除上述大江大河外，闽江、钱塘江、韩江等河流也颇为著名。闽江是东南沿海最大的河流，发源于闽赣边界的武夷山脉，向东南流入东海。干流全长577公里，流域面积近6.1万平方公里。闽江支流众多，水量丰富，占全国各大江河的第7位。钱塘江又名浙江或之江，因流向曲折而得名。它发源于安徽休宁县怀玉山，至海盐县澉浦附近注入东海杭州湾，全长605公里，流域面积4.9万平方公里，其中浙江境内流域面积4.2万平方公里。钱塘江最大的支流新安江，源于安徽黄山南麓，东流入浙江，在梅城与钱塘江干流会合，全长293公里。韩江发源于福建长汀县北部的武夷山东南麓，自北向南流入广东省境内，至三河坝与南源梅江相汇后始称韩江，又流向东南注入南海。韩江全长325公里，流域面积3.4万平方公里，水量丰沛，虽然流域面积仅为淮河的18%，但水量却相当于淮河的85%。

我国是个多湖泊的国家，面积在1平方公里以上的天然湖泊达2800多个，面积在1000平方公里以上的有11个，总面积达8万平方公里，其中淡水湖泊面积为3.6万平方公里，占总面积的45%左右。我国的湖泊分布广且不均匀，东部平原和青藏高原聚集了2大稠密湖群，内蒙古高原、云贵高原、柴达木盆地和准噶尔盆地湖泊分布亦多。按湖泊的地理位置，可将我国湖泊分为东北、内蒙新疆、青藏、东部和云贵5大湖区。我国最大的淡水湖泊为鄱阳湖；最大的咸水湖是青海湖；最大的盐湖是察尔汗盐湖；海拔最高的咸水湖是藏北的青蛙湖，湖面海拔5644米；海拔最高的淡水湖森里错，湖面海拔5386米；海拔最低的湖泊是新疆吐鲁番盆地的艾丁湖，湖底海拔-155米；最深湖泊是位于长白山主峰白头山上的天池，湖水深度最大达312.7米，也是中、朝两国的界湖；青藏湖区是世界上海拔最高的湖区。

（一）中国古代航道的兴起

夏代是我国历史上由氏族制社会过渡到奴隶制社会的重要时期，夏王朝以多条河流汇集的山西南部和河南洛阳一带为中心。为了加强对周边地区的管理和接受四方向王朝的贡赋，夏王朝充分地利用其辐射四方的天然河道。在夏的历史上，先后出现了三条重要的航道路线，即梁州贡道、荆州贡道和扬州贡道。夏朝时期，木板船开始出现，有力地促进了水运的发展，但总体来说当时人们对天然航道的开发利用尚处于初创阶段。

到了商代，除了继续利用三州贡道外，在长江中下游地区，劳动人民开始利用木板船，陆续开辟出一些民间交流和经商的水运航线。《尚书·盘庚》载：“盘庚作，惟涉河以民迁。”这里的“河”指黄河，“涉”的意思是“以舟为涉”，反映出商代曾经多次利用黄河进行了迁都活动。另据载，商代从事贸易的舟船已经发展到了一定的规模，天然航道在当时的交通运输方面处于十分重要的地位。

到了西周，人们对天然航道的开发利用又有所深化。在此期间，除山西一带的黄河干支流航道得到进一步发展外，长江、汉江和湘江一线的航道已逐步开辟，特别是汉江，它的上游与北方政治中心接近，中、下游有良好的通航水道，四川、两湖等地丰富的物资都是通过长江和汉江运抵都城。这一时期，航道除继续用于贡赋运输与商业性的运输外，开始用于军事方面，《竹书纪年》中便有周昭王南征荆楚，丧六师于汉的记载。

春秋战国时期，诸侯纷争，航道在军事上的应用十分广泛。如楚、吴、越三个国家就利用航道不断拓疆扩域，其作战区域甚至从长江中下游拓展到南

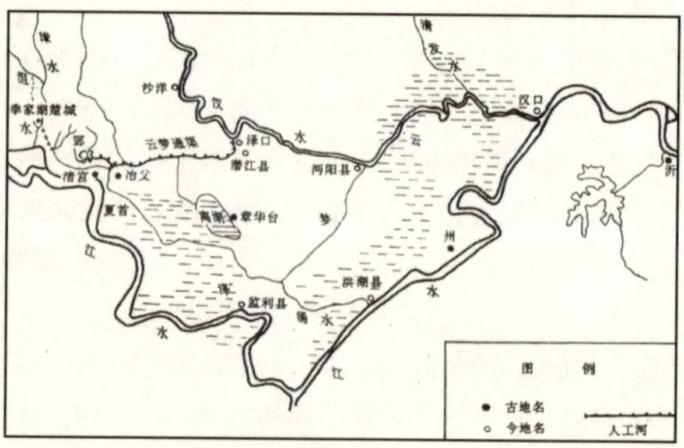

古代云梦通渠示意图（来自百度百科）

北支流、淮河和沿海。群雄的争战，一方面对社会经济造成了很大的破坏，另一方面也拓展了早期的航道，在长江流域形成了以长江干流为轴心四通八达的天然航道体系，在黄河流域则形成了以山西为中心、以黄河为干线与支流河道互相贯通的天然航道体系。两大天然航道体系的形成，对社会经济的发展、政治的统一和文化的交流起了不可替代的作用。

随着社会生产力的发展，到春秋晚期和战国时期诸侯国间的争霸愈演愈烈，原有的天然航道已满足不了需要，人类对航道由过去简单的利用开始发展为综合性的开发治理，人工航道相继出现。

我国人工航道的开凿最早可以追溯到商代末年泰伯在苏锡间开挖的泰伯渎，它是我国第一条人工开凿的运河。到了春秋晚期，楚国为了北图中原、拓疆扩域，从公元前540年至公元前528年左右，在宰相孙叔敖的主持下，在古云梦泽区，修建了有名的杨水运河，沟通了长江与汉江，使楚都的水运得到了很大的改善。与此同时，吴国出于政治上图霸和经济上图强的需要，也积极发展水运，大修人工航道，其中除了沟通太湖与长江的胥溪运河、沟通太湖与东海的胥浦航道和沟通苏州与长江的通江工程外，最有名的就是第一条沟通长江与淮河两大水系的人工航道——邗沟。

公元前496年，吴王夫差即位以后，立志为父王阖闾报仇，于是南下攻越。当他认为无南方侵扰之忧时，便掉转戈矛，北上伐齐，进军中原和晋国争霸。其时吴国地处长江下游，河网纵横，交通全靠水路，“不能一日而废舟楫之用”，舟师是吴军的主力。但长江淮河之间无直接通道，北上伐齐需由长江出发入海，再绕道入淮，航程过长，海浪过大，使之不得不想以人工河沟通江淮。公元前486年，吴王夫差在今天的扬州筑邗城，开挖邗沟。邗沟的建成在中国历史上第一次把同一纬度、东西流向的天然河流用南北流向的人工运河连接起来，使长江流域和淮河流域两大经济区通过邗沟联为一体。这项工程无论是对当时的军事斗争还是社会经济的发展，以及南北文化的交融都产生了深远的影响。到公元前482年，吴国又将邗沟向北延伸，连接淮河以北的水系，沟通了济水和泗水，使这条人工河流一直伸到黄河流域的南部。到公元前361年，邗沟同魏国在北边开凿的一条沟通黄河与淮河的人工航道——鸿沟联通而又一次延伸，这样，江、淮、河、济古代四大水系被这条运河沟通在了一起，形成了航道交通网。

这个时期特别值得一书的人工航道还有都江堰工程。公元前250年前后，秦国蜀守李冰在四川灌县岷江主持兴修都江堰。都江堰是一个兼有防洪灌溉和航运效益的大型水利工程，其中鱼嘴的分水，堰的排沙和古人水位观测等，反映出当时航道技术的水平。

公元前221年，我国第一个统一的封建集权制国家秦王朝建立，自秦朝建立至东汉中期，政权的集中统一有力地推动了航道的发展，这一时期最伟大的航道工程当属灵渠的开挖和褒斜道的开凿。

灵渠又称零渠，约在公元前221至公元前214年开凿。当时，秦始皇为了解决军粮运输的问题，实现平定岭南、统一中国的目标，命令监御史禄督率士卒在今广西兴安县境内开挖人工运河，以沟通湘江和漓江的航道，这项工程就是历史上著名的灵渠。灵渠的开凿大大方便了秦的征战，有力地支援了统一战争，而且连接了长江和珠江两大水系，从而实现了长江、珠江、淮河和黄河四大水系的全部贯通，形成了我国统一的航道网。灵渠自开挖以后，直到湘桂铁路、京广铁路通车前的2100多年间，始终是中原和岭南的交通要道，它对于加强中华民族的融合，维护国家的统一，均作出过不可磨灭的贡献。

今日灵渠（来自橡树摄影网）

褒斜道是沟通汉江支流褒水和渭河支流斜水的水陆联运工程。汉代，中国的政治重心和军事重心均在黄河流域，但粮食等物资的主产区却在南方，为了畅通粮食和其他货物的北运渠道，汉武帝时期，提出了沟通江汉和淮渭间水陆运输，开凿褒斜通道的方案。经过4年的开挖，陆路工程取得成功，而水道的开凿终因当时技术条件的有限和褒斜水河谷的过于陡峻而失败，但却为以后航道的建设积累了宝贵的经验。

除灵渠和褒斜道工程之外，秦汉时期江南运河初具轮廓，为隋代南北大运河的开通奠定了基础；与渭水并行的漕渠的开挖，既可灌溉万顷良田，又成为重要的运粮通道；洛阳附近阳渠的开凿，沟通了洛阳与全国主要地区的交通联系；江淮平原盐运业的发展，在促进天然航道得到充分运用的同时，茱萸沟等人工盐运航道得以开辟。这一时期，还对邗沟进行了局部的改道取直工程，使邗沟的航运效益大大提高。此外，嘉陵江上游航道的整治和川黔间水陆交通沟通工程的实施，使得祖国的西南地区得到开发，成都当时已成为仅次于长安的第二大城市。

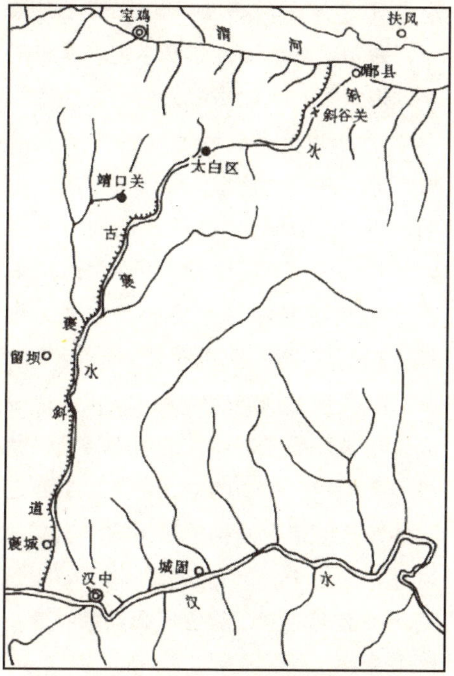

西汉褒斜道示意图（来自百度百科）

从东汉末年的三国割据到南北朝时期，这300年是中国基本处在分裂争战的社会大动荡时期。长期的混战，给社会的发展带来了极大的破坏，亦直接影响到这一时期航道的开发和利用。在复杂的局势下，航道虽然有所发展，但主要表现为局部的利用和改造，其目的也多服务于军事运输。这一时期，值得一书的航道工程除西晋杜预在杨水运河的基础上开凿的杨夏水道外，主要有曹操开凿的白沟、平虏、泉州、新河、利漕渠等5条贯穿河北平原的渠道。特别是河北五渠的开凿，大大方便了河北平原内部的水路交通，加强了河北与黄河以南各地的联系，在历史上发挥了重要作用，也为后来隋炀帝开通永济渠打下了初步基础。

公元589年，隋王朝结束了长达300多年的南北分裂局面，使华夏大地重新归于统一。隋代的政治中心在关中，而经济中心已移向东南，为了加强中央对地方的控制，吸收江淮地区的财富以巩固政治统治，隋王朝建立后，就不惜耗费巨大的人力和财物，进行了一系列规模浩大的开河工程，特别是隋炀帝，毕其功于一役，终于开成了举世闻名的人工航道——南北大运河，将古代中国内河航道的发展推进到一个崭新的水平。

南北大运河是隋代在前人的一些工程基础上，加以大规模改造和扩建而成的。公元581年，隋文帝命大将郭衍为开漕渠大监，“部率水工，凿渠引渭水，经大兴城（长安）北，东至潼关，漕运四百里。关内赖之，名之曰富民渠。”尽管富民渠在隋初发挥了重要的作用，但因仓促成渠，渠道浅窄，难以满足漕运的需要。为此，公元584年，隋文帝又令杰出的水利工程专家宇文恺对富民渠进行改建，并要求渠道能通“方舟巨舫”。经过努力，新渠仅用了

3个多月的时间就告竣工。新渠仍以渭水为主要水源，自长安至潼关长300余里，命名为广通渠。这条运河使沿黄西上的漕船不再经过弯曲的渭水而直接抵达京城长安。

广通渠凿成后，隋文帝为了兴兵讨伐南方的陈朝，结束南北分裂的局面，于公元587年下令对时常淤浅难航的邗沟进行疏浚和修复，这条大体循邗沟故道的运河被称为山阳渎。这次工程实际上是继前代改建后对邗沟的又一次加深拓宽，并进行裁弯取直。

公元605年，隋炀帝征发河南、淮北百余万郡民开挖通济渠，以引黄入淮，同时征发淮南郡民十余万，再次疏导邗沟。这次大规模的整修、扩大工程，于当年秋天完成。在完成广通渠、通济渠的开凿和邗沟的疏导后，隋炀帝决定在黄河以北再开一条运河，即永济渠。公元608年，“诏发河北诸郡男女百余万，开永济渠，引沁水南达于河，北通涿郡”，全部工程于当年完成。永济渠与通济渠一样，也是一条又宽又深的运河，全长达1900多里。这样，长江以北的海河、黄河、淮河通过运河和长江紧紧相连，南北大运河的江北段完全形成。公元610年，隋炀帝强迫广大劳动人民再次兴工，对江南运河的故道重新进行整治。至此，江南、江北运河通过长江全线贯通，构成了举世闻名的南北大运河。

大运河从无到有，由局部通航到全线通航，自春秋至隋代，历经1100多年，是千百万劳动人民用血汗换来的伟大成果，是中国人民智慧和才能的结晶。南北大运河将钱塘江、长江、淮河、黄河、海河五大水系紧密地联系起来，形成了一个以洛阳为中心，西通关中盆地，北抵河北大地，南达太湖流域，流经现今的北京、天津、陕西、河南、河北、山东、安徽、江苏、浙江九省市，全长2700公里的庞大运河体系。整个运河网络布局合理，线路绵长，腹地广阔，渠道深广，为世界水利、航道史上一空前伟大的工程。这条人工航道开凿成功后，江浙一带很快就成为全国财赋集中的地区。它与东西走向的长江航道共同构成了中国水运交通网络中的主干。自此，天下利于转输，南北大运河成为以后各代朝廷赖以存在的生命线。

大规模的航道建设在短促的隋代，已经在政治、经济和文化上产生了重大而深远的影响。继起的唐王朝全部接受了这份宝贵的历史遗产，并且在广度和深度方面又进一步扩大了这些影响。为了保证生命线的畅通，唐王朝除加大对长江干流航道的利用和治理外，还先后对连接钱、江、淮、河四大水系的东南运河道，通过淮河北连黄河、南通长江及通过汉江北连黄河、渭河南通长江的江淮汉沔道，沟通中原和岭南以及开展对外贸易的大庾岭道，联系关中与巴蜀地区的嘉陵故水道和南接漓水、北连湘水的灵渠进行了近3个世纪的不断整治疏通，使唐代的航运呈现出前所未有的发达繁荣的局面。

隋唐时期，我国的远洋运输比较发达，与日本、朝鲜的往来十分频繁，与南亚以及西欧的往来也有了新的发展。中国与海外诸国的交往最早可以追溯到秦汉时期，到魏晋和南北朝时期，虽然国内战乱频仍，但在安定时期，相互往来仍然保持。公元607年，日本遣使朝贡隋朝，次年，隋炀帝也遣使于日本。唐代时，日本遣唐使及高僧、留学生大批涌入中国，两国海上路线比隋代以前大为发展，除原来的海路外，又开辟了一条新道。同时，唐代时期中国与南亚诸国的交往也较前代更加密切。隋唐时期远洋运输事业的兴盛，既促进了登州、扬州、明州、泉州和广州等一批以对外贸易为特点的沿海城市的发展，同时也反映出当时的造船业、航海技术以及沿海航道的建设已发展到一个较高的水平。

经历了唐末五代十国长期分裂割据的混乱局面以后，北宋王朝重新统一了中国。两宋时期，由于我国的经济重心逐步南移，长江流域成为全国经济最发达的地区，漕粮仰赖江南，使得两宋王朝把长江下游南北向漕运看作自身存在和发展的关键，加强对漕运水道的治理成为宋王朝时刻注意的大事。

为保障长江下游南北漕运河道的畅通，宋王朝先后开浚了扬州古河，疏浚了江南运河，开挖了芜湖至镇江的江东古河，并对长江下游干流航道进行了局部的改造，如为避免长江太子矶、拦江矶水道风涛之险，曾经组织力量在长江左岸开辟了一条长达10里的航道。为实现四川和两湖地区的物资顺利转运到京城，北宋政府先后三次组织开凿江汉古运河，试图打通汉江与黄河水系的航道，并于天禧年间成功开凿了荆南漕河，实现了四川、湖南及江陵附近的物资能源源不断地转运到开封。为发挥长江的整体作用，两宋时期还对长江中上游航道以及嘉陵江等支流航道也进行了较大规模的整治。

宋朝时期，我国北方在辽、金的统治下，航道事业也有了一定的发展。当时，辽王朝专门开辟了黑龙江下游至松花江干流的长达2000多公里的水路贡道，这条水路通道专为统治者服务，又称“鹰路”，一直沿用到清代，成为金、元、明、清各王朝经营黑龙江下游及与中原联系的重要交通线。金统一北方后，十分重视漕运，开凿了古代黑龙江第一条人工运河——“金兀术运粮河”，这条人工运河至今仍作为哈尔滨与阿城的自然分界线，横卧在松嫩平原上。

元代统治者建京大都以后，粮食

的需求不仅多，且主要取自南方。当时，漕运主要靠绕道南北大运河，并辅之以数段旱路。这条漕运路线不仅迂回曲折，水陆兼行，且受宋金、宋元战争的破坏，航道时通时塞，漕运十分困难。为此，元朝廷一方面于公元1281年于山东境内开济州河，以减少迂回航道，并假道大清河在利津入海转运直沽（今天津），开展内河和海路的联运；另一方面又于次年着手试开全线海运航线。但利津启用不久，利津地带就淤塞了，只得又另辟航道。公元1289年，元凿会通河，将济州河与旧道御河相连接，公元1293年，又凿大都至通州的通惠河，并于次年将通惠河凿通。至此，新的南北大运河全线贯通。新南北大运河偏在

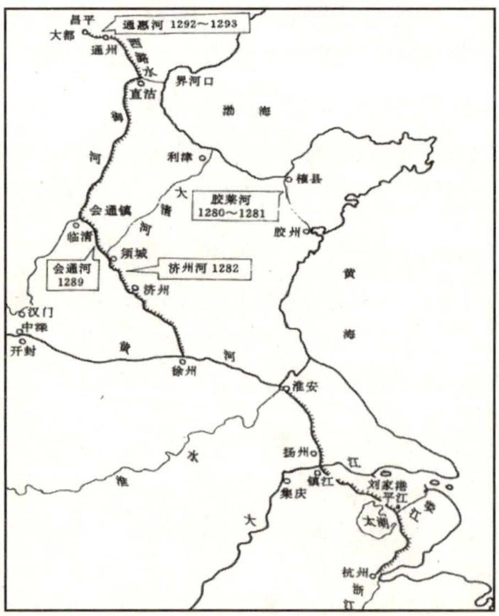

元代改造后的大运河走向图（来自百度百科）

东部，从过去的“弧”形变成“弦”形的新航道，里程由过去的2700多公里缩减为1794公里，这就是元、明、清三代所使用的，通常所称的京杭大运河。

明清之际，中国封建制度逐步衰落，商品经济发展较快，在长江下游地区开始出现资本主义萌芽，同时，由于明清继续保持经济中心与政治中心南北分离的局面，因此，以长江下游和南北运河为主体的航道备受重视，并得到进一步的建设和开发，特别是“郑和七下西洋”更是继唐宋以后续写了我国古代远洋运输事业最为辉煌的一笔。

自公元1405年6月郑和率28700余人乘200余艘大小船只从南京出发首航西洋，至公元1433年郑和最后一次远航回国，28年间，郑和共率领船队七次下西洋，先后到达亚非30多个国家和地区，成为世界远程航海史上的奇迹。郑和下西洋，最远到达了非洲东岸红海和麦加，其航海记录的完成，比哥伦布发现美洲大陆和达·伽马到达好望角要早半个多世纪。这一伟大的壮举，把中国到西洋的海路交通推向了全盛时期。这一划时代事件表明了长江下游干线航道的开发和利用当时已经达到了前所未有的程度。

明代初期，建都南京，暂时改变了过去政治与经济中心分离的状况，使得漕运方向有所变化，明成祖征集大

批民工复浚运河旧道和胥溪河，并开挖胭脂河新航道，将太湖、石臼湖、秦淮河三个水域串联起来，成为苏州与南京之间的一条水上捷径。明迁都北京后，南北运河重新得到重视，多次对淮扬运河进行了局部改造，实现了该段运河绝大部分同湖水隔离，航运状况得到较大改善，并对通扬盐运航道进行了整治，促进了该地区航运业和盐运业的发展。此外，明清朝廷还对运河的数个过江口进行治理，特别是清代末年，还引进了西方的挖泥船，并吸收了西方一些先进的疏浚技术，确保了江南江北运河的顺畅连接，发挥了运河航道的整体效能。

明清时期，我国的沿海运输再度兴起，明代新开辟了从淮安到天津卫的海上运输路线，比元代开辟的海道更为方便安全。清代依然沿用此条海运路线，每年海运漕粮数额达160万担，反映出当时海路运输的繁盛。

这个时期，明清政府还先后对长江的荆江河段、川江航道以及湘江和灵渠航道进行了不同程度地治理，并开始对金沙江航道进行开发，使全国的航道通航水平整体提升。

回顾我国数千年航道发展史，航道的建设与治理，是以服务于官方漕运为主，以服务于地方和民间零星活动为辅；航道经费有官方出资、商贾集资、民众筹资三种；航道治理方法有凿石炸礁，疏导浚耙以及修筑堰埭，设船闸，开纤道等；航道助航设施方面，逐步从利用自然的地物地貌、刻石与摇旗、击鼓等临时简易的手段，发展到建立较固定的人工航标。可以说，我国近代航道所具有的设施与手段，古代均已出现或采用，只是水平和程度有差异。我国古代航道建设虽没有形成专门的行业，但它与中国古代文明一样，有着自己光辉而灿烂的历史。

（二）国外古代航道的成就

在人类的历史上，曾经出现过众多璀璨的古代文明，除中华文明外，还有古巴比伦文明、古埃及文明和古印度文明，它们均出现在几条重要的大江大河旁，这几条河流也因为孕育了早期的人类文明而被亲切地称为“母亲河”。同古代中国一样，这几个文明古国的人民不仅最早从事水上航行，从而探索出原始意义的航道，而且在航道建设方面也取得了非凡的成就。

古巴比伦文明又称两河文明，因发源于底格里斯河和幼发拉底河地区而得名。公元前4000年到公元前2250年是古巴比伦文明的鼎盛时期。

古代两河沿岸因河水泛滥而积淀成肥沃土壤，史称“肥沃的新月地带”。由于两河不是定期泛滥，所以确定时间就必须靠观测天象。住在下游的苏美人发明了太阴历，并发明闰月。古巴比伦人还在和洪水斗争中，学会了修堤筑坝，开渠造河。公元前2300年，两河流域的人们创造了人类历史上的第一幅地图，地图上明确标示有一条水道从中穿过。据史料记载，古巴比伦人当时已经利用这条水道来运输和交易。公元前2000年时，古巴比伦人在西顿港已经使用了水闸。公元前1800年，古巴比伦人在古巴比伦城开凿了著名的"汉谟拉比——万民之富"运河。

古埃及人在大约7000多年前，就分别在上埃及（尼罗河河谷）和下埃及（尼罗河三角洲）建立相当有规模的部落。由7000多年前到大约5000年前，渐渐发展成一个国家。和许多古老文明一样，古埃及文明由尼罗河所孕育。古王国时，对外贸易就比较频繁，陵墓壁画常有商队远航的情景。在中王国时，随着商业的发展，出现了一些新兴的城市。公元前20世纪初，中王国的法老索斯特立斯下令开凿了一条运河，运河的路线与今天不尽相同，它北段是利用尼罗河的支流，中段是一个大湖泊——苦湖（现

古埃及涉及航运的壁画（来自百度百科）

戈尔柯湖），南段则人工开凿了一段很短的运河，由克莱斯马港（现苏伊士城）通入红海。这条运河是苏伊士运河的前身，人们称这条运河为“法老运河”。新王国时，古埃及对外贸易的范围进一步扩大，与欧亚非皆有商业往来，交换的对象是金银、象牙、香料、木材、织物、油类等，航海业和航道事业取得进一步发展。

古印度文明的遗址首先在印度哈拉巴地区发掘出来，所以通常称古印度文明为“哈拉巴文化”，由于它主要集中在印度河流域，所以也称为“印度河文明”。古印度文明大致出现在公元前3000年到公元前1750年，鼎盛时期约为公元前2300年到公元前2000年。从对印度河文明的发祥地之一——马享佐达摩考古发掘的情况来看，这个城市除了拥有完善的公共设施之外，还有不少通向印度河乃至阿拉伯海的港埠，这显然是当时该城市开展广泛而积极的经济活动的表现，也从侧面说明和反映了航道在当时已得到了较为充分地发展和利用。

在世界历史上，除了长江与黄河孕育了中华文明、幼发拉底河和底格里斯河孕育了古巴比伦文明、尼罗河孕育了古埃及文明、印度河和恒河孕育了古印度文明之外，还有由爱琴海滋养出来的著名的古希腊文明。

古希腊位于地中海东北部，除了现在的希腊半岛外，还包括爱琴海、马其顿、色雷斯、意大利半岛和小亚细亚等地，希腊半岛是古希腊人活动的中心舞台，对古希腊的发展具有决定性的意义。早在公元前15～13世纪，这片土地就诞生了欧洲最早的两大文明：米诺斯文明及迈锡尼文明。公元前6～5世纪，璀璨的古希腊文明产生。由于古希腊海湾、海岛众多，多山靠海、土地贫瘠的自然情况使得古希腊人难以在田地里依靠农耕方式谋生，而只能靠在海上经商、做海盗或到海外开辟殖民地来求生存，因此，航海业、造船业和商业均十分发达。据记载，当时希腊人既能造50桨与乘员200人的三列桨军舰，也能造载重几百吨的商船。随着航海业、造船业和商业的发展，沿海港口和航道的建设也取得了非凡的成就。

公元14世纪以后，文艺复兴运动在欧洲兴起。文艺复兴标志着世界的发展重心开始向欧洲转移。欧洲一些国家如葡萄牙、西班牙、荷兰等国家首先逐步崛起，成为海上强国。受《马可·波罗游记》影响，西方人开始对东方产生了极大的兴趣，出现了探寻东方世界的狂热。其中哥伦布、达伽马和麦哲伦最具代表性。他们不仅完成了绕道非洲好望角达到印度的航海壮举，而且哥伦布按照地圆学说的设想，一直向西航行，终于发现了美洲新大陆。以葡萄牙、西班牙人为代表的航行开启了欧洲人海上争霸的历史，也进一步促进了西欧诸国航海业和造船业的发展，促进了这些国家的港口建设和航道事业的发展。

与此同时，随着资本主义在欧洲的发展，欧洲各国的商品交换开始增加，商业日益兴旺，货流量增加，单纯利用莱茵河、多瑙河等内河已经不能满足贸易的需求，必须兴建沟通不同水系的运河，以便利运输。在17世纪，法国一共开凿了四条运河，其中最著名的当属朗格多克运河（又名米迪运河）。它通过加龙河连接大西洋的比斯开湾和地中海，蜿蜒流淌360公里，各类船只通过运河在地中海和大西洋间穿梭往来，整个航运水系涵盖了船闸、沟渠、桥梁、隧道等328个大小不等的人工建筑，创造了世界现代史上最具辉煌的土木工程奇迹，为工业革命的发展开辟了一条新的航线。到18世纪末，法国运河航道总里程已达1014公里。德国在18世纪初也开凿了连通易北河、奥德河和威悉河的运河。各国运河的开凿，有效地沟通了欧洲国家的贸易联系，促进了欧洲商业和经济的发展。

综观世界古代航道的历史可以发现，在人类社会的早期，由于人们征服自然的水平十分有限，利用河流开辟航道进行航行和运输是人们出行和商品贸易的主要通道，因此，可以说，无论早期的古巴比伦、古埃及、古印度以及后来的古希腊，还是欧洲文艺复兴后逐步兴起的西欧各国，这些国家的发展都和航道的利用和发展紧密相联，可以说是水运促进了这些国家的兴起，是航道支撑了这些国家的发展。

（三）中国近代航道的状况

1840年，英帝国主义发动了侵华的“鸦片战争”，用他们的坚船利炮，强行打开了中国封闭的大门，与清政府签订了第一个不平等的条约——《南京条约》。随后，其他资本主义列强，在“一体均沾”的喧嚣声中，纷纷援例与清政府签约，中国逐步沦为半封建半殖民地的悲惨地位。直至1949年新中国成立前，我国的航道建设一直被蒙着一层厚厚的殖民主义色彩。

这段时间我国的航道建设一共经历了三个阶段，第一阶段从1840年鸦片战争爆发至1901年《辛丑条约》签订，属于轮船航道的开辟和早期维护管理期；第二阶段从1902年至1937年抗日战争全面爆发，属于航道管理体系初步形成期；第三阶段是抗日战争全面爆发至新中国成立，属于航道的破坏和突击恢复期。

1. 轮船航道的开辟与早期的航道维护管理

1842年，英国侵略军先后攻占吴淞、上海、镇江后，于8月初兵临南京城下。腐败的清政府向侵略者屈膝投降，1842年8月29日，在英国军舰“汉华丽”号上，耆英、伊里布代表清政府签订了《南京条约》。条约除规定开放广州、福州、厦门、宁波、上海5口为通商口岸以外，还允许协定关税，允许官船和外国兵舰在中国口岸停泊，首开外国船只可以自由出入中国领海乃至内河的历史。

1854年，西方列强强行成立了以英国为首的英、美、法三国控制下的所谓关税管理委员会，总揽行使一切有关外轮进出贸易的关税和其他管理事项，夺取了部分中国海关的大权。后来又通过其他不平等条约，将上海关税委员会的管理方式推广到全国。不仅如此，列强还将有关航道、航政的管理事项以及船钞经费也纳入关锐条款，形成了近代航道与海关密不可分的关系。

1858年和1860年，英、法等国逼迫清政府签订《天津条约》和《北京条约》，强迫增开天津、登州、琼州、潮州、台南、淡水等沿海口岸和镇江、南京、九江及汉口等内陆沿江口岸。从此，外国轮船舰只纷纷驶入长江，为争夺势力范围而展开角逐。

19世纪70年代，世界资本主义开始向帝国主义过渡，争夺海外殖民地的行动达到高潮。西方列强和新兴的日本等国通过长江、珠江等内河逐步向我国内地入侵。1876年，英国利用“马加理事件”胁迫清政府订立了《烟台条约》，条约除增开芜湖、宜昌为通商口岸外，还将长江沿岸的大通、安庆、湖口、武穴、陆溪口、沙市等非通商口岸作为外国轮船可以暂时停泊的地点。1883年中法签订《天津条约》后，面对法国势力向中国西南的渗透，英国为了加强同法国的抗衡，于1891年逼迫清政府在重庆设立海关，并开埠通商，同时支持冒险家试航川江。1895年，中日签订《马关条约》，至此，侵略者获得了在川江行轮的特权，长江航权丧失殆尽。

随着西方列强的入侵和通商口岸的增加，西方列强的商船、兵船恣意来到中国，频繁进出中国的港口。虽然当时的船多是夹板船、飞剪船，但它们均较我国的木帆船轻便快捷，而且载重量大，所以对航道的助航设施和水深要求较高，客观上需要不断加强航道的建设，提高水深，增设各种助航标志。

航标建设方面，中国近代航道设施初设于对外通商口岸附近，其中以上海港为最早。随着内部口岸的不断开放和航运业的兴起，进入我国腹地的船舶不断增加，航标也逐步得到清政府和入侵者的重视，并且逐步从沿海向内地发展。1847年，驻上海的吴淞太道拨出款项，先后在长江口北岸及南岸浅滩处各设立专为轮船服务的标桩一具，这是近代中国政府第一次设立的新式助航标志。1855年，清政府在长江口铜沙西南设置铜沙灯船一艘，这是中国第一艘新式灯船。第二次鸦片战争以后，长江、珠江等内河逐步被迫对外开放，西方列强的势力逐步向内地拓展，内河航道及沿岸港口陆续设置了一些助航设施。同时航标的制式、灯标的质量不断得到改进，1899年煤油灯开始在我国内河航道上使用，到1904年在重要灯塔上逐步配置白炽纱罩灯头，燃用煤油瓦斯，亮度进一步增强，助航水平进一步提升。

西方列强要入侵中国，必须掌握航道等入侵通道的基本情况。因此，早在1832年，英国东印度公司的“阿美士德”轮首航上海时，就对长江口及黄浦江航道进行了刺探性的勘测。鸦片战争期间及其后，英国的舰船开始侵入长江，以当时先进的科学技术和设备多次对长江下游航道进行了较为详尽的勘测，刊印了长江下游航道图，后来，英、法等国窥探测量长江上游，并陆续刊行了一批长江上游航道图。

在航道整治方面，随着长江口岸的相继开放，各国以航道水深不足为由，多次要求浚深长江口、海河等内河航道，但遭到清政府的敷衍。直到19世纪80年代，清政府才被迫向英国购买了我国第一艘小型自航链斗式挖泥船“安定号”以及几艘拖轮和泥驳，并于1883年和1889年两次在吴淞内沙处挖泥，但效果不佳，中国近代首次机械疏浚以失败而告终。这期间除了长江口航道进行了初步整治外，海河航道、川江航道以及长江的支流沱江、乌江、赤水河也得到了一定的治理。同时，光绪年间还完成了浩大的三峡纤道工程。

2. 航道管理体系的初步形成

1901年《辛丑条约》订立，中国完全沦为半殖民地半封建社会。侵华列强为扩大侵略势力的需要，竞相扩展在华航运势力，我国航运业得到相应发展。1937年抗日战争全面爆发之前，在航运业的刺激下，助航工作不断得到重视，专门管理机构先后设立，航标数量迅速增加，设标里程不断延长，测量和整治工作也相继进行，我国航道管理体系逐步形成。

航标作为最基本、最重要的助航设施，在这个阶段得到了较快地发展。在长江，不仅长江干线航道逐步增添了助航标志，湘江、洞庭湖等支流和湖泊也开始出现航标。黑龙江、松花江的航标逐步走向系统化，第二松花江、嫩江、乌苏里江、额尔古纳河的通航河段均设立了标志，航标制式逐步统一。1903年，海务部门对全国航标的类型、规模与作用作出了规定。1929年，长江中下游航道航标制式得到统一；1915年到1936年，长江上游也逐步统一了航标制式。长江航道还根据不同河段的不同特点，在中下游和上游采用了不同形式的航标。

这一时期，我国航道管理和维

护工作开始规范化、制度化的进程。1929年，第一部较为系统的航道工作制度《长江中下游江务工作制度》的制定，有力地促进了长江航道的管理工作，并为国内其他航道的管理提供了借鉴。与此同时，《内河航行章程》、《航行通告》、《起除沉船章程》等航行规章逐步制定，一定程度上控制了船舶航行秩序，对保证航道畅通，加强航道管理起到了一定的作用。这段时期航道维护力量得到增强，如1936年，长江航道的江务人员已达780人，航标工作巡轮达到9艘。此外，航道信息发布工作开始出现，航道部门不仅利用《航船布告》、《港务公告》等发布航道信息，而且还于每年年底汇编刊印《中国沿海及内河航标总册》，并向国内外公开发行。

航道测绘工作得到发展。我国沿海和内河逐步开放后，英、法、日等国逐步加紧了对长江、珠江等内河的测绘工作。而航道部门随着力量的增强，也逐步重视测量工作，测量工作已从单纯的测深设标发展到建立测量三角网，进行广泛的水道测量、刊行测图，并对中国海军海道测量局及扬子江水利委员会从事的测量工作予以协助。

这个阶段的航道工作还有一个进步就是航道工业开始创立。航道工业发端于航标修造业。1900年以后，特别是航道管理机构逐步设立以后，我国的航道标志有了较大的发展，标志维修工作有所增加，尤其是灯船、标志船、机艇、帆艇和小渡划等的建造与修理增多。为此，上海成立了浦东航标修理工厂，负责修造沿海和长江的灯器和浮鼓，长江航道管理部门也先后设立了九江、岳州、宜昌航标修理所，以维护、修造木质标志和小型船艇，航道工业初具规模。

航道整治工作继续推进。为推进航道治理，在1897年成立海河工程局后，又接着成立了浚浦局、扬子江水道治理委员会、修浚长江上游水道公会等航道治理机构。在各治理机构的组织下，先后组织力量对海河、黄浦江、长江干线航道以及苏北运河等航道进行了大规模的维护和治理，使我国各条主要航道的通行状况明显好转。特别是1935至1937年进行了铜沙疏浚，是对长江口航道的第一次大规模机械疏浚工程，工程因抗日战争的爆发而中断，这次疏浚工程虽未取得预期效果，但为以后的治理提供了经验和借鉴。

3. 航道的严重破坏和沦陷区航道的突击恢复

1937年7月7日，抗日战争全面爆发。1938年10月，武汉会战结束，武汉沦陷，抗日战争进入战略相持阶段，祖国大片河山相继沦于敌手。沦陷区近代航道建设的成果遭到严重破坏；大后方的川江航道建设进一步发展，长江上游航道建设达到近代的最高水平。

抗战初期，为防止日军沿长江西上进犯南京和侵占华中腹地，国民党政府军事委员会先后在江阴、马当、镇江、龙潭和张家洲等处沉船和抛石，构筑了多道阻塞线阻敌西进，并在长江中下游布设了大量的水雷。阻塞线的设置和水雷的布设虽对阻止和延缓日军西进起到了一定的作用，但是也给战后航道的恢复留下了巨大的隐患。

抗战爆发后，国民政府迁至重庆，长江上游地区成为战时的大后方，故而政治、经济均繁荣一时，长江上游航道也相应地得到较快发展。

1）绞滩业迅速兴起并得到发展

1938年10月，川江绞滩管理委员会成立，经过川江绞滩委员会的紧张筹备，1938年11月至年底，兴隆滩、青滩等第一批川江绞滩站设立，开始了川江机械绞滩的历史，极大地便利了船舶航行。抗日战争后期，绞滩范围不断扩大，不仅又在川江增设了十几个绞滩站，而且还在嘉陵江、乌江等支流航道设置绞滩站。与此同时，绞滩设施不断改进，其中青、泄两滩还首开川江以机械动力施绞船舶的历史，特别是泄滩绞机座船的建造，为川江绞滩业的发展提供了经验。

2）助航条件不断改善

长江中下游巡江事务处的工作船艇转移至川江，投入到上游工作。上游巡江事务处建造了一批信号台房和标志船，逐步改进了航行水尺，并增设了一批新的航标，助航条件大为改善。特别是宜宾至重庆段长江航道，抗战之前发展极为缓慢，滩多水浅、标志简陋，行轮多有不便。重庆成为陪都后，面对日趋繁重的水运任务，国民党政府加大了对此段航道的测量和设标力度，使此段航道的助航设施初具规模。

3）航道得到一定整治

抗战时期，各地区及流域水利机构先后西撤，水利整治力量云集上游，为上游干支流航道的整治提供了条件。这段时期，在“长江上游工程处”的统一负责下，长江宜宾到重庆段、金沙江以及岷江、嘉陵江、乌江等支流航道得到不同程度地整治，改善了上游航道及支流航道的航行条件。

长江中打捞上来的水雷（长江航道局供图）

1945年抗日战争胜利结束，战时西迁的国民政府和大批学校、机关团体、工厂陆续复员东还，紧迫而繁重的复员运输开始，长江中下游航道部门积极投入到航标的恢复工作。到1946年中，长江中下游航道航标基本恢复到战前的水平。随着航运任务的加重，长江中下游航道开放夜航的呼声越来越高。由于中下游航道战时破坏严重，在当时严峻的经济、军事形势下，中下游航道只有部分河段实现了夜航。当时，新型电闪光标灯开始在中下游部分航道使用。航道建设方面，国民政府组织力量对中下游航道进行了水雷清扫和沉船打捞工程，并计划对中下游淤浅航道进行整治，但由于当时国民政府已经处于风雨飘摇之中，内外交困，财政支绌，根本无力兴办治理工程，治理计划不了了之。

在长江上游，战争刚结束时，川江运输十分繁忙。到1947年后，由于航道经费的减少，战时上游急剧发展的航道工作开始收缩，航道整治除必需的岁修工作外，其他工程均停留在踏勘、计划阶段，标志的维护也因人员及器材难以为继，开始大量减少，金沙江和支流嘉陵江、岷江航道因无力维护管理，所存在标志任其损坏，航道条件逐步恶化。

（四）国外近代航道的相继发展

19世纪中后期，西方资本主义列强加速对亚非拉殖民地的掠夺，特别是到了19世纪70年代，随着资本主义国家转入帝国主义阶段后，侵略野心更加膨胀，和中国一样，各国航道成为它们侵入腹地的重要通道。

对非洲大陆进行系统的探险开始于1788年“非洲协会”的成立，到19世纪，更多欧洲探险家、传教士开始在非洲大陆进行探险和考察，他们的考察多是沿着尼日尔河、赞比西河、刚果河等非洲的内河进行。在最早考察非洲内陆地区的欧洲人中，利文斯顿是第一个横穿非洲大陆和考察了赞比西河流域、刚果河流域的人。自1852年4月第一次探险和考察开始，直到1873年5月在非洲去世，利文斯顿先后进行了3次考察和探险。利文斯顿是一个虔诚的基督教徒和传教士，他探险的目的是为了反对奴隶贸易，揭露奴隶贸易的丑行，但他没有找到制止奴隶贸易的正确途径，而且他在非洲搜集到的大量地理、经济、文化等方面有科学价值的资料，后来被殖民侵略者所利用，成为欧洲列强侵略、瓜分非洲的工具和武器。

同西方列强在非洲探险一样，葡萄牙人、西班牙人占领巴西等拉美国家也是充分利用了亚马逊河等内河。这从亚马逊河得名的来历中可见一斑。传说16世纪西班牙人奥列雅在亚马逊河探险时，受到了当地印第安女人的猛烈进攻。这些女人勇敢剽悍，像希腊神话中拉弓搭箭的“亚马逊”女战士，后来，亚马逊也就成了这条河的名字。另外，美国的西进运动也是伴随着对密西西比河航道的开发和航运价值的利用。

西方列强在加紧掠夺亚非拉殖民地的时候，为了军事和贸易的需要，在世界上多个地方开凿运河、开挖航道，其中最著名的就有苏伊士运河和巴拿马运河。

苏伊士运河的前身可以追溯到古埃及中王国时期。7世纪上半期阿拉伯人入侵埃及后，为了把埃及的谷物运往麦加，曾挖浚疏通了这条被尼罗河泥沙掩埋的运河。到了8世纪，埃及出于军事上的考虑，又下令把运河堵塞。这样，这条运河从此被废弃了千余年。

19世纪中期，法国为了加强在中东的势力，并称霸印度洋，一再鼓动埃及统治者下决心开凿。1854年11月，法国人勒塞普受命来到埃及，他找到开罗总督赛义德，用贿赂的办法终于使赛义德同意开凿苏伊士运河。修建和使用苏伊士运河的特权，当然归法国所有。随即，双方签订了有利于法国的《关于修建和使用苏伊士运河的租让合同》。

1859年4月，苏伊士运河破土动工，数十万埃及民工开始在浩瀚的沙漠中进行一项震惊世界的伟大工程。经过10年的艰苦劳动，1869年11月，埃

海轮行进在苏伊士运河上（来自百度百科）

及以牺牲12万劳工的代价实现了苏伊士运河正式通航。它全长170多公里，北起地中海的塞得港，南到红海的苏伊士城，平均宽度约100米、深9米，后来经过多次修浚，现在河面宽度为160～200米，平均深度约15米，可通行8万吨巨轮。

苏伊士运河极其重要的地位，使英国殖民统治者垂涎三尺，因此，英国也想把它据为己有。早在运河计划开凿时，英国就百般阻挠，他害怕自己的地位受到削弱。但法国克服一切阻力，英国人终于未能制止。运河通行后，英国又千方百计插手运河管理权，但都难以成功。1874年11月，埃及政府因开凿运河耗费的1200万英镑而债台高筑，发生了严重的财政危机，所以不得不决定出卖它所掌握的苏伊士运河公司的44%的股票。英国首相狄斯累利采用各种手段，以1亿法郎的价格将埃及4亿法郎的股票买到手。之后，英国又不断购进其他零星股票，最终苏伊士运河成为英法两国的私有财产，英国的第一个目标——控制苏伊士运河达到了。接着，英国凭借它强大的实力，于1882年实现了第二个目标——武装占领埃及，完全控制苏伊士运河。

苏伊士运河通航后，欧洲各国都非常关心，1888年10月，英国、法国等9国代表，在君士坦丁堡（伊斯坦布尔）开会，共同签订了《君士坦丁堡公约》。条约规定，苏伊士运河在战争时期应该与在和平时期一样，对世界各国的商船或军舰一律自由开放，不得封锁，禁止任何国家在运河水域打仗。

苏伊士运河的主权为外国人管理的这种局面持续了100年。1956年，埃及总统纳赛尔下令收回运河主权，苏伊士运河才永远归属埃及人民所有。

巴拿马运河位于美洲大陆中部，纵贯巴拿马地峡，是一条沟通太平洋和大西洋的船闸式运河，运河全长81.3公里，运河区总面积为1432平方公里。

19世纪中后期，随着大西洋和太平洋之间的航运日益发达，在巴拿马地峡开凿一条沟通两大洋的便捷航路被提上议事日程。经过近半个世纪的争夺，美国最终从英、法等国手中抢到了运河的开凿权。1903年，美国与巴拿马签订《巴拿马运河条约》，美国以一次付给1000万美元、9年后每年再付租金25万美元的代价，取得开凿运河和“永久使用、占领和控制”运河和运河区的权利。1904年，巴拿马运河正式动工开凿，经过长达十年的开凿，1914年8月15日巴拿马运河正式通航。

巴拿马运河的开通使美洲东西海岸航程缩短了7000至8000海里，亚洲到欧洲之间的航程缩短4000至5000海里。开通后的巴拿马运河极大地促进了世界海运业的发展。目前，巴拿马运河每年承担全世界5%的贸易货运量，有

1.4万艘船只从这里通过。因此，巴拿马运河素有“世界桥梁”的美誉。但对巴拿马来说，运河的开凿通航却使自己丧失了主权和领土的完整。美国把运河区变成名副其实的“殖民飞地”，在运河区任命总督，施行美国法律，并设立“美国南方司令部”，驻有上万名美军，使运河区成为“国中之国”。

为了废除不平等的“美巴条约”和收回运河区的主权，巴拿马人民进行了几十年不屈不挠的斗争。直到1977年9月，美国才被迫与巴拿马签订新的《巴拿马运河条约》和《关于巴拿马运河永久中立和经营的条约》。1999年12月14日，美国正式向巴拿马政府移交运河的主权。至此，这条沟通太平洋和大西洋的“黄金水道”回到了巴拿马人民的怀抱。

西方列强在重视对亚非拉地区航道的利用和开发的同时，也十分重视本土的航道建设。

德国境内的河流可以分为三纵一横，即南北向的莱茵河、易北河、威悉河和东西向的多瑙河。为了建立起发达

巴拿马运河一景（周确摄）

的内河航道网，德国自19世纪开始修建了基尔运河、沿海运河、多特蒙德—埃姆斯运河、韦塞尔—达特恩运河、中德运河等一系列人工运河，这些航道工程至第二次世界大战前已基本完成，极大地促进了德国境内的航运业和经济的发展。

俄国在“十月革命”胜利后开始了大规模的航道建设工程，航道水深标准达3.67米以上。20世纪30年代以来，开挖了一系列人工运河，形成以伏尔加河为主干，连接顿河、第聂伯河，沟通白海、波罗的海、黑海、亚速海、里海的统一深水航道网。

美国早在19世纪20年代就开始致力于国内航道建设，到20世纪30年代，密西西比河上游河段完成渠化工程。也是20世纪30年代，美国开始着手现代化的航道网建设。

此外，法国也早在18世纪上半叶就开始致力于内河航道整治，荷兰作为国际海运强国，也于1860年开始系统地加强国内航道的建设。

（五）中国现代航道的建设与发展

1949年10月，中华人民共和国成立，揭开了我国航道发展史上的崭新一页。

新中国成立之初，人民政府承接的是长期遭受经济掠夺和战争破坏的烂摊子，故而不得不经历1949年至1952年的恢复时期，从恢复生产、调整生产关系入手，为转入有计划地建设社会主义做好准备。

为了迅速恢复航运航道事业，广大航道员工们在各地军事管制委员会的领导下，积极投入恢复航标、绞滩和打捞沉船等工作，用实际行动支援生产，支援解放战争，使航道工作的水平很快恢复并超过了解放前的水平。

1953年，中华人民共和国进入了第一个五年计划的建设时期，为大力改善全国的航道条件，国家除投资对沿海主要港口及航线的建设外，对长江、珠江、淮河、松花江水系和大运河等也进行了较大规模的航道建设，从而第一次出现了规模空前的航道建设高潮。

在长江，国家投资在干线航道进行航标改革，并开始系统整治川江航道，对中下游航道进行疏浚，长江的支流湖泊也得到了相应的建设，有些航道还得到了较为系统的整治和疏浚。

在珠江，整治了红水河、右江、郁江、黔江和桂江的700余处险滩，并对珠江出海口段的莲花山西航道进行了浚深、拓宽和裁弯取直，同时对北江的重要支流连江局部治理，初步实现了渠化。

在淮河，结合水利建设进行了一系列航道建设。如1953年建造了三河闸，将洪泽湖改建成拦洪蓄水水库，平时提供灌溉用水，并保持淮河中下游的通航水位；开辟了由蒋坝直通大运河的航道，兴建船闸3座；从洪泽湖二河头向北新开辟的淮沭新河，在沭阳与沭河相连，形成淮河又一条入海的河道。

在松花江，主要是对哈尔滨港区及其下游的部分严重碍航浅滩重点疏浚。

在大运河，重点对苏北河段局部整修，并兴建了宿迁等船闸。

1958年，国民经济进入了第二个五年计划时期，我国的航道建设事业得到进一步推进。这段时期，由于我国投资紧缺，航道建设重点主要转移到内河上，沿海港口及航线建设主要是完善以前所建的工程。

在内河航道建设上，川江航道得到了较大规模的整治，初步实现了宜昌到重庆段上下水的全面夜航，并对长江中下游的主要浅滩和险要河段进行初步的治理，天星洲、马当、东流等重点河段的航行条件得到改善。珠江水系，继续对红水河、右江等碍航浅滩水道进行整治，珠江水系的通航条件不断改善。淮河方面，开始兴建贯穿安徽中部的东西向水运干线——大潜山总干渠，并修建完成了蚌埠水利枢纽，使淮河中游的水深得到控制，改善了正阳关以下干流航道的航行条件，并启动了支流航道的渠化建设。松花江经常疏浚的范围扩大到了哈尔滨至沙河子段的18处和佳木斯至同江段的11处浅滩，并开始整治哈尔滨港区和三姓浅滩等航道。在大运河，对徐州至扬州404公里河段进行了拓宽、浚深、裁弯取直和部分改线工程，同时，河北省整治了南运河，山东省扩建了中运河，兴建了微山等船闸，开挖了微山船闸到长沟镇约90公里的新河道。

与此同时，航道部门总结以往维护经验，开始有计划地对内河浅滩演变规律进行研究，并在实践中探索和改进航道维护的技术和方法，航道维护质量不断提高。可以说，这一时期，我国的航道建设特别是内河航道建设取得了重大的成就。

经过自1961年起的调整工作，航道事业调整了建设速度，总结了经验教训，加强了航道管理，我国的航道事业又重新回到了健康发展的道路。

1964年底到1965年初召开的第三届全国人民代表大会宣布，调整国民经济的任务已经基本完成，国民经济将进入第三个五年计划的发展时期，并且提出了要把我国逐步建设成为一个具有现代农业、现代工业、现代国防和现代科学技术的社会主义强国的纲领。为了适应三线建设和各地建设的需要，各地航道建设继续推进，并取得了一定的成绩。

1973年周恩来总理提出的3年改变港口面貌的号召，加快了我国港口建设的步伐，同时也促进了我国航道事业的迅速发展。

长江口深水航道整治始于1974年9月，先后开挖和维护了南北槽航道，使长江口的通航条件得到极大改善。这个时期长江上游的宜渝段、渝兰段航道得到了整治。通过整治，使得川江航道的通过能力大大提升，基本满足了当时的航运需要。同时，长江上游金沙江以及长江的各条支流也得到了较为系统的建设。

在珠江，继续对珠江口段航道进行了大规模的治理，通过治理，虎门以内的航道达到底宽140米、水深9米，虎门以外的航道达到底宽160米，水深8.6米，2万吨级海船可满载乘潮进出黄埔港。

淮河水系则重点开挖了一条长达135公里的茨淮新河，减轻了淮河干流的压力，兼顾了航运发展的需要。

松花江的疏浚范围进一步扩向哈尔滨上游的长春岭、达户等浅滩，整治工程在冷营、太平山、通河、捕鸭河、嘎尔当、葡萄架等浅滩和巴彦、绥滨等港区航道上铺开。此外，当时的黑龙江航道局因地制宜，冬季在冰上施工筑坝，开创了冰冻地区航道建设的先例。

大运河建设继续推进，江苏省在运河上新建了3座大型船闸，并对局部河段进行了改建和整治。山东省兴建了多座引水闸、船闸和节制闸，渠化了伊家河，结束了苏、鲁运河断航12年的历史。

沿海方面，大连、秦皇岛、天津、烟台、青岛、上海、宁波、湛江等沿海港口的航道逐步实现深水化，沿海航线数量逐步增加、航标配布逐步优化，对我国原油、粮食、钢铁、木材和原盐的运输起到了重要的作用。

1978年12月召开的党的十一届三中全会，开辟了我国社会主义建设事业的新时期。航道部门在新形势下面临着新的任务：一方面，在经济体制改革的推动下，航运出现了百舸争流的局面，全民、集体和个体水运事业全面发展，打破了各地航运管理的旧格局，客观形势要求航道要为所有行轮服务；另一方面，由于经济体制改革的深入，加上航道事业经费的严重短缺，航道部门自身也需要进行改革，转换机制，增强活力，以保证航道事业的继续发展。这两个方面，构成了新时期航道工作最基本的特点。

面对新的形势和任务，航道部门顺应改革的潮流，首先从内部管理体制进行改革，不断提高自身素质，并及时提出“有水大家行船”的方针，全面加强了航道的管理。与此同时，国家和交通部有计划地加强了对全国各条内河航道、沿海港口及沿海航线的建设。特别是进入“九五”、“十五”期以来，随着建设资源节约型、环境友好型社会理念的提出，航道运输日益受到国家的重视。

沿海方面，以设立深圳、珠海、汕头、厦门等沿海特区为发端，逐步开放了我国沿海几乎所有的各大小港口城市，沿海港口及航道、航线的建设取得了举世瞩目的成就。

为加强内河航道建设，国家还专门建立了内河水运建设专项资金，用于支持内河水运特别是航道的建设。“九五”期以来，我国内河航道的建设取得了显著成绩，以长江干线航道、西江干线航道、京杭运河、长江与珠江三角洲高等级航道网和18条主要干支流高等级航道为主要内容的“两横一纵两网十八线”建设稳步推进，现已初步形成了以长江、珠江、京杭运河、淮河、松辽水系为主体的内河航道运输体系，长江干线、大运河分别成为世界上运量最大的通航河流和内陆运河。如今，航道已成为综合运输体系中不可替代的重要组成部分。

据统计，目前我国水路货物运输量、货物周转量在综合运输体系中分别占12%和62%；水运承担了90%以上的外贸货物运输量，港口接卸了95%的进口原油和99%的进口铁矿石。2006年9月，交通部正式下发了《全国沿海港口布局规划》，对如何加强沿海港口的建设进行了全面地规划；2007年6月，交通部制定下发了《全国内河航道与港口布局规划》，对如何进一步加强我国内河航道和港口的建设也作出了全面的安排；2007年7月，交通部李盛霖部长在全国水运工作会议上提出，到2020年总体实现我国水路运输现代化的宏伟目标。两个《规划》的制订和交通部的全面部署和安排，必将进一步促进我国的航道建设，我国的内河和沿海的航道建设迎来了大发展的春天。

（六）国外现代航道的建设与发展

现代国外航道的建设成就主要体现在美国的密西西比河水系和欧洲诸国的莱茵河水系以及俄罗斯的伏尔加河水

系。这三大水系所属国家和地区对内河航道的开发建设起步都比较早，基本上都已有近百年的历史。到20世纪80年代前后，完成了综合航道网的建设。

美国政府高度重视航运业在国民经济中的作用和地位，因此十分注重对航道的建设特别是对密西西比河水系的航道建设。如前所述，密西西比河上游河段早在20世纪30年代就完成了渠化工程，之后又在中游和下游通过疏浚和整治办法稳定河床、加深航槽。经过这样的治理，到1975年密西西比河干线航道水深达2.74米以上，运量由1940年的3000万吨增加到现在的约4亿吨。除加强对干流航道的整治和治理外，美国同时还注重加强对密西西比河支流航道的建设，密西西比河的主要支流现已实行了连续渠化。

如今，密西西比河水系已成为江、河、湖、海相连，四通八达，干支直达的内河航运网，也是世界上最发达、最先进的现代化内河航道网。除加强对密西西比河水系的治理外，美国还注重对莫比河水系、哥伦比亚河水系、大西洋沿海水道和墨西哥湾沿海水道的治理和开发，并逐步实现了几大水系的连接。现在，美国内河航道通航里程总计4.1万公里，其中水深为2.75米的1000吨级以上航道有2.5万公里，占总计的61%；500吨级以上航道有3.1万公里，占总计的75%，航道在国民经济、社会发展和军事应用方面起着举足轻重的作用。

前苏联十分注重对以伏尔加河水系为主体的航道建设。前苏联刚刚建国之时就开始了大规模的航道建设工程。20世纪30年代以来，在加强对伏尔加河水系航道建设的基础上，还开挖了一系列人工运河。苏联解体后，俄罗斯和伏尔加河地区的其他国家继续加强对伏尔加河等航道的建设。现在，伏尔加河干线和主要支流已实现渠化，通过伏尔加河—波罗的海水道、白海—波罗的海运河、莫斯科运河和伏尔加河—顿河列宁运河，形成以莫斯科为中心、以伏尔加河为主干，沟通白海、波罗的海、里海、亚速海和黑海的统一深水航道网，航道网的水深标准为3.65米。这个航道网的年平均通航期虽然只有7个月左右，通航里程不足苏联欧洲地区总通航里程的十分之一，但它的货运量约占苏联欧洲地区内河总货运量的一半，货物周转量约占三分之二。

西欧诸国十分重视以莱茵河水系为主干的西欧内河航道网建设。莱茵河上游在20世纪70年代中期就已完成八级渠化，对莱茵河的中下游，则主要以整治办法改善通航条件，在1967年开始了拓宽工程，并于1974年完工。莱茵河的主要支流内卡河、美茵河早年都已渠化，支流摩泽尔河的渠化工程也于1958年开始，工程分3期，70年代中期完成前两段渠化，第3段也于1979年竣工使用。现在，西欧已形成以莱茵河水系为主干，各个水系相连接，沟通北海、波罗的海、地中海、黑海的欧洲统一航道网。

三、航道的管理体制

（一）中国航道管理机构和体制的沿革

中国古代自第一个奴隶制国家夏产生以来，航道的管理部门总是辖于水官，唐代以后随着漕运的兴起，航道还多受漕运之节制。中国古代航道多为朝廷交往和输贡纳赋的官方航运通道，加之古代中国“重农抑商”的传统特点，航道被深深地打上了只为朝廷和官方服务的烙印，而丧失了航道应为官、商、民全面服务的本质属性。

古代航道的这种管理体制既有优点也有缺点。优点是：水利与漕运系国家的命脉，备受历朝统治者的重视，一旦事关命脉所需，就能投入大量的人力、物力、财力，使之很快取得实效。缺点是：因航道建设多着眼于官方的需要，又受漕运所左右，减弱了航道固有的为全社会提供服务的公益性质。加上漕运因为受到帝都的变迁、漕源的转换以及季节与时限等影响，使之具有较强的方向性、批量性、时效性，从而导致航道的利用与建设的兴废多变，航道工作及助航手段多具临时突击性质，缺乏深入发展完善的延续力。这也是中国古代航道建设虽然曾走在世界前列，却也一直存在发育不良缺陷的缘故。

1840年英帝国主义用坚船利炮打开中国大门后，航道逐步转为以轮船为主要服务对象，其相应产生的航道设施与管理机构，均不是中国传统航运业自身发展的产物或延续，而是随着帝国主义的入侵一并到来的“舶来品”。

随着外国船舶频频进出中国沿海和腹地，中国口岸进港航道与港口管理随之发生变化。外商出自便于其进行经济掠夺和航行安全的考虑，不断提出设置新式助航设施与加强管理的意见。19世纪50年代初，帝国主义在上海海关成立了一个由英、法、美三国代表控制的关税管理委员会，他们从扩大和保护各国对华贸易出发，对航商关于改善航行条件的呼声与要求比较重视，并逐步担负了助航标志的设置与建造工作。随着来华船舶的日益增多，为了保障船舶航行安全，英国在同清政府签订《天津条约》时，把设置助航设施及对其管理的要求塞进了条约。其后不久出笼的《中英通商章程善后条约》里，进一步明确了责任的归属和航标经费从所征船钞项下拨用的规定，从而为以后受帝国主义控制的中国海关攫取航道管理权埋下了伏笔。

到19世纪60年代，随着外国进出

口中国船舶的增加和船型的变化，中国航道设施落后于需要的矛盾更加突出。在外商与领事们的舆论压力下，清政府接受了英籍海关总税务司赫德的建议，于1868年4月批准在海关总署之下正式建立了近代中国的航道管理机构——海务处。海务处由一名相当税务司级的海务司掌管，其下设港口工程师及灯塔工程师各一名。海务司的职责是负责沿海、内河助航标志的建设与管理，起除沉船，修浚港口水道，负责港口船只的碇泊及上述工作专门人才的延聘。

海务处建立之初，工作重点放在中国沿海。当时，海务处将中国海岸划分成北、中、南3段，每段派段巡工司1名，负责进行分段管理。3段巡工司分别派驻烟台、上海、福州。在隶属关系上，各段巡工司归海务司领导，但也要接受其辖区内有关各口税务司的指示，属双重领导。段巡工司的职责是：负责所在各港的助航设施工作，定期巡视段内所辖的各港口，检查浮鼓和标桩的状况，地方引水工作的执行情况及港务长的港务工作情况等。港务长负责维护和管理所辖海岸区内灯标的正常发光等，直接给灯守等有关助航设施员工下达工作指示，进行指导等。这样，就形成了总税务司—海务司—段巡工司—港务长—灯守这样一个自上而下的航标工作体系。1870年，海务司一职被撤销，增设总工程师一职，1881年，撤销段巡工司，在上海海务处设海务巡工司，这样，海务部门形成了以海务巡工司与总工程师共同领导的海务工作体系。

进入20世纪之后，轮船的比重已上升到80%，此时海关为配合帝国主义经济掠夺逐渐伸向内地的需要，开始加强对我国内河航道的管理。在长江，1903年为长江专门配备了第一艘航标工作船“江星”轮，1905年在上海成立了浚浦工程总局，1906年在九江设立了长江上第一个江务机构——巡江事务处，任命英籍船长奚理满为第一任巡江工司（巡江事务长），以“江星”轮为工作船。为了推进长江上游航道的发展，1915年在重庆设立了长江上游巡江事务处，1920年在岳州设立了中游巡江事务处，并逐步在各巡江事务处内还增设了一些巡江事务段。1923年，海处务将中下游巡江事务处合并，在汉口成立长江中下游巡江事务局。1929年中下游巡江事务局和上游巡江事务处职权扩大，巡江事务长开始获得任命下属江务主管人员的人事权。至此，在海关内部，具有半独立性质的长江航道机构形成，并一直延续到新中国的成立。

晚清时期，由于民主思想的传播，不少有识之士出于维护民族自尊与自强，对中国海关受帝国主义控制，以及由其统领的航道管理体制极为不满，曾多次掀起夺回航道权的斗争。晚清政府曾采取设置税务处、邮传部，民国期间曾采取设置交通部等方法，试图控制海关并收回航权，实现自主管理航道的目的。但受外国人控制的海关一直拒绝交出航道权，直到民国20年（公元1931年），才将已与航道管理分离的理船部分交给了民国政府交通部，另设立了航政局。这种局面一直维持到新中国建立以前。

总结近代中国由海关统领航道工作的历史，可以说始终只是利用航道自然水深，引进一些西方航道测绘技术与助航标志，加以维护管理而已，因此它一直是消极和“看水行船”。至于帝国主义商船不拟深入的支流航道，根本毫不问津。这一切充分说明近代航道机构完全是为帝国主义的侵略利益服务的，因而近代中国航道是一段屈辱与进步兼有、压迫与斗争并存的历史。

1949年10月1日，中华人民共和国成立，被帝国主义控制近百年的内河海关和它管理的航道机构，纷纷由各地中国人民解放军军事管制委员会接管，航道管理权从此回到了人民的手中。1950年1月27日，中央人民政府政务院第17次政务会议通过决定，将海港、河道、灯塔、浮标、气象报道等助航设备的管理职责，连同其工作人员、物资、器材，全部移交交通部或省市港务局。1950年11月6日，海关总署将航标移交交通部，其中港口航标移交各港港务局，长江航标移交长江航务管理局，结束了长达80多年由海关管理航标的历史。

与时同时，1950年，交通部设立航务总局，并于当年设立黑龙江航道工程处管辖黑龙江航道；1952年又设立松花江航标区和54个航道站，负责松花江干流航道的管理和黑龙江、乌苏里江国境河流主航道中方一侧的航道管理；1957年，交通部在长江成立长江航道局，负责管辖长江干流航道；而珠江水系航道则分别由广东省航道局和广西壮族自治区航道处管理；此外，凡是有通航河流的省都设有航道管理机构；沿海的航标则由上海海运管理局、广州海运管理局、大连轮船公司和各地方港务管理局负责管理。一时间，呈现出千帆竞发、百舸争流的繁盛景象，揭开了中国航道史上最为恢弘的新篇章。

1978年党的十一届三中全会开启了我国航道建设的新纪元。为进一步深化改革，各地航运航务部门逐步实行政企分开，航务航道机构开始与航运机构分离，成为纯粹的事业单位，专门从事各地航道建设、维护和管理工作。随着改革的继续深入，航道体制改革进一步深化。现在，有的地方设立了独立的航道机构，有的地方则归属航务部门管理；有的航道航务机构直属交通部，有的则归属地方交通部门管理；有的航道机构实行全额拨款，属公务员编制，有的则实行差额拨款，属事业单位编制；有的航道机构兼有维护、建设、管理和科研等综合职能，有的航道机构适应市场化需要仅保留维护职能。体制的转变促进了航道活力的释放。如今，各级各地航道部门正在党的正确路线、方针、政策的指引下，深入践行交通部“三个服务”的理念，开拓进取、锐意创新，深化改革，不断谱写共和国航道事业的新篇章。

（二）国外航道管理机构和体制的沿革

纵观当今世界的航道建设，取得辉煌成就的首当欧美国家，它们在航道管理机构的建立健全和航道管理体制的探索上也对其他国家提供了有益的借鉴。

欧洲的内河航道网主要集中在荷兰、德国、法国、比利时，以莱茵河流域为主。欧盟各国航运及航道发展的历史，就是各国高度加强国际合作和探索建立健全管理体制的历史。

早在1815年，欧洲各国为了寻求内河航运发展的道路，改变各国航道标准各异、运输船舶不能直达的困难局面，经过磋商后成立了莱茵河航运中心委员会(CCNR)，为欧洲内河航运航道的发展提供了组织保证。CCNR规定莱茵河为国际河流，由沿岸各国共同建设、共同管理，各国的船只在河流中均拥有自由航行权，莱茵河沿岸的各国均具有对本国区段河流的经营自主权。CCNR作为负责协调莱茵河管理工作的机构，对莱茵河的航道规划、通航标准、航行要求等提出各国必须遵守的规范性建议，对莱茵河水运的可持续发展起到了至关重要的作用。

1861年，沿岸各国签订了《曼海姆—莱茵航道公约》，规定了莱茵河航运的自由权和免税权，同时也规定了各国在航道整治和维护、运输规划等方面应承担的义务。沿岸各国必须负责本国河段航道的养护疏浚，保证规定的通航尺度，确保船舶畅行无阻，此外涉及船员技术标准(资质)、船舶航行条件等也由CCNR规定。CCNR对莱茵河的管理坚持以航运为主，在保证航运畅通并且符合《欧洲水资源使用法》规定的前提下，各国可以自由引水灌溉或建设发电站。

在德国，成立了交通建设与城市发展部，对各种运输方式进行综合管理，并通过委托州政府实现其政策目标。部内设7个司，涉及航道航运的有3个司；司下设13个高级专业管理局，设有联邦航道建设管理局；航道建设管理局按区域又下设了7个航道航运管理局，各自管理一定区域；低级机构共有39个航道分局和7个新建局(专门从事建设的临时机构)。7个航道航运局、15000名雇员根据《联邦德国航道法》的授权，统一管理全德境内航道的安全、规划、建设等事宜，非常顺畅。

法国的交通由法国公共工程住宅国土规划与运输部管理，部里设有内河航运管理局，专司全境内河航道建设、维护和管理。管理方式按水系进行，大的通航河流由国家级机构管理，小的航道由省级以下的航道管理机构负责。特别是为了协调水资源综合管理，成立了4部参加的水资源管理委员会，负责制定江河治理的大政方针和调解各部门矛盾，通过协商解决了不少问题，最终都得到了落实。

由于法国自然河流的条件在欧盟国家相对较差，政府注重整治开发工作，特别是为了整治罗纳河，于1921年颁布了《罗纳河开发治理条例》，于1934年成立了国家罗纳河公司。该公司与美国的田纳西河流域管理局性质相近，拥有河流的全面开发建设和经营管理特权。根据《罗纳河开发治理条例》，主司渠化罗纳河，为航运、发电和灌溉服务；按欧洲统一标准进行航道建设；在筑坝建闸的同时兴建电站，以售电收入投资开发与支付营运费用，过往船只一律免费过闸。至1980年，法国政府又授权该公司对罗纳河进行深度开发并享有其他运河的建设管理经营权。公司系非营利性的半官方公司，政府投资不用偿还，所获盈利投入新的航道建设项目，因此在罗纳河水系航道航运建设方面发挥了极其重要的作用。法国目前的通航里程达到了8533公里，其中运河4326公里，是综合交通运输体系中的重要力量。

荷兰的航运业由运输、公共工程和水管理部负责管理，是荷兰较大的一个部，由公共工程和水管理总司、货运总司、客运总司、民航总司、通信和邮电司、战略协调司和荷兰皇家气象研究所组成，影响最大、对荷兰航运发展起主要作用的是货运总司，负责全境的航道航运管理。荷兰水上安全有3支执法队伍:一是国家交通监察，二是荷兰航监，三是水上警察。它们职责明确，分工协作，设备先进，人员充足，形成了一个强有力的水路运输行政执法体系，有力地维护了水运市场的秩序。

美国内河航运航道的发展史就是美国水资源综合开发历史的缩影。1787年，大陆会议在西北法中宣布：美国内河航道是“公用航道，永远是免费的，不收任何税费或关税”。1820年，国会通过相关法案，并建立基金，明确规定航道建设资金由国家主要负责。1824年，国会通过了《改善俄亥俄河和密西西比河航道条件法》，规定了对每条河流清障、疏浚、渠化航道的相关条文，并组建陆军工程兵团负责航道的建设管理，这是完整意义上的现代航道航运史的第一部法律。1930年，罗斯福总统为复苏大萧条时期的美国经济而实施新政，对水资源进行系统开发，采取了一系列措施为内河航运及航道的发展注入了强劲的活力。

历经200余年的发展，美国的内河航运航道已具有相当成熟的行业管理机制，发挥着良好的经济社会效益，全美4.1万公里的高等级内河航道体系，为11亿吨左右的内河运量提供了基础保障，促进了水利、发电、防洪、供水、灌溉以及水上娱乐活动等，年创150余亿美元的税收，为数10万人提供了就业机会，带动了沿岸经济的发展，保障了国防军事需要。

如今，美国的内河航道航运管理体系有其独特的地方，涉及航道航运管理的机构有3个:

一是联邦运输部，统一管理包括航运在内的5种运输方式，避免重复建设和恶性竞争，调整合理的运输方式比例，提供公平公正的环境。部内设航运管理局，负责造船及营运补贴，扶植美国航运业；扶植与航运业相关的企业；主持航运市场研究工作，掌握航运市场动态和预测航运业的发展；与航运企业合作进行技术和营运管理的研究工作。

二是陆军工程兵团，专门负责“调查、发展和改进国家的水资源综合利用以及与水有关的土地资源利用”。1938年通过的《防洪法》，将全国内河水系有关的防洪、航运、发电、环保、洪水、水上娱乐等方面的规划、建设及管理授权给了陆军工程兵团，扩大其管理范围、职能。在航道的治理过程中，陆军工程兵团在制定五年计划及年度计划时，必须向国会报告已经实施的工程进展情况，并接受国会检查，国会有权就发现的问题提出限期改正，否则将停止向其拨款并终止工程实施。陆军工程兵团下设38个分局，年预算50亿美元，雇员25000(几乎全是非军人编制)，管理范围很广，包括:建造了13675公里的防洪堤，管理着689座大坝、275座船闸、383个湖库、148个发电项目、4300处水上娱乐设施、1200艘游艇、41000多公里的航道航运建设与维护，兵团对包括航道航运在内的美国水资源综合利用是功勋卓著的。

三是海岸警卫队，隶属于国防部，是美国的五大武装力量之一，在政府所赋予的海上安全、海上执法、海上自然资源与环境保护、航行设施管理和国防5大任务中，水上安全管理是其重要职责，经费由政府预算中支出，综合、统一的水上安全管理体制，促进了内河航运的发展。

无论是欧盟，还是美国，其航道航运管理机构都是按照法律法规的授权工作的，运转比较顺畅，部门各司其职，管理层面营造了航道航运发展的良好外部环境，使航道航运为西方国家在近两个世纪的持续稳定的发展作出了不可替代的贡献。

HONG KONG

第二章　航道文化的探幽寻微

“水”是生命的起源，是人类生存发展的基础。人类的文明是以直立“行”为标志，“行”与人类的进化、发展、文明相依相伴。“水”与“行”的结合就产生了水运，人类凭借水资源开辟生活之源，并进行繁衍生息。

一、正本清源说航道

文明的火花点亮天然的河道，河道在人类的文明浸透中，出落成水运通道——航道。

水运具有悠久的历史，而航道又是一个现代的名词。人们通常认为，航道就是在水域内供船舶及排、筏航行的线路，然而，对航道的理解历来就有广义和狭义之分。广义的航道基本上与河道或河槽等同，国外常用“水道”（waterway）一词来表示航道，而“水道”亦指有较大水流经过的通道，包括江、河、渠道等。我国《航道管理条例》明确“航道”是指中华人民共和国沿海、江河、湖泊、运河内船舶、排筏在不同时期可以通航的水域。航道的狭义理解等同于“航槽”（navigation channel），用航标标示出来，可供船舶安全航行的特定水域。航道位置可以随河床演变或水位变动而随时移动，航道尺度也可以随季节与水位变化以及治理工程的实施而有所调整。航道可以分为天然航道和人工航道，其中，人工航道也叫“运河”，顾名思义，专为水运开辟的河。

中国江河湖泊众多，河流纵横交错，航道水运历史的源远流长。早在大禹时期就有“导四渎而为贡道”，以天然河道作为航道。公元前486年，吴王夫差为了北上中原与齐国争雄，在今天的扬州挖邗沟以利战争物资的搬运。隋唐时期贯通南北的大运河更是将海河、黄河、淮河、长江和钱塘江五大水系连接起来，形成了沟通东西南北的航道网。随后的历朝历代都非常重视航道的建设与应用，仅以漕运一例来看，铲除鳌拜、独擎朝纲的康熙大帝亲手书写了“靖番、治河、漕运”六个字贴于朝柱之上，以此来提醒自己，足见航道与政治、军事、经济、生活的密切关系。

1949年，百废待兴的新中国更是把航道摆到了优先发展的显著位置，为航道事业的发展开辟了广阔的空间，航道的恢复与兴建更加有力地支持了工农业的发展。改革开放以来，航道的发展更是插上了腾飞的翅膀，如今中国内河通航里程逾13.5万公里，航道运输量迈入世界前列。航道的建设、维护、管理水平大幅提高，航道水运能力大为增强。在取得辉煌成就的同时，我们也清醒地看到：与欧美发达国家相比，水的综合利用水平较低，航道在水运中的潜力还没有充分发挥，航道发展还不能满足国民经济高速发展的要求，各水系航道建设的标准化、网络化、专业化程度还需要提高。如今美国已经形成以密西西比河为主干的航道网，西欧已形成以莱茵河为主干的航道网，俄罗斯也形成以伏尔加河为主干的航道网。我国航道“三横一纵两网”的建设才刚刚起步，安全、畅通、文明、和谐航道的建设任重道远。

二、航道与水运相映生辉

航道是水运的基础，没有高水平的航道，就没有高效率的水运，航道与水运相伴而生，相互促进、相互支撑、相应生辉。水运作为现代交通综合运输体系的一个重要环节，在经济社会发展中具有不可替代的地位和作用。我国河泊众多，江海相联，曲折漫长的大陆海岸线，纵横交错的大小河流，为水运提供了十分优越的航道条件。我们的祖先在很早以前，就在这块兼有大陆和海洋特征的广阔无垠的国土上发展水运。

早在新石器时代，人们就开始在原始航道上使用独本舟、排筏，并通过对原始航道进行简单标识、改建、维护，以利通航。商末周武王伐纣，“率戎车三百乘，虎贲三千人，甲士四万五千人以东伐纣……毕渡孟津”。由此可见，当时的航运规模已相当可观。春秋战国时期，航道的使用已很频繁，粮食、木材等大宗物质通过水运，既经济又快捷。随着京杭大运河的开通与使用，中国的航道发展进入一个新时期，航道运输逐渐成为当时经济社会综合运输的骨架。航道的畅通与否直接关系国家的经济、政治、军事与文化，当时的水运枢纽扬州便有“天下三分明月夜，二分无赖是扬州”的美名。

长江、黄河，是中华民族文明的摇篮，古时很多郡主国都依黄河而建，其主要原因就是要利用河道的便利，长江沿岸历来是我国繁荣富庶之地。历史证明，文明、繁荣与水携手前行，航道与水运相映争辉。我国的地貌是西高东低，自然河流呈现“一江春水向东流”之势，自然航道适宜“东搬西运”，南来北往的航道只能依赖人们的智慧与汗水了。在人工开挖航道方面，我们有着悠久的历史和辉煌的成就，其中，最为著名的是京杭大运河。

我国近代的航道流淌着民族的屈辱和抗争。鸦片战争后，随着一系列不平等条约的签订，影响中国经济命脉的内、外河航道的控制权丧失殆尽。

新中国的航道事业是在中国共产党的领导下，伴随着新中国的成长和中华民族的复兴而发展的。长江航道、珠江航道、松花江航道、黑龙江航道、运河航道、港口航道等日益焕发着青春的活力，它们的率先发展，已成为沿岸经济、流域百姓生产、生活的纽带，成为人们奔向现代化、奔向美好新生活的助推器。

三、开辟美好生活的新航道

航道对经济社会的发展贡献巨大，很多地区的繁荣都是因为具有便利的航道条件，一些曾经繁华的城市也因航道的消失而走向了没落。现在我国正大力发展长三角、珠三角和渤海湾、北部湾经济区，其中一个重要的原因就是因为它们拥有便利的航道网络。就长江流域来说，以长江干线航道为主骨架，干支联动、四通八达的航道运输网给区域经济的发展提供了极大的便利和极强的支撑，虽然长江流域面积不足我国国土总面积的五分之一，但却创造了五分之二的国内生产总值，养活了全国三分之一的总人口。目前，长江流域已成为全国最具活力、最具发展潜力的经济区域之一。

航道对经济社会的贡献还突出体现在城市的出现和发展上。翻开中国城市的发展史，可以发现，除了个别军事重镇外，几乎所有城市都是临江滨河而建。城市因水而兴，其中除了是为城市生产生活提供取用水的方便，也离不开航道这种最便捷的运输通道为城市的生存和发展打开了方便之门。可以说，河流孕育了城市，航道催生了城市，水运发展了城市。

经过几代航道人的艰苦奋斗，我国的内河航道通航里程已逾13.51万公里，占河流总长的三分之一，它们主要分布在长江、珠江和淮河水系，其中可通航500吨级船舶的四级及以上航道1.53万公里，可通航千吨级船舶的三级及以上航道0.86万公里，其他等级航道约占88.6%。我国航道的总里虽然达到13.51万公里，但是四级以上航道仅占11.3%，航道的通航能力、整治标准、渠化程度还亟待提高。

我国河道众多，分布广泛，但航道运力的分布极不均衡。长江三角洲、珠江三角洲拥有着我国8成以上的航道运力。目前，长江干线经过多年的建设与发展，已成为世界上水运最为繁忙和运量最大的河流，长江干线航道的年运输量已逾11亿吨，相当于16条京广铁路的运量；珠江水系的西江航道干线已成为沟通西南与粤港

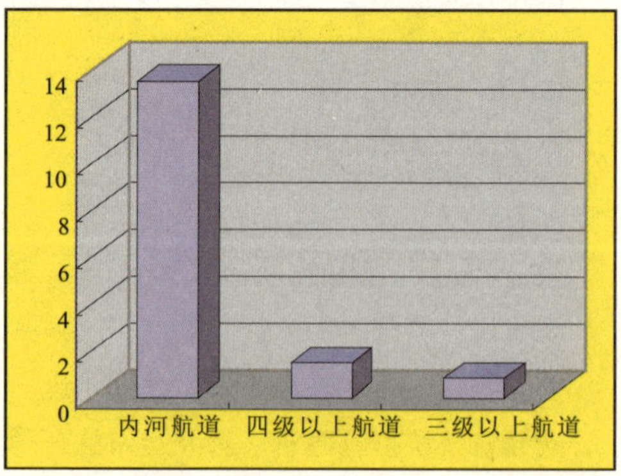

航道等级分布

澳地区的重要纽带，通江达海，实现了江海联运；京杭运河更是“北煤南运”的大动脉，大运河成了最繁忙的水上通道，每天运送各种物资的船只南来北往，络绎不绝；长江三角洲、珠江三角洲的航道网已成为流域综合运输体系的主骨架。而广大的西北部地区的航道运力几乎为零，拥有多条河道的东北地区的航道运力也相当弱。经研究发现，航道水运能力与地方经济实力呈现强相关性，正如清末维新人士孙宝煊在论及中国西北与东南贫富差异时，说过这样的话:“我国富饶之区，首推东南，其所以致此者，以水道四通八达，物产易流通，农商之业易兴也。西北无水道，故地方贫瘠异常。”这里，孙宝煊把西北的落后和东南的发达归结为水运交通状况的差异。

航道水运是一种不占地、污染少、耗能低、运量大、效率高的运输方式，从社会经济方面看，航道水运对环境影响所产生的社会成本最低，航道水运不仅价格低廉，而且在环保方面拥有独特的优势。有关资料显示，航道水运的能源消耗量及二氧化碳和可吸入颗粒物排放量均只有公路运输的四分之一左右。各种运输方式所造成的事故、空气污染、气候变化、噪声污染、交通堵塞及对城乡发展的影响等所产生的所有外部费用进行分析得出：公路运输占所有外部开支的91.5%，航空运输占6%，铁路运输占2%，水路运输仅占0.5%。

航道的服务能力不断加强，航道在综合运输体系中的地位越来越重要，它保障了我国能源、原材料等大宗货物运输，有力地支撑了国民经济和对外贸易又好又快地发展。以2006年为例，全年完成港口吞吐量55.7亿吨，集装箱9361万标准箱，连续4年保持世界第一；与2000年相比，集装箱吞吐量年均增长26%。

“宜水则水”，“宜陆则陆”。我国河川多、土地少，从可持续发展和建设“生态文明”的角度来看，大力发展航道，充分发挥水运在资源占用、环境保护、经济适用、自然畅通等方面的优势，也是贯彻落实建设资源节约型、环境友好型的和谐社会的重要举措。纵观航道发展历程，我们应以航道建设为

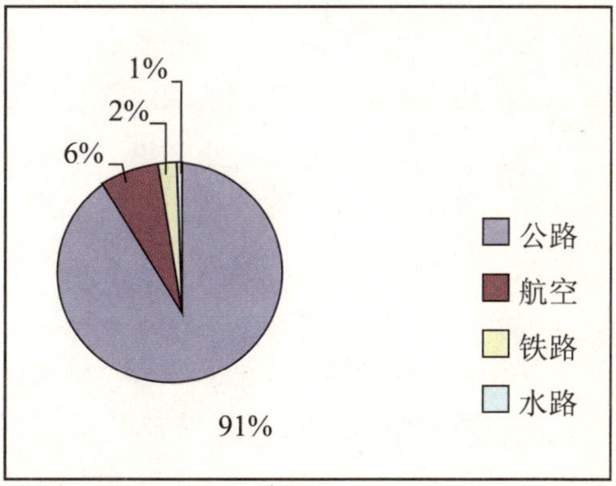

各种运输方式的外部费用对比

重点，建成全国水运主通道，实现水网地区500吨级以上骨干航道联网；优先发展长江、珠江、京杭运河和长江、珠江三角洲水网骨干航道，兼顾发展其他重要支流航道。更加重视高等级航道的建设，使高等级航道特别是千吨级以上航道里程明显增加。以重庆、武汉、长沙、南昌等重要内河航运中心为建设重点，加快建设内河集装箱、矿石、煤炭、石油、液体化工品、粮食等专业化泊位。

在交通部的大力推动下，长江流域的七省二市已经率先制定了《“十一五”期长江黄金水道建设总体推进方案》，在此规划指导下，一批大型专业化原油、铁矿石、煤炭、集装箱码头和深水航道工程相继建成并投入使用。加强了长江干线重点河段的整治力度，加快重要支线航道建设，积极推进长江三角洲高等级航道网和湘江、嘉陵江、赣江、汉江等重要通航河流梯级开发进程。统筹规划、综合开发干支线直达、江海联运和集装箱运输的航道网，逐步形成煤炭、矿石、集装箱、石油及液化气、汽车滚装等专业化运输体系。

“刚劲扬帆正当时”。在交通部的统一部署下，重点建设以高等级航道为主体的干支直达、通江达海、结构合理的航道体系；构成各主要水系以通航千吨及以上船舶的航道为骨干的航道网络，规划内河高等级航道约1.9万公里，达全国内河航道里程的15%，其中三级以上航道1.43万公里，四级航道0.48万公里。在水运资源较为丰富的长江水系、珠江水系、京杭运河与淮河水系、黑龙江和松辽水系及其他水系，形成长江干线、西江航运干线、京杭运河、长江三角洲高等级航道网、珠江三角洲高等级航道网和18条主要干支流高等级航道的布局。

在航道硬件建设的同时，必须加强航道软件与配套设施建设。完善航运法规体系和规划体系，提高航运信息化水平；建设发展与航道能力匹配的大型化、标准化船舶和专业内河运输船队，调整运力结构，积极发展江海直达、干支直达运输方式，提高运输效率；充分发挥航运在水资源综合利用中的重要作用，促进航运资源的合理开发、高效利用、有效保护和优化配置。

21世纪的前20年，正处于我国经济发展的重要战略机遇期，这也是航道发展的黄金时期。从世界交通发展趋势、发展规律的角度审视航道的发展水平，从我国国民经济发展全局的角度审视航道的适应能力，从人民群众需求的角度审视航道的服务水平，必须加快航道建设步伐，加快水路交通的结构调整、升级和转型，实现科学发展、安全发展、和谐发展，推进我国水路交通现代化：拥有基本达到世界先进水平的水运基础设施、装备和服务体系，海运综合实力强，内河航运优势明显，与其他运输方式相互协调，形成安全、高效、畅通、可持续发展的水路交通系统，适应经济社会发展和国家经济安全的要求。

四、漫步航道文化

航道文化是人们在航道开发、建设、维护、管理中不断形成和发展的，具有鲜明时代特征和浓郁航道特色的，为航道人广泛认同并自觉实践的价值理念。

航道文化是如何形成的?

江水或涨或落，或急或缓，或清或浊，它的冲刷、它的雕凿、它的印迹，留下河道。人们在自然的河道上辛勤劳作，或摇橹打鱼，或逆流而上，或乘风破浪，人们在长期的水上作业中对水流、河道有了认识和思考，知道哪里的水急、哪里的水浅、哪里的湾陡、哪里有暗礁……，人们对河道有了认识，就可以通过简单的标识表达河道的特点与状况，以便避开风险，更好地水上作业与航行。这时的河道经过人为的标识、认识和改造就成为了航道。人们在认识航道、建设航道、管理航道的过程中，航道人具有了特定的行为方式、思维方式、价值取向、职业特征、精神风貌，这些行为以及这些行为中的精神具有一致性和协同性，它们为航道人广泛认知、认同和约定，也就逐步形成了航道文化。因此，河道是历史的、自然的，航道是现实的、人化的，航道文化是物化的、意识的。

（一）对航道文化的人文理解

文化的形成与发展，其核心是人。文化实质上即是“人化”，是人的本质力量外化与对象化的创造结晶。马克思曾经把资本主义工业史看作“是一本打开了的人的本质力量的书，是感性地摆在我们面前的人的心理学”。其实不仅工业，人类一切活动领域的任何创造，无论是政治、经济、法律制度，还是科学、艺术、宗教，整个文化都是“人化”的创造结果。

航道文化包括航道自身的文明，更要体现与展示航道人的行为方式和精神内涵。航道文化是航道人“认识自我乃是哲学探究的最高目标”的体现，是对自身及所从事的航道事业的本质性观察、提炼与升华，是对“为自然立法”的求真的理智性；有求天人合一以实现人生绝对自由的“为人生立法”的求善的意志力，也有超越真善、愉悦情性的求美的情感能力，航道文化是这样三种独特而互动统一的本质力量的结合体。

（二）对航道文化内涵的探索

航道文化是航道人认识航道、改造航道的实践中所形成的物质财富和精神财富的总和，因此，航道文化从内容上可分为三个层次：

一是物质层面的航道文化。它是从事航运活动的人，尤其是航道人，在航道建设、维护、管理过程中形成和创造出来的独特文化。如设标、导航、疏浚等各种保障航道安全畅通的设施，这些通航、护航设施既有物化的一面，也有人化的一面，两者合起来也就构成了航道文化的物质要素。航道设施是航道文化的载体，体现了航道人作为社会人的文化特征。物质层的航道文化是航道的物质状态（航道的形态、设施、标识、物质生活条件等）以及航道的技术、效益水平等反映出来的航道物质文化现象，是精神文化、行为文化的物化成果和外在表现，是整个航道文化的载体和外在标志。

二是行为层面的航道文化。它是航道人在共同生活、学习、工作中所表现出的行为方式、行为特征，这些行为形成了一致、和谐、整体化的特质，体现出航道人特有的行为方式、思考方式、价值取向。行为层的航道文化是物质文化和精神文化的中介，起着把二者联系起来的作用，包括组织体制、规章制度、政策法规和行为规范，具有强大的约束和激励功能。

三是精神层面的航道文化。它是航道人在航道建设、维护、管理的实践活动中所创造的精神财富，集中表现为

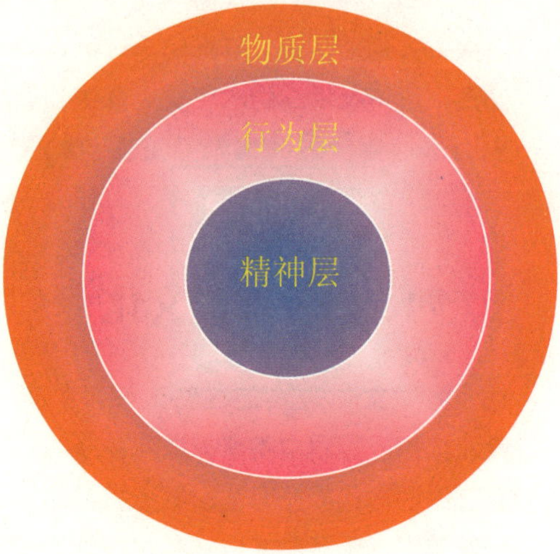

航道文化同心圆图

航道人这个特定群体的价值观念、思想意识、情感意识、职业态度、精神风貌及在此基础上形成的“航标灯精神”、“无名英雄精神”、“三姓险滩精神”、“运河精神”等，是航道物质文化、行为文化的归纳、提炼与升华，是航道文化的精髓。

（三）航道文化的主要特征

航道物质文化是航道文化存在和发展的基础，是航道文化的外显结构；航道行为文化依赖于航道物质文化而存在，同时又是航道精神文化的存续方式；而作为航道文化的内隐结构的航道精神文化与物质文化和行为文化相比，是三种形态中最持久、最稳固的，在航道文化中占主导地位。

航道文化的主要特征有三点：

第一，航道文化是“服务文化”。这是由航道的工作性质决定的。广义地说，服务是个很宽泛的概念，存在于众多的领域和行业之中。航道的服务，简言之就是要保证“安全”和“畅通”。这是航道人的职责所在。因此，航道的服务文化也可称之为“安全畅通文化”。围绕安全和畅通，航道人在其航道规划、建设、维护、管理、救助等各个环节都要在航道文化建设的基础设施、环境氛围、管理体制、组织结构、制度建设、航道精神以及职工的文明风貌、行为举止的约束和规范中紧扣安全、畅通的宗旨和理念。

第二，航道文化是“公益文化”。这是由航道的基础性决定的。航道所提供的是一种基础性社会公益“产品”，是公众随时都要“享用”，也随时都可“享用”的“社会产品”。作为公益性的航道网络，航道设施的环境氛围、航道管理的组织结构、制度建设、航道精神和航道人的文明形象，对内是一种无形资产，对外也是一个品牌、一种社会财富。在社会经济生活的“流通、滚动”中，可以不断循环往复地渗透到社会的各个领域，对人们的思想意识和生产、生活产生影响，起着引导和教育的作用。这也是许多航道及其助航建筑之所以会引起国人自豪、国际友人赞叹的原因。

第三、航道文化是“网络文化”，具有网络性、开放性、连通性特征。随着我国综合国力的持续增强，科技的进步和社会的发展，已形成了“三横一纵两网”的内河运输通道。航道网络，不仅为社会经济和政治的发展奠定了基础，而且其本身也是一道风景、一种文化。

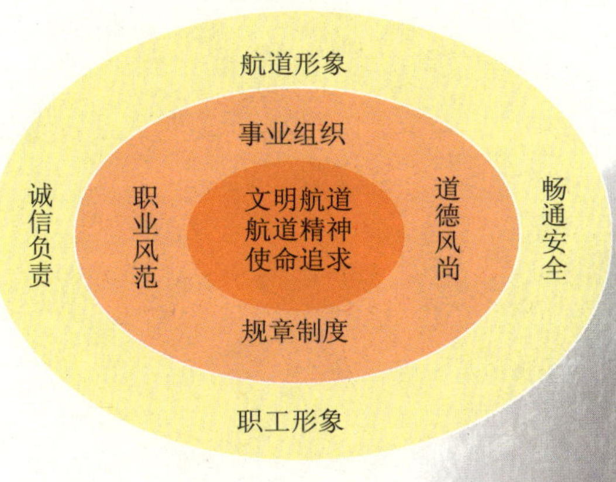

航道文化的洋葱模型

第三章　航道对经济和社会发展的意义

一、航道乘载人类走向文明

“千嶂里，长烟落日孤城闭”，这是范仲淹《渔家傲·秋思》中的诗句，用它来形容楼兰古城再合适不过了。今天的楼兰遗址静静地躺在塔克拉玛干大沙漠深处，陪伴它的是早已干涸的罗布泊。楼兰曾是我国古丝绸之路上名噪一时的绿洲城市。公元2世纪，国际贸易和东西方文化艺术的交流为它带来空前的繁荣，在相当长的历史时期，它一直是丝绸之路上的贸易中心和军事重镇。然而，公元4世纪末，这座荟萃了东西方文明的历史名城，销声匿迹成了生命的禁区!一个具有数百年文明史的王国永远地消失了，一段笼罩着神秘光环的历史被埋在深厚的沙漠之下，一片充满诗情画意的绿洲变成了永久的追忆。多少年来，人们一直在探究它衰落的缘由。说法很多，但塔里木河改道和罗布泊的变迁成为人们的共识。楼兰没有了江河的滋养，没有了畅通的航道，舟楫不通，便很快消亡了。

类似的悲剧不止发生在楼兰，著名城市开封也有过“因航道而兴，因航道而废”的经历。开封曾是北宋时的帝都，鼎盛时人口愈百万，是当时世界上著名的大都市。北宋灭亡以后，由于战乱的影响特别是黄河夺淮后，开封原有的水上运输通道先后淤塞湮没，富甲天下的开封城也随着这些水上大动脉的一条条被切断而走向了衰落。到了元代，京杭大运河贯通，但航道已不再西经开封，加之黄河泛滥和天灾人祸的摧残，开封城的辉煌从此一去不复返。

一段段耐人寻味而又发人深省的历史让我们懂得：“河流孕育了文明，河流养育了人类，河流就像母亲一样带给我们生命和希望。”如果说农耕时代靠天吃饭，人们利用的是河流天然的恩泽，那么到了工业时期，作为商贸集散地的河流则成就了一批繁荣的都城，当历史的车轮驶进新经济时代，一条条黄金水道成为促进经济和社会发展的交通命脉。千百年来，舟楫之利使人们一直享受着经济发展的丰盛果实。

（一）依山傍水享航道

2600年前，法国人开始沿各大水上交通要道栽植葡萄。众所周知，酒葡萄的栽种不需要大量的水，因为那样无异于直接往酒中兑水，会大大冲淡葡萄酒的味道。那么为什么葡萄的产区会有如此的分布格局呢？其实理由很简单：便于运输。

在古代，马车只能进行短途的小量运输，而大量的、长途的运输就只能依赖于水上航道。也正是因为这样，考古学家在大型水道沿岸曾经发现过许多盛装葡萄酒用的陶制容器，如在俄罗斯高加索地区出土的陶烧高罐，最初的较大规模葡萄种植便出现在今法国南部罗纳河谷。

美酒诱人，一段葡萄酒的故事告诉我们：当人类告别蒙昧，文明之光初洒大地时，人们就已经开始利用航道，江河湖海等天然河流便成为上下游、左右岸、各地区联系的纽带，一切能通航的天然航道为人类提供了最为经济、便利的交通条件。

远古时期，智慧、勤劳的中华先民便懂得利用天然河流作为交通通道，早在五至七千年前中华先民就有了舟楫的发明和使用。据考证，原始的水上交通工具是桴和舟。原始先民们就是靠这样的工具涉水和捕鱼，开始了最原始的水上活动。考古表明，新石器时期，古人不仅从事生产活动，而且也有了交换。一苇之航远比翻山越岭的徒步而行更为容易，当时，人们选择居住之地大多在河流的两岸或两河交汇的地方，如渭水、淇水沿岸就有多处新石器时期先人居住的遗址。

春秋战国时期，随着经济社会的推进，水路运输有了长足的发展，水上航道成为主要的交通通道。周襄王五年冬至六年春（公元前647–公元前646年），晋国发生了严重的饥荒，向秦求救。秦国为了帮助晋国渡过难关，筹集了一大批粮食。这批粮食经秦都水运，从渭河入黄河，然后溯黄河而北入汾河，达于晋都绛城。“秦于是乎输粟于晋，自雍及绛，相继。命之曰：泛舟之役。”（《左传·嘻公十二年》）泛舟之役是我国历史上一次重要的远距离水上运输。据成书于战国时期的《尚书·禹贡》记载，当时黄河流域已形成了以山西为中心、以黄河为干线与支流河道互相贯通的航道运输网。

长江流域的船只可经3条运输线进入黄河:一是“浮于潜，逾于沔，入于渭，乱于河”，即由长江进入嘉陵江，过汉水，陆运入渭河，再进入黄河；二是“浮于江、沱、潜、汉，逾于洛，至于南河”，即由长江进入嘉陵江，过汉水出丹水，陆运与洛水相接再进入黄河；三是“沿于江海，达于淮、泗”，即由长江出海，转道淮河口入淮，然后由淮入泗，再转入黄河。淮河流域进入黄河的水道，主要是“浮于淮、泗，达于河（菏水）”，即由淮河入泗水抵达菏水，再接济水入黄河。在山东地区，通往黄河的水道有两条，一是“浮于济，达于河”，另一是“浮于汉，达于济”。

北方水运尚且如此发达，在河湖

密布的江淮地区，更有得天独厚的航道运输条件。越国大夫范蠡弃官后，经常“乘扁舟，出二江，入五湖”（《吴越春秋·卷十》），从事商贸活动。这些都表明当时南方航道水路运输的发达。楚怀王时，为王公贵族制作了一种被称作“节”的特别通行证，分水节和陆节两种，铜质，上有铭文，规定了行经路线和免税条文。20世纪50年代末在安徽寿县出土的“鄂君启节”反映了当时四通八达的长江水运状况。鄂君启是鄂(今湖北鄂城)的一位封君，他的“节”规定的水路包括长江中游、汉江、湘江及其支流，涉及今湖北、湖南和江西。由此可见，楚人对于长江南北水道的利用。

春秋战国以来，随着经济社会的发展，经济都会开始兴起。如位于现在山东定陶县的陶，是曹国的都城，并一度成为天下各诸侯国的经济中心。陶的繁荣始于春秋战国之际。范蠡辅佐越破吴归来，治产经商，以陶为天下之中，诸侯四通，货物交易，因迁居于陶。陶的交通四通八达，故成为诸侯之间贸易的场所。事实上，促进陶为经济都市的交通道路，不仅有陆上的，更有水上的，特别是人工运河菏水的开通，为陶成为大都会起到了至关重要的作用。菏水的开凿使江、淮、河、济“四渎”得以互相联系起来。陶正处于菏水和济水会合的地方，发达的水运交通使陶日益繁荣昌盛，一跃成为“天下之中”的经济都会。

秦汉时六大都会长安、洛阳、邯郸、临淄、南阳(宛城)、成都(益州)的繁荣，无不倚仗于水上交通的发达。邯郸地处漳水与黄河之间，“并通燕、琢，南有郑、卫”，“又近梁、鲁”，“亦漳、河间一都会也”(《史记·货殖列传》)。南阳(宛城)既有一片大平原，物产丰富，又“西通武关、郧关，东南受汉、江、淮”，交通便利，故“宛亦一都会也”(《史记·货殖列传》)。

秦汉以来，随着自然河道航运的拓展和人工运河的开凿，在全国范围内逐渐形成了四通八达的航道网。汉武帝时，每年经过黄河向长安运送粮食达400多万石。西汉时有一项制度：皇帝每隔一段时间要到汾阴(今山西万荣县)祭祀后土。这里离汾河入黄河口很近，皇帝乘船从渭水进入黄河，再从黄河进入汾河抵达目的地。汉武帝在祭后土时还写了一篇《秋风辞》，记述他泛游汾河时的经历和心情，其中有“泛楼船兮济汾河，横中流兮扬素波”的句子。楼船是一种大船，船上设楼，故号楼船。可见当时汾河河宽水深，航运能力颇强。东晋以后，江南一带得到了大规模的开发，长江的水运也日趋繁忙。自唐代以来，长江成为全国通航里程最长、货运量最大的河流。“蜀麻吴盐自古通，万斛之舟行若风”(杜甫《夔州歌》)，“北客随南贾，吴樯间蜀船”（苏轼《荆州十首》），生动地再现了当时长江水运的兴盛景象。

（二）漕运咽喉千帆过

“国家大计，莫过于漕”(王命岳《漕弊疏》)，漕运是封建王朝为保证俸饷、宫廷糜耗以及巨额军粮等需要，将从百姓手中征收的粮食物资通过河道进行转输的一种方式。大运河本是为军事和漕运而开挖的，但是，一旦通行，它就成了推动经济文化发展的强劲动力，使运河地区发展成一条巨大的经济带。运河的开通，特别是漕运的兴起，使运河成为黄金水道，进而大大刺激了运河两岸经济的发展，不断为原有的城镇注入了生机与活力。

运河城市有两种类型:一种是政治、经济、文化的中心或政治、军事重镇，如长安、洛阳、开封、北京等都城型城市。运河使这些作为政治、文化中心的城市与经济中心紧密地连接起来，通过运河航道使京师所需粮食物资源源不断地涌入，从而确保了统治中心的繁荣和稳定。一种是因漕运而兴起的城镇。漕运的兴起带动了商品的流通，除了漕运之外，还有数额较大的官运和商运。官运，包括运送贡品的贡船，运送时鲜果品、菜蔬、禽类、鱼类的鲜船，运送官员及邮件的快船，以及运送木材、砖瓦等建筑材料的官船；商运，主要指运输手工艺产品和百货等。随着漕运(官运、商运)的兴起，不仅刺激了沿岸手工业和商业的发展，而且也使一些漕运中转地逐渐成为商品的集散地，进而演化为商业集镇和城市。如杭州、苏州、镇江、扬州、淮安、徐州、济宁、张秋、临清、天津、通州等。扬州地处长江三角洲的北端、运河与长江交

古代漕运图（来自百度百科）

汇处，“为南北之要冲，达官显人往来无虚日，富商大贾积货财之渊薮”(危素《扬州正胜寺记》)，自隋唐南北大运河开通以来，扬州便一跃成为繁荣富庶、人文荟萃的著名都市。

山东临清的兴衰，可谓漕运的“晴雨表”。临清坐落于会通河与卫河的交汇处，运河未通前，临清是一个“本无商业可言”的弹丸之地，运河畅通后，临清“每届漕运时期，帆樯为林，百货山集”，“当其盛时，北至塔湾，南至头闸，绵亘数十里”(《临清县志·商业》引杨效曾《临清小记》)。而这种繁荣，自然是“藉助此河之力颇大”。清代光绪27年(1901年)，朝廷发布漕粮改道诏，运河的漕运作用彻底消失，临清的航运完全恶化，“商业终衰”，与当初的繁荣形成鲜明对比的是“满目劫灰，元气不复”。天津元代以前不过是个渡口，直到金代，充其量也不过是个重要军事据点。京杭大运河开通后，天津作为接纳运河与海运物资的交通枢纽，迅速发展成为“聚天下之粟，致天下之货以利京师”的重要商业中心和贸易港口城市，“俨然一大都会也”(《辅通志》)。

发达的交通，是经济繁荣、社会进步的先决条件。一位学者在论及中国西北与东南贫富差异时，说过这样的话:“我国富饶之区，首推东南，其所以致此者，以水道四通八达，物产易流通，农商之业易兴也。西北无水道，故地方贫瘠异常。”这里，把西北的落后和东南的发达归结为水运交通状况。事实上，在陆路交通不发达的古代，水上航道状况的好坏决定了一个地区的经济社会发展的快慢。

(三)近代航道促商贸

民国初期，随着轮运业的兴起，以往航道的槽宽、水深、曲度半径以及助航设施是与木船相适应的，已不能适应机器船航行的需要。民生轮船公司勇挑航道整治的重任。1918年修浚宜渝滩险第一期工程告竣，疏浚滩险14处，陆上去石20250余方，水中去石2200余方。通过这次整治，为轮船通航创造了有利的条件。

航道的整治改善了航道的通航条件，大大带动了国内贸易的发展，使得商品的运销范围和市场面貌有了很大的改观。广西桂平一带，自从西江航道通行，“土物出境倍易于前，山间物产外销，获利不少，而家畜鸡豚亦各载之舟中，随大江东去，售诸港粤，日月不休”。

民国初期，随着航道机构的建立、轮船航道的整治、助航与导航设施的建立、绞滩事业的创设等，使得川江航道设施不断完善，通航能力明显提高。以重庆进出口贸易的发展和商品种类的增加为例列表分析如下:

重庆对外贸易总值表(1912～1927年)　　单位:万海关两

年代	进口		出口	贸易	总额
	洋货进口值	进口总值	出口总值	贸易总值	增长率(%)
1912	781.7	1579.4	1107.8	2687.2	–7.8
1913	1121.1	1798.3	1213.2	3011.5	12.1
1914	1252.8	2378.2	1385.9	3764.1	25.0
1915	910.2	1887.5	1653.7	3541.2	–5.9
1916	641.3	1517.0	1780.3	3297.3	–6.9
1918	488.4	1527.2	1487.2	3014.4	–8.6
1919	1039.1	2491.0	1666.6	4157.6	37.9
1921	1253.6	3365.1	1849.6	5214.7	25.4
1924	1280.2	3871.5	2708.6	6609.7	7.9
1927	934.0	3808.3	2801.4	6580.1	–0.4

资料来源:《中国海关十年报告》、《英国驻华各口领事商务报告》、《通商海关华洋贸易总册》、《最近四五十年来川省进出口贸易统计》以及《中国海关统计年刊》、《海关中外贸易统计报告》等。

上述统计反映了重庆与世界市场的联系，从无到有，从稀疏到紧密，也反映了民国初期，随着川江航道的发展，重庆进出口贸易的发展增长，重庆在四川商业地位的迅速提高，其商贸中心的地位已经较为稳固。

二、城市丽影闪烁江畔

我们再来回顾一下，20世纪30年代发生在镇江的一幕：

长江南岸的镇江市依山傍水，北岸是广阔的苏南平原，南岸为连绵的宁镇山脉。多年来，长江顺着宁镇山脉的外侧顺直东流下泻。

镇江因山而扬名。作为一座山城半岛，其西北角有金山，拔地而起，风光绚丽；东北角有北固山，绝壁临江，峰峦雄奇；东北面有焦山，山势险峻，砥柱中流。镇江以三山环峙的地理情势构成江防要塞，自古以来，每有内争外患，兵家必争。

镇江更因水而得利。作为我国华东地区的水运枢纽，她凭长江纵贯东西，我国最大的水利工程京杭大运河在这里与长江交汇，镇江凭此辐辏南北，“天下诸津，舟航所聚”（《旧唐书崔融传》）。尤其是从上游龙门口通往镇江港的鲢鱼套，航宽300米，水深13米，堪称进出镇江港的优良航道，历朝历代的漕粮、官盐、蜀茶、吴布赖此中转集散，被视为镇江命脉。

孰料，长江主泓有一年突然改道，把这一丝“镇江命脉”那么不经意地弹拨了一下，由此导演了一场嘲弄镇江港命运长达半个多世纪的恶作剧。

在恶作剧帷幕拉开之前的民国初年，镇江港尚临江边，港区水面辽阔，有7～8公里宽。而20世纪30年代，原本绕南岸宁镇山脉下泻的大江主泓，突然南而北迁。一时间，进港航道枯竭断流，港区前沿凸现出一座可扬鞭纵马的征润洲，使镇江港与大江主泓远隔数公里。嗣后，1954年一场特大洪水带来的大量泥沙，进一步加剧了港区的淤废，全长3公里的进港航道平均被淤泥抬升了1米，优良港变成了废港。枯水季，进出镇江港的物资唯有靠陆路转运。汉申线客班轮经过镇江港时，只能远远地拉一声汽笛表示无可奈何，听凭急欲下船的旅客在甲板上跺脚。往日熙熙攘攘的镇江码头，如今门可罗雀。趸船上的那位老水手长，再也无需举一个白铁皮做的话筒，跑前跑后地提醒旅客注意安全了，因为纵然从趸船上跳下去也无妨，着陆点不过是一片柔软的沙滩。

在南岸镇江港淤废的同时，大江主泓在北岸悠然下泻，在“哗哗”的江涛嘲笑声中，将镇江港的繁华变成了历史。

为了挽救镇江港，从1955年冬起，长江航道工人在港区投入大型挖泥船疏浚施工，年疏浚量达数10万立方米，但与港区淤废的速度相比，区区10万方犹如杯水车薪，于事无补。

镇江港淤废的紧急报告，摆在了国务院总理周恩来的案头，经周总理指示，一个重点整治镇江港航道的人水大战摆开了战场。

1963年9月，长江航道部门倾挖泥船之所有，调集“海虎”、“新河”、“浚利”等大型挖泥船在镇江港前沿鼎力会战，舍弃鲢鱼套现航，开挖焦南新航道，历时一年有余，总工程量达160万立方米，开拓出一条可供大型货轮安全进出港的人工航道，至此，一度萧条冷落的镇江港又恢复了昔日的生机。

在航道运输推动贸易发展和市场开辟的进程中，中国城市的发展也出现了与过去完全不同的变化。中国过去的城市，其功能大都是以政治或军事为中心，随着中国被卷入世界资本主义市场体系和对外贸易的迅速增长，一批因工商业而兴的城市迅速出现并不断壮大。这些城市，毫无例外的是具有优越交通条件的沿海沿江的通商城市。如上海、天津、广州、汉口、青岛、厦门、重庆等。其中，长江流域的三大重镇上海、汉口和重庆，就都是典型的因便利的交通而发展起来的新型城市。

上海在开埠初期，仅是一个不大的城市，但因为其具有相当便利的交通条件，“经由水路交通，它能够和三分之一以上的中国联系起来”，而且，上海和中国大部分地区之间的内地交通几乎和它的水路交通同样便利，这里的贸易额相当大，大多数在中国有声望的英国洋行和美国洋行在这里均设有分支机构。在中国的外国轮船公司，总部相当部分都设在上海或在上海设有分公司。中国最早的轮船公司也成立于此。因此，依靠长江流域广阔的腹地市场和便利的交通条件，上海开埠以后很快就取代广州而成为中国进出口贸易的中心。到1911年时，上海在中国对外贸易总值中占有44.2%以上的比例，几乎达到整个中国进出口额的一半，出入上海的商船数和吨位数都占全国总数的20%以上，成为我国最大的港口城市。

素有交通便利而“九省通衢”的汉口，在近代以前即因水道纵横、交通便捷的地理环境而成为以转运贸易为主的商业港口城市。进入近代后，也是中国近代轮运最早出现的地区之一。19世纪60年代初，汉口与上海轮运通航，70年代末汉口与宜昌通航。到20世纪初，汉口除了与长江沿线各重要城市都有轮船通航外，内河小轮船航运业方面也有长足进展，形成了一个以长江航道为主干，连接通达湘江、汉水内河的近代航道网络体系。19世纪70年代末，汉口与外洋直接通轮后，汉口还成为国内对外贸易的重要转销口岸。便利的交通条件刺激了商业的进一步繁荣，商业的进一步繁荣又刺激吸引了更多的商人在此聚集，使得商业更加繁荣。出现了“中外商贾咸集于此，角逐竞争，商业贸易，极称繁盛”的局面。汉口的城市地位也因此而直线上升：“与武昌汉阳鼎立之汉口者，贸易年额一亿三千万两。夙超天津、近凌广东，今也位于清国要港之第二，将进而摩上海之肩，使视察者艳称为东洋之芝加哥。”

重庆的情况也如此。重庆是长江东西贸易主干道西线的起点，又是长江上游商品集散的中心。重庆—汉口—上海的长江航线，是西南与东部沿海商品贸易的主渠道。长江上游的商运以水路为主体。长途贩运往往以河流为依托，与沿河城市串通，形成了以重庆为枢纽的商业贸易网络。在1891年重庆开埠后，越来越多的洋货通过轮船运到重庆，进而深入西南，19世纪末至20世纪初，重庆开始出现了近代工业，重庆市的经济功能也从单纯的商业贸易中心逐步向商业、工业、金融、交通等综合性经济中心以及近代科学技术和信息中心转变。并因交通运输业的发达日益扩大其辐射和影响作用，成为长江上游最

长江中游航运中心（来自百度百科）

重要的经济中心和多功能城市。

没有长江哪有缤纷的城市丽影，上海、汉口、重庆，因为长江的穿城而过，所以在许多人的心目中，这些城市的中心位置就在这滔滔江水、绵延航道之中。而对于这些有着水一样质感的城市而言，航道所成就的辉煌，仿佛只是这些城市在成长与壮大时演绎的一段华彩乐章，而且仍在继续……。

三、流域经济大发展

黄浦江上的十六铺码头，有着140多年的历史，在见证了上海从一个小渔村成长为一座大都市的巨变后，它在2008年被改建成世界一流的水上旅游中心。在上海人的心目中，十六铺码头是一个标志，它伴随着这个大城市迈出了每一步。100多年前，十六铺码头停泊着内河帆船和远洋货轮，这里成了来往于海外和长江流域的货物集散地。贸易把人们吸引到十六铺码头，航道把人们聚拢到十六铺码头，从那时起，黄浦江便开始远近闻名，这条贯通上海的河流，正是长江入海的最后一条支流。沿着长江向上游，在它和嘉陵江交汇的地

方就是重庆从这里到上海的2399公里水路，就是人们行走在长江上的一条主要航道。

不同的历史阶段，航道总能根据需要发挥出自己的作用。春秋时期的军运、秦汉时期的运粮、唐宋时期的商品贸易等，在几千年行走航道的岁月中，经济的往来就这样时时发生。到100多年前，人来货往之间，中国北方的政治中心和长江流域的经济中心就这样因为航道而连通了。

当时，在中国的内河航道网中，除东北松辽运河外，都可与长江航道干流相通，这个四通八达的网络有7万多公里的里程，占全国内河航道总里程的70%以上，它也让长江成为中国的交通枢纽和商品流通的中心。上海的日用品、武汉的钢铁、重庆的毛纺织品，以及长江边各大城市的产品都由长江流向了全国。

20世纪80年代，有这样一个流行词："跑供销"，储蓄本上渐渐多起来的存款，企业仓库里慢慢增加的产品都打动着人们的心，国家经济发展再现出来的活力让每个人都向往着更好的生活，一股谈生意、做买卖的热潮从那时起席卷全国。当人们带着钱和产品四处“跑供销”的时候，交通的重要性一下子体现出来了。在其他交通方式还不发达的情况下，长江两岸的人们充分享受着航道带给他们的舟楫之利。

从船出现在长江航道的那一天起，从来没有一个时期的客运能超过80年代的。长江上第一位女总船长王嘉玲回忆，那个年代长江留给她最深的印象就是无数乘船的人。她说：“有一个航次，大概是冬天，舱位满了后，甲板上都睡满了人，而且，哪怕下着雨，船的两舷都有人站着、坐着。改革开放20年来，迅速发展的多种交通网络改变了人们的出行方式，我们必须面对长江中一个无法回避的巨变，长江上，20年前载客1000多人的客轮到2001年只有几十人乘坐。2001年10月31日，长江中下游客运航线全线停运了，许多客轮的船长在长江上驶完了自己的最后一次航班。然而，长江的货运则表现出了前所未有的活力。依靠长江航道，长江流域已经成为中国乃至世界的制造业中心。今天，长江已成为世界上内河运输最繁忙、运量最大的通航河流。

长江这样一条“天赐”的航道，可以说是流域经济，特别是外向型经济发展的无价之宝。据《中国产经新闻》记者了解，有关专家对沿海港口城市、内河港口城市、内陆城市这3类城市的人均GDP、人均利用外资、人均社会消费品总额以及人均利税总额这4个指标曾进行对比，沿海城市的4个指标明显高于其他两类城市，内河城市又高于内陆城市。这些数据表明，沿海省市的综合经济实力以及对外开放程度远大于其他两类，内陆沿河省市的人均GDP、人均外商投资额也较高。这不难看出水路运输在地方经济发展中的意义，也意味着具有水运交通优势是沿海、沿江城市经济发展速度明显快于内陆地区的“杀手锏”。关注到水运省市区位优势的并不只有专家们，那些精明的企业家们，早就把投资的目光瞄准在那些水运发达的地方了。

流域经济一般构成了一国国土经济和跨国经济的主干，当今世界经济文化的发展日益离不开流域经济文化的发展。第二次世界大战后，世界上一部分先进国家在现代化过程中，都不约而同地把流域经济的开发当作发展的战略重点，如莱茵河、密西西比河、伏尔加河、第聂伯河等。

发展中国家也兴起了流域经济开发热，大河流域开发已成为发展中国家发展经济的重要发展极，国际河流也开始出现跨国、跨文化、跨制度的开发，如图门江、澜沧江、湄公河、恒河等。世界性的流域开发热，从根本上说是与社会生产力高度现代化相联系的，也是与现代社会生产与分工高度社会化相适应的；同时它还是和当今世界生产分布由江河到陆地再到海洋这一自然进程相一致的。因此，可以说，具有代表性的流域经济的开发开放和发展，基本上反映出流域所在国家和地区社会经济文化发展水平。

有专家对我国50万人口以上城市进行了分类对比，根据2006年中国城市统计年鉴，将216个50万人口以上的大中城市分为沿海港口城市（40个）、内河港口城市（50个）、内陆城市（126个）3类，并对比人均GDP、人均利用外资、人均社会消费品总额以及人均利税总额这4个指标，沿海城市的4个指标明显高于其他两类城市，内河城市又高于内陆城市。

综观世界，无论是美国的密西西比河、欧洲的莱茵河、俄罗斯的伏尔加河，还是西北欧、美国和日本等国的沿海地带，都是借助于畅通的航道、便利的水运和运价低廉的优势，形成了本国最早、最发达的经济走廊和冶金、电力、炼油、化工等沿海、沿江工业区和开放地带。中国长江经济带、珠江三角洲和沿海地区经济的兴起，同样得益于舟楫之利。

在“九五”和“十五”期间，整个长江航道共完成基本建设投资30多亿元，按照交通部“深下游、畅中游、延上游”的建设思路，开始了对长江干线航道的系统治理。通过“十五”期的治理，长江干线航道焕然一新，航道通过能力及服务长江水运的质量和水平都得到了大幅提升。

长江经济带在中国国民经济中拥有强大的经济实力，是国民经济发展的核心主干区。长江流域年货运量和周转量占全国内河运量、周转量的60%和90%以上，既是沟通西南、华中和沿海的极重要的运输大动脉，也是我国最发达最重要的内河运输系统。长江干线内有京杭运河和京九、京广、京沪等10多条铁路主干道，还有众多航空、管道运输体，公路也密如蛛网，它们共同构成了流域内水、陆、空结合的强大立体运输网。区域内大中小城市邮电通讯业快速发展，已形成相当发展程度的现代化立体通讯网络。

长江流域是我国城镇布局的重心地带之一，是我国城市化水平最高的地区之一，现有大中小城市200余座，特大城市7座，干流沿线大中城市47座，形成了以上海为中心的中国城镇最密集的三角洲城镇群，以武汉为中心的中游城市群和以重庆为中心的上游城市群。它们是流域各层次区域开发开放的中心，聚集了强大的经济技术实力，成为流域经济的“发展极”、“增长点”。立体化交通通讯网络与巨型城市群带相结合，使得长江经济带具有强大的经济辐射力和连锁式推进力。

今天的珠江中下游特别是珠江三角洲地区，水上运输一片繁忙，高密度

西江航道（殷黎摄）

的大小货船穿梭其间。随着港口现代物流化、航道高等级化、船舶大型化、管理信息化的步伐不断加快，珠江三角洲经济与水上交通良性互动，促进了沿江产业升级，呈现航运与沿江产业相互促进、共同发展的良好态势。近年来，珠江三角洲航道的高等级化和网络化，且运价较公路运输低得多、运量大的优势，得到充分的发挥。与公路运输方式相比，预计减少运输成本3亿元，更重要的是对三角洲日益紧张的陆路交通和环境保护，起到了有效地分流和缓解作用，水运经济效益、社会效益十分明显。2007年，珠江水系完成客运量、旅客周转量、货运量、货物周转量分别为2257万人、107896万人公里、30147万吨、4772461万吨公里；珠江水系主要港口共完成货物吞吐量12606万吨，其中外贸货物吞吐量3461万吨，集装箱吞吐量440.9万TEU。

随着西江航道的建设，西江干线沿线地方政府大力发展临港工业，构建沿江经济带，加大招商引资力度，加强与国内外大企业的合作，大力引入外来资金建设工业，特别是发展对运输量大的水泥、钢铁、造纸、蔗糖等厂矿企业，并形成建材、钢铁、电力、制糖、造纸、加工制造等一定规模的临港工业基地，形成临港工业和资源型加工业两大产业集群，构建沿江产业经济带，实现港口与临港工业良性互动发展。中国三大水泥巨头纷纷在广西西江沿岸建设大型先进的水泥生产企业，2007年，贵港市水泥年产量已达2050万吨，预计2010年和2015年水泥总产量将达3800万吨和4700万吨，主要通过西江水运销往粤港澳地区。水泥已取代煤炭成为西江航运干线水路运输第一大货种，为水运的又好又快发展提供强大的支持。

四、旌旗猎猎映航道

提起航道与军事的关系，人们第一个联想到的就是水军。水军是海军的前身，在我国古代称作舟师。作为一种古老而重要的作战兵种，无论古今中外，水军均发挥过举足轻重的作用。然而水军装备再先进，军队再训练有素，没有畅通的航道作保障，再强的水军也只能是"虎落平阳"。此外，航道运输其运量大的特点，决定了在战争的兵源和物资供应方面具有特殊的地位和作用。因此，航道对于水军，对于战争和军事均相当重要，在我国历史上的多次国家统一中都建立过难以磨灭的功勋。很难想象，如果没有灵渠，秦始皇大军如何能够顺利地进入岭南大地；如果没有邗沟，吴王夫差又凭借什么北上打败齐国；如果没有川江航道，卢作孚再有报国之志，他和他的民生公司也无法在抗战的紧要关头，于40天内成功完成中国民族工业的"宜昌大撤退"；当然没有马当阻塞线，当年日军的魔爪可能会更快地伸向我国的内陆。航道与军事，它还有一个重要的意义在于，航道往往因军事而兴，却不会止步或仅限于军事，它在服务战争和军事的同时，还会发挥出巨大的综合效应，成为促进经济发展和社会进步的重要支撑。

战国末期，秦国为了灭楚，不断致力于水上航道的开发利用。张仪说楚王，曾经说过这样一段话:"秦西有巴蜀，方船积粟，起于汉山，循江而下，至于郢二千里。舫船载卒，一舫载五十人，与三月之粮，下水而浮，一日行三千里，不费马汗之劳，不至十日而距扞关……"（《战国策·楚策一》）。

航道是古代帝王将相统治的有力武器，在古代战争中扮演着重要的角色，事实上，这条航道也就是我们所说的军事交通线。《草庐经略》指出：夫粮饷之道，系吾军咽喉，存亡通塞，成败攸关。"恩格斯在《拿破仑的军事计划》

河南汲县山彪镇出土的战国水陆攻战纹铜鉴上的桨船图

一文中指出："军队同作战基地之间的交通线，也就是它本身的生命线……"也就是说：交通线情况的好坏，是军队生死攸关的问题。古时，航道一直是兵家用以拓疆扩域、以图霸业的重要手段。

近代以来，无论是革命战争时期还是现今和平年代，航道作为水路军事运输的通道，成为近水地区和濒海国家保障部队机动与物资供应的重要手段，航道在国家军事和国防中发挥着举足轻重的作用。

（一）群雄争战的主战场

春秋时期，各诸侯国随着地方经济的发展逐渐强大起来。一些大国利用王室旗号，"挟天子以令诸侯"，积极扩展自己的势力。他们励精图治，积极从事霸业活动，形成了诸侯争霸，列国兼并的局面。在长江流域，一些诸侯国充分利用天然航道的优势，积极开展水上活动，以图霸业。

公元前632年，楚晋大战，楚北进受阻，立足湖北一带，成为当时的南方大国。通畅的航道使楚国在地理条件上能接近北方的中原地区，便于输入文化知识，同时还可从南方获得丰富的物资，为其迅速强大和繁荣提供了物质条件。楚势力继续向江淮之间扩展时，以长江下游为根据地的吴国亦于此时藉水军的实力而兴起。于是，楚吴双方利用天然航道多次进行拉锯战以争夺江滩。据《左传》记述，吴楚抗争十分频繁，前后水战有17次，其中沿长江作战就有8次，其余的也都利用了长江到淮水的巢肥水道和由海路入淮的航线。主战场经常是在长江中下游一带。

居于长江下游的吴国是以水军起家的，较为发达的水运是它与诸侯列强争霸的重要手段。它与邻国越的军队便多次在水上抗衡。公元前518年，吴越两国水军在浩瀚的太湖上展开了激战，吴王夫差亲率大船督战，大败越军于夫椒。

利用天然航道进行争战，在长江中上游地区亦时有爆发。公元前477年，巴楚军事联盟破裂，随即数相攻伐。巴楚水战就是凭借长江三峡航道而展开的，由此可窥见三峡的天险航道早在春秋战国时就被军事利用，成为扼川鄂两省航道通联的重要咽喉。

秦之得天下多得水运之利。公元前316年，秦国先后将蜀、巴两国消灭。秦雄踞于长江上游之后，充分利用川江和汉江的航道优势，对楚国形成了直接的控制，实现了"水通于楚，有巴之劲卒，浮大船舶以东向楚，楚地可得。得蜀则得楚，楚亡则天下并矣"的战略。周赧王7年，秦国大将"司马错率巴蜀众十郡"。黔中郡在今四川涪陵、彭水，贵州东北部和湖南西部，是楚国防御秦国向东南扩张的战略要地。

秦军这次大规模的水上军运活动，不仅充分利用了川江干流航道，且开拓了乌江下游航道。“涪陵郡，巴之南鄙，从枳南入。本与楚商於之地接，秦将司马错由之取楚商於地为黔中郡也”。这是历史上利用乌江航道的较早文字记载。引自《长江航道史》。

《宋史·张秉传》说：宋太宗太平兴国年间，转运副使张秉曾组“威棹军”，来加强他们的行舟训练，“先是土人罕习舟楫，取峡江中竞渡者，给漕运役，覆溺常十四五，张锷建义置威棹军，分隶勾管，自是无覆舟之患”，“威棹军”有点类似川江的海军。顺便说说宋太宗时，为了确保汴河的畅通，北宋朝廷在汴口设立了“勾当汴口”的专职官员，常年负责在河口“均调水势”，以保持河道6尺的水深，使漕船畅通无阻。在汴河沿线还设有“提举汴河堤岸”的官署、官员，负责汴河堤岸的防护和河道的疏浚；又“遣禁兵三千，沿河防护”（《宋史·河渠志》）。这说明航道在古代的重要性和维护的艰巨性，国家惟有设专职官员并动用军队的力量才能确保航道生命线的无虞，航道的畅通。

这些群雄的争战挞伐，拓展了长江水系的航道，以长江干流为轴心，通过各支流水道的转接，已初步形成了可以四通八达的长江水系天然航道网。东路可顺江直下出海，北路既可出海北上与淮河相通，又可从长东到濡须口进巢湖，再由肥水与淮河相接；南路可出海南下航太湖，横渡杭州湾，西路则溯江而上，可进鄱阳湖，入汉江，连洞庭湖。这辐射四方的天然航道，对当时社会经济的发展，政治的统一和文化交流都有不可替代的作用。

（二）书写拓疆扩域的历史

如果说，天然航道的地理优势使它成为诸侯国水上抗衡、军事对峙的主战场，那么运河航道则以它横贯南北的沟通方式传奇般地书写着拓疆扩域的历史。贯通南北的大运河对历代封建王朝的政治局势有着举足轻重的作用，尤其是隋唐以后，运河的开凿与开发，无不是围绕着巩固和强化皇朝统治而展开的，其最直接的目的就是出于军事需要。

2500年前，吴王夫差开挖了邗沟。夫差其人在中国历史上受到的批评甚多，后来在吴越战争中，国破身亡。但人们始终没有忘记他对于运河的初创之功。这是中国历史上第一次把同一纬度、东西流向的天然河流用南北流向的人工运河连接起来，使长江流域和淮河流域两大经济区联为一体。有文献记载，在邗沟凿成的当年冬，吴王即兴师伐齐，并于公元前484年打败齐国。越国勾践灭吴后，也借助这条航道伐齐争霸。

面对运河，面对战争，人们的思绪被带到了公元前219年，远离秦国都城咸阳的南方，一个叫始安（今天的广西兴安县）的地方，一支庞大的秦军队伍走进来。刚刚灭了中原六国、把黄河和长江流域并入秦国版图的秦始皇，就把他充满拓展疆土野心的眼光，放到了岭南大片疆土上。一声令下，50万秦军挥师南下，其中一部分势如破竹推进到越城岭下。百越人的顽强抵抗以及南国丛林的神秘，令这场战争险些成了秦军的一场噩梦：军需供应不上，饥饿在蚕食秦军战斗意志的同时，也让始皇帝的野心有被摧毁的危险。

秦军将领展开地图：要开进岭南，走五岭的中部即今天京广铁路这条线最为直接，但以当时条件却绝无可能。秦军将领把目光转向五岭东、西两端。东端，只能打通陆路。西端，都庞岭和越城岭在始安一带形成通道，漓江和湘江在通道上各奔南北……秦军将领顿时眼睛一亮。一个叫史禄的将军大胆建议：在湘江和漓江之间修一条运河，就此打通长江和珠江水系，让秦军船队把物资和兵员走水路从北方一直送到南方战争前线。这条运河，就是灵渠。灵渠的创意从产生伊始，就具有了战略意义。

公元前214年，灵渠建成，旷古以来素不谋面的湘江与漓江亲密携手。如今的人们仿佛看到了2000多年前那场战争中，灵渠里舻舳相连，旌旗蔽日的场面，而顺着这一渠的船影再往远看去，获得充足补给的秦国大军军容鼎盛、士气大振，如摧枯拉朽般勇往直前。狼烟过，华夏合，中华民族的历史翻开了新的篇章。历史学家说："灵渠的修成，是为了拓展更大的疆土、容纳更多的民族，灵渠上尖尖的铧嘴，像一把利剑，帮助秦帝国把现在的广东、广西及印度支那半岛北部广袤的地域纳入版图，帝国疆土几近拓展一倍……。"没有灵渠，秦军到不了珠江，统一的国土抵达不到南海之滨。

是的，运河总会给人一种历史感，运河航道实现了大一统的梦想，它留给人们的不仅仅是一次战争的胜利，一个在都庞岭和越城岭之间的通道上"湘漓"从此不相离的大工程、一个对湘江与漓江进行连接的大智慧，更是一段先民们筚路蓝缕，开启山林，让秦王朝的版图拓展了一倍的辉煌历程。

（三）悲壮迁徙——长江航道上演敦刻尔克大撤退

日军的全面侵华，使中国的现代航运事业遭到致命打击。然而，就在这种艰难的境遇中，航运界便以巨大的牺牲为抗战服务，航道责无旁贷地担负起救国的使命，以巨大的损失和代价为抗战的最后胜利作出贡献。

20条船，40个昼夜，9万吨设

备，3万名民众……卢作孚和他的民生公司一个伟大创举。三峡纤夫的照片登在美国报刊上，世界震惊：危急关头，中华民族在用肉体与钢铁搏斗……

1938年秋天，西上四川的咽喉要地宜昌小城来了几万人——从武汉撤离出来的人们拖儿带女挤在宜昌码头，等候挤上民生公司的轮船过三峡。宜昌码头还堆积着多达9万吨机器设备，这是当时民族工业的命脉。物多人多船少，炮火紧逼，疏通宜昌淤塞迫在眉睫。刚刚上任的国民政府交通部次长卢作孚决定实行“三段航行”计划。由此40个昼夜，9万吨器材和3万人员赶在长江枯水期前撤退一空，这在中外战争史仅此一例。不几日，20艘轮船、2000多只木船，不停地在峡江来回穿梭，航道上异常繁忙。

漫漫西迁路上，涌动的人群里演绎着多少悲欢离合……

人们习惯把进入四川的那段长江叫川江。这段航道在巫山与大巴山夹击下陡然变窄，穿过三峡急流，便是西南重镇重庆。

可就是这个三峡急流极其难走。那天，7架日本飞机在三斗坪的青石洞处轰炸“民俗”轮。此为航道最窄处，根本无法躲避，“民俗”轮被炸弹击中，船上人等纷纷跳水逃离。其中一电报员抱着电报机不愿离开，仍继续发报。失去动力的船只，随时可能触礁沉没，水手长龙云海，执意代替船长领航。一大副和船长为让对方离开争执不下，皆以身殉职。继“民俗”轮后，民生公司又有8艘船被炸。日军试图割断这条内迁大动脉。

民生轮船公司在宜昌大撤退中居功至伟（来自百度百科）

在日机的轰炸下，长江顽强地搏动着。而在助船运输的纤夫队伍里，走着一群眉清目秀的年轻人——他们是从南京撤出来的戏曲专科学校的学生。

那时不大下雨，江水少而湍急，船上驶难行，就要拉纤。时任南京艺专教导处主任的曹禺，和南京艺专的一批师生，在余上源校长的带领下，坐3条大木船入川。面容姣美的凌琯如，学的是戏剧表演艺术，18岁的她，在充满野性的川江号子声中感悟着生命的张力。她也想加入到拉纤的行列中。曹禺老师说：我来拉，我力气大。在崖石上，曹禺和纤夫一道匍匐而行。拉纤时，曹禺用力地几乎伏在地面上，还给大家喊口号：小伙子们不怕苦啊!加油干啦!使劲拉啊!一路历尽艰辛惊险，1939年7月中旬，7000箱文物终于到达了四川的峨眉山脚下。

63年过后的央视《东方时空》栏目向全国观众特意用醒目字幕映出当年从宜昌大撤退抢运出的部分单位：兵工署22厂、23厂、24厂、25厂、金陵兵工厂、兵工署陕厂、兵工署巩县分厂、兵工署汴厂、湘桂兵工厂、南昌飞机厂、宜昌航空站、航委会无线电厂、航委会安庆站、扬州航空站、钢铁迁建委员会、申钢厂、大鑫钢铁厂、周恒顺机器厂、天元电化厂、新民机器厂、中福煤矿、大成纺织厂、武汉被服厂、武昌制呢厂、武汉纱厂等，还有国民政府机关、科研单位、学校设备、珍贵历史文物等。

《东方时空》以深沉的语调，动情的解说，为这次大撤退作历史的回顾："那些抢运入川的物资，很快在西南和西北建立了一系列新的工业区，尤为重要的是以重庆为中心的兵工、炼钢等行业的综合性工业区，构成抗战时期中国的工业命脉。正是这些运输到大后方的工矿企业成为抗战的坚强后盾，生产了大批枪炮，为前线的将士们提供了源源不断的杀敌武器，为战争的最后胜利，提供了有力的保证。而这一切，都归功于'宜昌大撤退'。"

是的，当人们在为大撤退而欢呼时，我们更应将掌声给予民生公司、给予卢作孚、给予勇敢的纤夫，给予长江航道。

（四）一条打不垮、炸不烂的运输线

在和平与发展成为当今世界主题的同时，国际政治、经济、军事斗争也日趋激烈，局部冲突和突发事件时有发生。美国称其商船队为仅次于海陆空军的"第四只臂膀"，世界许多国家在其航运法规中明确规定，本国商船队除为其经济发展服务外，还应在紧急时刻保证为国家安全服务。尤其是内河航道在战时，是一条打不垮、炸不烂的运输线，对保障战时运输具有特殊作用。

长江作为贯通我国东中西部的水运交通大动脉，特别是长江下游航道与传统的东南沿海战场有着密切的联系。长江通过其支流洞庭湖、鄱阳湖水系和京杭运河等众多江河，可延伸至东南沿海战场的大后方，成为战区交通主干网的外延部分。同时，长江又是我国南北陆路交通的天然屏障，战时的长江航道体现着“东西运”的作用，而一旦跨江桥梁遭到破坏，长江还将兼顾“南北渡”的作用。

从“东西运”的作用来看，长江航道是组织前运后送的骨干线。它具备极其优越的综合运输条件，这是未来战争对交通运输的基本要求之一。长江终年通航，并且与许多铁路、公路干线及海域相连接，组成全国最大的交通运输网，能够有效地组织支前和后送的运输。再者，它拥有为战争服务的雄厚的经济和军事实力。长江流域人口众多，经济发达，沿江的大工业城市和新兴工业城市，拥有纺织、机械、电子、石化、食品、军工等6类齐全的工业体系。长江航道流经3大战区，军事力量强大。这一切可以为未来东南沿海作战提供强大的人力和物力。由于未来是一种高技术的战争，战场范围空前广阔，人员伤亡和物资消耗量巨大，正需要发挥长江航道交通线的优势，搞好前运后送，真正体现对我军战时的“保障有力”的要求。

从“南北渡”的作用来看，长江又是我国南北大交通的天然障碍。它横贯我国中部地区，把祖国大地分为江南江北，对战争时的南北相互支援非常不利。众所周知，我国解放战争的决定性胜利，是在百万大军渡江之后完成的。战争的经验证明，能否有效地克服长江天堑，关系到战争的胜负。

更为重要的是，长江航道与海域直接相通，不仅是海上舰艇良好的疏散、隐蔽及战备通道，而且通过组织江海直达或江海中转运输，可直接承担沿海前线运输保障或伴随海军作战的保障任务。

现代战争一旦爆发，战争物资消耗巨大，为切断我方前线战争物资的补给，长江这条东南沿海前线战争物资最重要的补给线，敌人将会动用各种手段方法破坏水上运输线，阻断战争物资运往沿海前线。长江航道的东西运输和南北渡运的作用将更加显现，交通保障对战争的发展有着重要的影响，任务十分艰巨。

在最近的5年时间里，长江、大运河等江河航道得到治理，这张立体的水路国防交通网变得更加完善，愈发高效。由于万吨级远洋船舶终年可通航于南京以下各港口，洪水期可行至武汉以下各港口，3000吨以下的船舶可终年行驶于中下游。助航条件的改善，实现江海直达，这对加强沿海地区军事交通运输保障，提高部队海上输送能力是极为有利的。未来局部高技术战争的物资供给相当惊人，临战阶段的大量弹药、油料、装备和给养的提供，将要紧急从内陆给予补充，如果平时江海直达运输已形成规模，那么战时长江出海运输可以减少中转环节，赢得宝贵时间。

五、得天独厚数航道

（一）航道的资源环境优势

航道的发展源远流长，舟楫之利是人类繁衍生息的四大要素“衣、食、住、行”之一，南舟北马是我国历史上最早的交通工具。在历史的长河中，马为车所代替，发展成为今天的火车与汽车；利用天然河流的“舟楫之利”，由独木舟、人工木帆船发展到今天的机动船。航道运输一直追随着时代的发展步伐，保持着旺盛的生命力，目前仍是构成综合运输方式的5种运输方式（公路、铁路、航空、管道、航道运输）之一，作为古老运输方式的内河航道运输能与现代化的其他运输方式在市场经济大潮中生存并发展，其生存和发展的客观事实说明，航道运输本身就体现一种生态文明，是一种既能满足古代人、当代人的需要，又不会对后代人满足其需要的能力构成危害的最为经济、最为环保、最能节省土地、自然畅通的符合可持续发展基本原则的运输方式。

1. 能耗低

根据我国京沪高速铁路有关可行性报告分析，若以高速铁路的能耗为1，则高速公路上汽车能耗为7.6，飞机的能耗为15.2。美国1980年有关报告显示国内水运、一级铁路、高速公路运输的能耗比为1:1.65:13.2。德国有关资料统计显示其内河、铁路和公路运输的单位能耗比为1:1.3:3.2。国内外有关资料，采用不同方法测算的结果是一致的，即航空能耗最高、公路次之、铁路再次、水运能耗最低。

据测算，如果1升燃油用于公路运输可运输50吨公里，铁路可运输97吨公里，内河航道可运输127吨公里。

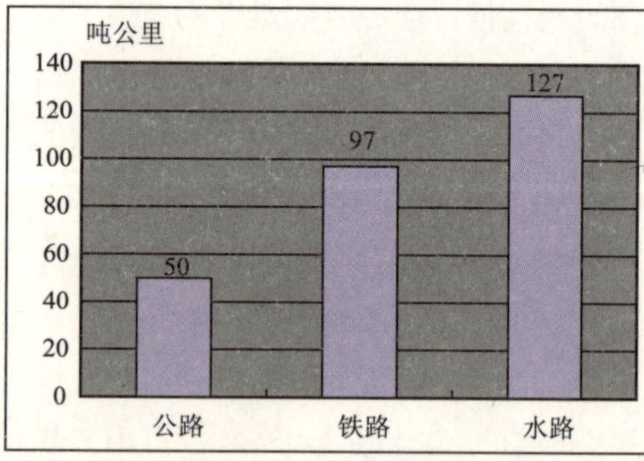

1升燃油的吨公里对比

2. 占地少

很少占用土地资源。水上航道运输中除了建设码头、堆场等需要占用土地资源外，基本上是利用江河湖海等自然交通资源，并且基本上不对这些资源产生消耗。

若以运输能力占地相比，一条复线铁路与一条16车道的公路具有相同的运输能力，铁路占地为15米宽，公路占地为122米宽，铁路占地仅为公路的1／8。拟建的京沪高速铁路平均每公里占地4.5公顷，而四车道高速公路平均每公里占地10公顷，两者相比铁路每公里占地比四车道高速公路少占地5.5公顷，按北京至上海相距1300公里计算，修建京沪高速铁路将少占地7150公顷。航空运输一般1000公里的航线需要有2～3个机场，占地是铁路运输的2～3倍，而且机场占地几乎都是平原中的优质土地。据法国有关资料，铁路500公里长的线路占土地面积大约相当于一个大型飞机场的用地面积。航道一般是天然的，不需要或很少占用耕地。

3. 污染小

各种运输方式中由于其各自载运工具所使用的燃料的不同及消耗燃料数量的差异化。碳排放量中，公路为铁路的3413倍，航空为铁路的47.8倍；氮氧化合物排放量中，公路为铁路的10.8倍，航空为铁路的16.4倍；碳氢化合物排放量中，公路为铁路的1698.3倍，航空为铁路的42.6倍。内河航运单位马力运量比铁路多2至4倍，比公路多50倍，造成对大气污染物的排放量也不同。

4. 阻不断

过去我们对水运的认识通常是“耗能少、运量大、成本低、污染小”，2008年的中国南方大部分地区遭受的50年难遇的特大冰雪灾害和四川汶川特大地震灾害使我们对水运的认识又有了深化，那就是“阻不断”!当灾害发生时，高速公路封闭、铁路一度不畅、道路坍塌，江海黄金水道自然畅通抗灾减害的优势便骤然凸显出来，水上生命通道的独特作用备受人们关注。这使我们回想起反封锁、反轰炸的建国初期，航道被称为炸不烂、打不断的钢铁运输线，它对当时经济发展作出的贡献，功不可没。如今，航道这一得天独厚的抗破坏能力的优势，对保障国家安全和紧急情况下开展救援也具有重要意义。

（二）航道建设的生态环保

人类不断改造自然、利用自然的过程，同时也是实现人与自然和谐的过程。航道建设，利国利民。一条航道的疏通，往往能拉动起沿线整条经济带的发展。但航道建设毕竟是人为对河流流向和流速的“干预”，在整治和疏浚过程中，不可避免要影响河流的原始生态。震耳欲聋的噪声，倾倒的废渣废料土石方，大片裸露的山体和边坡，这些因为工程产生的污染曾经屡屡闯进我们的视线，脆弱的生态环境面临着越来越大的压力。如何在航道建设中促进人与自然的和谐发展，在保障社会建设和经济发展的同时，把人工工程对环境的影响和破坏减小到最低的程度，航道人做出了有益的探索。

近年来，随着国家对黄金水道建设的越来越重视，航道大规模整治建设工程不断铺开。航道人将环境友好型、资源节约型的生态文明理念融入到航道建设中，不断引进世界领先的施工技术、工艺和材料，力争将航道工程施工对生态环境的不利影响降到最低，营造“人水和谐”局面。让我们聚焦下面一组镜头：

镜头1：

三峡库区剪刀梁，中午12时10分，主航道已禁航，工区长通过步话机发出指令：“警戒区内，所有船舶离开!现在开始小炮驱鱼。”只见工地上的工人启动16发只有雷管，没有炸药的小炮，一阵脆响之后，12时18分，驱鱼完毕，起爆警戒快铃拉响，工人退到安全地带。“5、4、3、2、1，起爆!”一条黑色的长龙腾空而起，接着旁边又有两股稍短的黑风冲出，同时几十股水柱直冲云霄，组成一道宽大的水幕，这时，一阵震耳欲聋的轰响声才由远及近的传来。阻碍长江航运千余年的剪刀梁完成了第一次爆破。

解读：

先炸响了一组小炮，8分钟后才进行大规模爆破，对这个细节现场工程技术人员解释是为了驱鱼。具体做法是在施工水域放入几组电雷管，直接在水中引爆。由于没有装炸药，爆炸时只有声音，没有杀伤力，鱼类听到响声后就会离开。这种预先拉响的警报能有效地避免施工现场的各种鱼类受到伤害。为了避免破坏到珍稀水生物的长期生活地点，施工点也进行了精心的选择。环境影响报告表明，施工地点都在荒滩野外，爆破范围内没有环境敏感点，炸礁不会对周围环境造成破坏。另外14处礁群河段周围没有珍稀濒绝水生物的产卵场、索饵场和越冬场，因此不会伤害到中华鲟、长江鲟等国家一级保护野生动物。

镜头2：

在三峡库尾炸礁现场作业的“抓扬17号”船上，“创建环境友好型单位”的横幅标语分外醒目。项目部办公室里，“您好，这是我们工地弃渣场的示意图，请您确认一下这个地方是否合适。”这是工程项目经理正在与重庆市渔政部门电话联系，在渔政部门的指导下确认选定的弃渣地点不在鱼类的产卵场等保护地区内。

解读：

长江重庆航道工程局采取了一系列措施保障环保施工，对施工相关人员开展有关生态环境保护重要性的宣传教育，加强和增进施工及相关人员对生态环境的保护意识。水下工程的施工期将避开鱼类产卵期，尽量减少对鱼类繁殖的影响。施工单位还要求所有施工人员在施工过程中遇到国家级保护动物如中华鲟等应加以避让并停止作业，立即向保护区内管理部门报告。

施工期间，向水体随意排放污水、油类、油性混合物等污染物质的行为被严格禁止。该局还建立了施工作业监测制度，控制施工机械噪声，减小对鱼类和其他生物的影响。在选择水底深潭作弃渣场时，要求避开特有鱼类和重要经济鱼类的越冬场所，选点时征求当地渔政部门的意见。为了尽量将水下爆破时产生的震场控制在最小的范围内，在爆破施工前都进行测震试验，以确定爆破施工的安全用药量。

根据四川省环境保护科研所所作的环境评估报告和长江水利委员会长江科学院所作的防洪论证报告，库区炸礁工程施工对长江水质没有不利影响，对工程区域内的大气环境影响甚微，对周围环境不会造成不利影响，同时该工程也不会对长江河道的河势变化和防洪产生不利影响。

镜头3：

长江口工程建设施工中，上海市环境监测中心对施工和营运期的水质、生态环境、渔业资源等6个专题进行监测，监测范围周长2587公里，总面积为1674公里。放眼长江口，一船船疏浚弃土吹泥上滩，使得横沙岛浅滩湿地、九段沙湿地发育生长，植被郁郁葱葱，河道中鱼蟹畅游……

解读：

长江口，这个为沿江省市滤出黄金的“大漏斗”，随着深水航道生态建设的不断加快，正以“立功当代，造福千秋”的姿态前行。长江口工程建设伊始，环保就被摆在重要位置，由中国水产科学研究院东海水产研究所等水产、环保机构联袂开展了环境影响评价、航道疏浚工程抛泥区选划。长江口深水航道建设工程因此被长江口成套技术成果鉴定会专家誉为“一项没有负面效应的伟大工程”。专家认为，长江口深水航道建设工程，开创了在长江口水域结合航道工程项目开展打造水上生态“造血”功能的先河。

航道人在施工中自觉地采取了许多措施和办法，把对自然环境的影响和破坏减小到最低的程度，保护我们赖以生存的环境，这些做法是值得我们尊敬的。加强环境保护意识，依靠现代科技，促进人与自然的和谐发展，才能保障生态环境质量逐步改善，实现行业的良性循环。航道人用勤劳和智慧，使他们的发展之路越走越宽。

与此同时，工程建设单位在航道建设过程中，始终贯彻以人为本、以

京杭运河航道（章婧摄）

船民为本的理念，充分体现航道建设的现代化和管理人性化。在京杭运河常州市区段改线工程建设中，建设单位同步建设综合性航道服务区、航道监控与搜救中心，为船民提供生产、生活服务设施，建立了水上安全监管新机制，打造了全国内河航道示范工程新形象。另一方面，按照高标准、大绿量、突出生态和景观效果、营造新的城市“绿肺”、新的“城市名片”的目标，对新运河与312国道的绿化工程进行整体设计，将17公里的运河、国道共线段建设成为“一河、一路、三林带”的绿色交通走廊，体现“路、河、桥、林”相协调，体现工程建设与城市发展相统一，树立了环境友好型水运示范工程新形象。

（三）舫影桨声画中游

京杭运河上有一座有着千年历史的七孔古桥——广济桥。船舶的日益大型化及船舶流量的大幅增加，给千年古桥带来了严重威胁。为保护广济桥，国家花了7000多万开挖了新航道。2004年9月17日，杭州市余杭区塘栖广济桥航段正式实施封航，过往船只改走新航道，为广济古桥营造了一个安宁的环境。如今，古桥静静地矗立在古老的运河上，给城市增添了浓浓的江南水乡韵味。

2005年，浙江嘉兴桐乡市投入1800万元，开展了“绿色运河造林工程”，在运河标准圩堤沿线宜林地段，营造宽达13.5米的生态防护林带，以

广济桥（来自浙江在线新闻网）

控制河岸水土流失，防止河道泥沙淤积……

来到京杭运河浙江段、杭湖锡线和申嘉湖航道，只见水面宽阔顺直，生态护岸整洁漂亮，两岸垂柳随风轻舞，水中船儿鱼贯而行，水鸟声声拂面而过……“船在水中行，人在画中游”的江南景象美不胜收。经常在京杭运河上“游走”的“船老大”发现，到了苏杭段，设在运河两旁的标志、标牌变了模样：生锈的老式立柱全部“退休”，干净清晰的标牌整齐划一，抬头望去，赏心悦目。

近年来，航道的建设逐渐体现地区人文特性。航道部门努力将建筑物和景观设计风格与当地人文、习俗相呼应，注重人文景观、强调环保意识，美化沿岸生态环境，提高城市、乡镇的文化品味。景观设计融入地方人文历史积淀，反映时代特色，又突出地方民族特色和风情，使一段航道凸显一个主题，一条航道反映一个旋律，航道成为一道靓丽的水上风景线。

2000年7月，交通部开展了创建文明样板航道活动，它对加强交通行业精神文明建设、规范内河航运市场秩序、促进内河航运事业健康稳定发展有着十分积极而重要的意义。同时，这也是新形势下，部党组提出的建设负责任的政府部门和负责任行业的具体体现，是构建和谐交通的重要内容，是交通行业文化建设的重要组成部分。多年来，涌现出了一大批由国家、省市命名的文明样板航道。据统计，至2007年，交通部已命名文明样板航道1154.2公里。江苏、浙江、山东、广东、安徽省交通部门及长江航务管理局先后在内河航运最繁忙的长江干线、京杭运河、长江三角洲、西江干线及珠江三角洲共创建文明样板航道2430.5公里。

据悉，交通部已将文明样板航道的创建工作列入了“十一五”期文明创建的八大工作重点。根据交通部《内河航道养护与管理发展纲要》要求，到2010年，我国要创建文明样板航道6000公里（其中，国家级1500公里）。全国各地交通系统高度重视，积极响应，根据各地实际情况和特点精心组织开展创建工作。

在文明样板航道的创建过程中，在打造船舶安全畅通的大通道的同时，航道部门还注重修建生态护岸、植树种草、保护古桥、清除垃圾，甚至发展航道旅游经济，竭力为河道所流经的城市打造独具特色的“城市景观”。

六、航道浇灌文化繁荣

航道与人类的文明进步紧密关联。在人类的早期，我们的祖先便依傍江河而居，从江河及其两岸得到衣食之源。

长江流域早在200万至170万年前就有巫山猿人和元谋猿人在长江的干支流两岸生活。之后还有郧县猿人、郧西猿人、和县猿人、巢县猿人和长阳人、桐梓人、丽江人、西畴人、资阳人在长江流域繁衍生息。长江上游的三星堆文化、大溪文化、长江中游的屈家岭文化、长江下游的河姆渡文化遗存的发现，反映了新石器时代（距今六七千年）长江文化的发达。

春秋战国时期，长江流域最大的诸侯国楚国雄霸一方，而“狂歌笑孔丘”独树一帜的楚国文化则是中华文化的重要组成部分，其中伟大的爱国主义诗人屈原则是楚文化孕育出的灵魂人物。除了长江中游的楚文化外，分处于长江上游、下游的巴蜀文化、吴越文化也各具特色。巴蜀文化兼容与辐射特色的形成，主要与移民有关。从先秦时期起，历代的巴蜀都容纳了东西南北四方众多的移民。这种移民的特点，根据历史记载，主要是单向移入，外地人移入四川，而很少有四川人大规模向外移出。秦汉时期向巴蜀的移民，主要是整合多元文化。蜀汉和成汉时期的移民特点是上层荆州士人集团的迁入，整合入蜀文化，而下层少数民族流民的大量移入则使“户口于此而繁”，促进了民族融合和交流。唐宋移民主要是文化人入蜀流寓，还有客家人的迁入。清初至乾隆的“湖广填四川”则是垦荒和经商。历史上这几次大规模的移民活动，带来文化的大交流和大交融，形成“风俗舛杂”的文化特色，使巴蜀文化更加五光十色，熠熠生辉。

珠江流域是我国最大的一块热带区域。珠江水系这个扇形格局，因北有五岭横亘，南临大海，所以它对内是封闭的，对外是开放的。这一方面有利于保留较多的土著文化色彩；另一方面可以利用五岭间的一些水陆通道博采岭外文化的精华，特别是可以假道海洋，纳四海之新风，使南北文化和中外文化在这里交汇，并最终融合成华夏文化之独具特色的珠江文化，也就是岭南文化。

它包括广府文化、潮汕文化、客家文化、雷州文化、海南文化、桂东文化和少数民族文化，并以珠江三角洲的广府文化为主体。

秦始皇统一岭南，汉武帝收复西南夷，珠江流域便进入了开发的历史时期。自此以后，生活在珠江流域“断发文身”的土著越（粤）人，与南下的中原汉人全方面的沟通交融，到宋元时期，珠江文化作为一个区域文化体系基本形成。近代以来，珠江三角洲一带因地理位置的优势，逐渐成为我国经济文化发达地区。珠江流域还是我国多民族的聚居区，全国大部分少数民族在珠江流域都有分布，目前人口超过百万的少数民族就有10个，即苗、彝、壮、布依、侗、瑶、白、土家、哈尼、傣。其余人口较多的还有傈僳、佤、拉祜、水族、纳西、景颇、仫佬、京、毛南等。各民族在珠江这片土地上和睦相处，创造了灿烂的民族文化，在语言、宗教、风俗、建筑、工艺制作、饮食等方面表现出多彩多姿的民族特色。

回顾历史，可以看到：海上丝绸之路是一条纽带，将中国传统文化和“海外诸国”包括东南亚、南亚、中东乃至西方文化连结起来。在漫长的岁月里，在岭南尤其是广东这片土地上，源远流长的中国传统文化与具有海洋性的各国文化互相交流，互相融合，从而形成了独具特色的珠江文化。

在广大的松辽流域，自古就是华夏多民族聚居之地，是华夏北疆多彩文化的摇篮。先后有渤海、契丹、女真、满等少数民族崛起于白山黑水之间，成为这片土地的主人。公元7世纪末，以勿吉后裔粟末靺鞨为主体形成的渤海族，受唐册封建立了渤海国民族地方政权。辖区范围北至松花江和黑龙江下游，东到大海，西南抵今吉、辽的扶余、农安、开源、铁岭一带，包括松辽流域大部和俄罗斯沿日本海的全部地方。名列五京之首的“上京龙泉府”，为渤海国首府，其建筑规模仅次于唐代都城长安，遗址在今黑龙江省的镜泊湖之北、牡丹江东岸的渤海镇。契丹族生息在辽河上游，以车帐为家，逐水草而居，后梁贞明二年（公元916年），耶律阿保机统一了契丹八部，建号称帝，传国109年。它在极盛时期的版图，东临日本海，南至河北中部和山西北部，西逾阿尔泰山，北抵外兴安岭和石勒喀河，近贝加尔湖，辽朝与五代同始，与北宋同终。宋金时期，女真族建立灭辽建立大金朝。元末明初，女真族分成3大部落，分别活动在松花江和黑龙江流域。15世纪中叶，明王朝江河日下之时，散居在松辽流域广大地区的女真族在辽河支流浑河上游定居下来，并以建州部为核心，形成了一个新的民族共同体——满族，后来，他们打败明军和李自成的农民军而入主中原，定都北京，建立了满清王朝。

地处中国西北边疆，流经大漠荒原的我国最大的内陆河——塔里木河，知名度虽远不如黄河、长江等大江大河。然而，塔里木河却是一条独具个性、不同凡响的河流。首先，它造就了塔里木河流域以各绿洲文化中心为代表的西域文明。秦汉以后，在中原黄河文化等先进文化的影响下，塔里木河流域的游牧狩猎文化走向绿洲农耕文化，从而使塔里木河孕育的西域文明达到了一个开创新纪元的高度。塔里木河流域出现了50多个绿洲王国，形成三大文化中心——于阗文化中心、龟兹文化中心、楼兰及罗布泊文化中心。对此，那些湮没于沙漠瀚海中的楼兰、尼雅等废墟、遗址可以作证。其次，它在历史上一直担负着一个重要的角色——作为古丝绸之路传承文明的载体。中华文明、印度文明、希腊文明在这里交汇，欧亚大陆因塔里木河这座流动的桥梁而相互沟通。佛教顺塔里木河而传入中原大地，中国的四大发明也因它的助力而远播西方，从而改变了西方的发展进程，加快了人类文明前进的脚步。总之，塔里木河以它特有的开放性和包容性，成为世界三大古老文明的交汇之河，西域文明的发育之河，丝绸之路的依托之河。它是一个完整的流域体系，一个特殊的绿洲世界，一个独创的文化景观。

长江、黄河、淮河、海河、珠江……这些流淌着的巨川大河都是大自然神奇造化的产物，而横贯我国东部，沟通海河、黄河、淮河、长江和钱塘江五大水系的大运河，则是由我国劳动人民用血与汗、灵与肉开凿出的一条举世无匹的人工水道，是中华民族的巍峨丰碑和历史文明的生动象征。大运河的诞生，标志着中华文明进入了新的历史阶段。大运河像黄河、长江一样，以母亲般的乳汁养育了运河两岸的人民，培育出底蕴深厚、璀璨夺目的“大运河文化”，已成为中华历史文化宝库的组成部分。

运河文化以其博大的包容性和统一性，广阔的扩散性和开放性，强大的凝聚力和向心力，不仅加强了中国传统思想文化发源地齐鲁地区与中原地区、江南地区的文化交融，更把汉唐的长安、洛阳，两宋的开封、杭州和金、元、明、清的北京为首的文化中心联为一体，不断减少区域文化的差异而呈现共同的文化特征，从而使各个区域文化融合为中华民族的多元一体的大一统文化；同时也使运河区域成为人才荟萃之地，文化昌盛之区。而其中对文化交流起着重要作用的当数灵渠和京杭大运河。

大运河开通后，与南方发达的海运交通遥相呼应，使得南北各地在地域上更紧密地连为一体，地域上的封闭性，在一定程度上被打破；同时，地方民族狭隘主义也随之削弱，对异域文化，人们亦采取更为开放的态度。他们将中国丰富多彩的文化统统纳入华夏文化这一庞大的文明体系，而不遵从一个模式，一个调子，体现了中国人“海纳百川，有容乃大”的气度，他们打开国门，对外开放，广泛吸收异域文化的营养，形成了充满活力、百花齐放的文化局面，充分体现了一个民族的自信心、生命力、创造力和凝聚力。从这一角度来说，大运河的开通，促进了中华文明的急剧变化，中华文化的繁荣。可以说，大运河的开通，在华夏广阔的腹地上架起了一座中外经济文化交流的重要桥梁。

唐代，由于大运河的贯通，交通更为发达，经济更为繁荣。这为唐朝提供了雄厚的物质基础，而且也促使了南北(包括东西)文化和中外文化的大交流。异域文化源源不断地输入华夏文明的体系，形成一种活泼奔放的情调，对当时的社会风气产生了很大的影响。长安城内有一种极浓的胡化色彩，中央官僚内有大量的“胡人”，从宰相到守卒，都有少数民族的身影。当时人们追求功名的风气很盛，既重边塞、科举，也希望举荐、献赋的成功。那时妇女的开放，可以与现代社会的妇女相比。她们在政治、文化生活中十分活跃，敢于抛头露面。那时的僧侣、道士、儒生也并不看轻自己的地位，他们与达官贵人自由交往，出入豪门，高谈阔论，没有太多地位悬殊的约束，用自己的思想来影响当时的社会，无不显示出开放的气魄，这在其他朝代是少见的。当时的娱乐活动也极为丰富，如游戏、杂技、乐舞、戏剧等，引进了许多外来的节目，充满了生动而奔放的内容。

与此同时，在国际交流方面，唐代以宽广的胸襟和气度对外域文化进行了大规模的容纳和吸收，使其文化更加宏富和丰瞻，成为向周边地区辐射文明的源地。包括日本与朝鲜半岛在内的东亚地区，由于在地理上邻近中国，而在文化力度上与中国相距甚大，自然成为具有高势能的唐文化向外辐射的主要对象。一方面，这些国家派遣了大量的文化使者到中国采撷中华文化的精华，并移植到本国以为楷模；另一方面，中国文化使者也纷纷东渡成为中华文化的传播者。

唐代，日本对大唐帝国政体的完备、军事的强盛、文化的发达仰慕万分，派出了大批的遣唐使、留学生、学问僧、技术人员来大唐学习政治文化和生产技术。他们所走的交通路线主要有3条：北路，由朝鲜半岛渡海，到山东半岛登陆后，由陆路前往洛阳、长安；中路，由日本直接渡海西行，至长江口及苏北沿海一带登陆，入扬州，走运河，抵长安；南路，从日本出发，横渡东海，南下至明州（今浙江宁波）登陆，溯钱塘江或浙东运河至杭州，再经运河赴洛阳、长安。3条路线中，后两条都以运河作为必经的通道。

据统计，自公元630年至公元894年，日本先后16次派遣唐使及有关人员到中国，其中有9次走的是南路和中路。9世纪上半叶，唐朝与日本间的往来船舶大部分（80%左右）以南路为登陆或解缆地，且大多以运河沿岸的城市为起锚出发港。

在日本使者纷纷来中国学习交流的同时，唐朝的使节、高僧等频频东渡，其中最著名的莫过于鉴真和尚。鉴真（公元688～763年），俗姓淳于，扬州人。他在佛学、文学、医学、艺术、建筑等方面均有高深的造诣，是一位博学多才的高僧。

受日本政府的邀请，鉴真先后5次从扬州出发东渡，均为海上风浪所阻未能成功，直到天宝十二年（公元753年），鉴真第6次东渡终于获得成功。他的东渡，不仅带去了佛法，还带去了盛唐的先进文化，直到今天仍影响着日本人的文化和生活。由于鉴真对日本文化发展所做出的卓越贡献，他被日本人奉为“日本律宗太祖”、“日本文化的恩人”。

元朝建立后，中外科技文化交流出现了空前的盛况。元代京杭大运河的开通，为中外经济文化的交流提供了巨大的方便。有学者统计，元代曾有大批中亚波斯人迁居中国内地，其数量达200万人之多。他们之中，不乏科技人才，异邦的先进科技，尤其是当时十分发达且与中国并驾齐驱的阿拉伯科学，被带入了中国，极大地促进了中国科技的发展。例如，元代科学家郭守敬在中国传统天文学的基础上，充分吸收借鉴阿拉伯天文学的精华，制作了《授时历》，设计了天文仪器等。这一时期，在外域文化大量输入中国的同时，中国“四大发明”中的指南针、印刷术、火药也通过阿拉伯人传入欧洲，从而对欧洲社会的变革起到了莫大的推动作用。

鉴真东渡图（谢振瓯作品）

值得指出的是，1275～1291年，中国大地上留下了欧洲旅行家马可·波罗的足迹。这位意大利的威尼斯人来到大都之后，受到了元世祖忽必烈的接见，并得到忽必烈的宠信，被留在宫廷服务。他多次奉命出使各地，特别是乘船沿大运河南下巡视，途经淮安、高邮、扬州、镇江、苏州、杭州等运河城市。这些城市的无比繁华和绮丽风光，给他留下了极为深刻而美好的印象。马可·波罗回国后，在马可·波罗《游记·东方见闻》中，对中国称颂不已，尤其对中国运河两岸连绵不断的城市和邑镇更是赞美有加。他描述大都“地面规划犹如棋盘，其美善之极，未可言宣”，苏州“人烟稠密，至不知数”，杭州“人处其中，自信为置身天堂”。欧洲人正是从马可·波罗的游记开始认识中国，并为其展示的东方的神秘魅力所倾倒，此种“东方热”直接引发了15～16世纪欧洲航海家努力寻觅东方世界的行动。

大运河把中国陆上“丝绸之路”和海上“丝绸之路”连接起来，对中外文化的交流和人类社会的文明进步，起到了不可替代的巨大作用。从这个角度讲，大运河不仅属于中国，也属于世界。目前，我国正积极地开展大运河的世界历史文化遗产的申报工作。其中江苏境内的运河沿线是大运河历史文化遗存的主要地域。江苏现有国家历史文化名城7座，运河沿线就占了5座：徐州市、淮安市、扬州市、镇江市、苏州市；省级历史文化名城6座，运河沿线也占了3座：高邮市、常州市、无锡市。另外，江苏现有全国历史文化名镇10座，运河沿线就占了5座；省级历史文化名镇13座，运河沿线就占了11座；省级历史文化保护区2处，运河沿线占了1处。江苏现有各类地面文化遗存近万处，截至2006年统计，被各级政府公布为文物保护单位的有2890处左右。这些重要文化遗存有相当一部分位于运河沿线。而由于江苏水系发达，许多河流都与大运河发生联系，与大运河有关的物质文化遗产与非物质文化遗产，在江苏历史文化资源中占有绝对比重。

除了京杭大运河，像漓江和湘江这样有两头出口的内河并不多见，这得益于2200多年前开凿的灵渠，它使湘江、漓江、珠江通畅无阻，形成了内河和海洋的环抱圈。在南岭间架起一座传播文明、结束蛮荒的桥梁，实现了中原文化与岭南文化的长远融合。

秦始皇拓展疆土的欲望，无意中成就了中原文化穿越五岭与岭南文化完美的交融。秦以前，岭南地区是被称为“扬州徼外之地”的，且不正式划在中国版图里，中原政权也未对岭南实现真正的统治。这主要因为，绵延千里的五岭限制了古代岭南与中原的沟通，岭南人很少越五岭入中原，中原的先进文化也很难飞越五岭传到岭南。灵渠建成的当年，秦始皇“发诸嘗逋亡人、赘壻、贾人略取陆梁地，为桂林、象郡、南海，以適遣戍”，从此，岭南地区正式实行郡县制。

为开发岭南，秦始皇除命令军队长期驻守外，还下令将数十万罪人发配岭南，成为首批岭南移民。来自中原的移民，给岭南带来当时中原先进的生产工具和生产技术，对岭南生产进步产生重大影响，丰富和繁荣了岭南文化。即便在2000多年后，在现在漓江上游桂北地区，其建筑风格、饮食习惯、民风

习俗以及民间艺术里，还可依稀可见当时中原文化的渊源。

在灵渠2000多年的舟楫往来中，灵渠的沟通功能被发挥到了极致，南北社会政治的分水岭不复存在，中央政府的政令可以畅流而行，南北货物得以互通有无，中原与百越之地的文化、经济得以相互交融，两地各族人民心理隔阂得以消解，华夏民族的精神血脉流淌得更加圆融舒畅、雄浑有力。

第四章　航道的科技文化

一、行轮的眼睛——航标

航道是水运的基础，而航标等助航设施是航道功能得到极大发挥的基础保障。通过深入地对航道助航技术发展的研究，我们可以发现，航道文化的发展史，紧紧伴随着的是助航设施从自然向人工，从人工向智能信息化转变的科学技术变革的历程。航标技术发展历程，像我国其他科学技术发展一样，受到了社会发展中的政治、经济等方面的制约。

宋代以前，有关航标的史实，文献不徽，间有利用天然物标或击鼓摇旗的助航记述。元代因漕运需要，于长江口设立竿指浅及竖立旛竿、灯笼，指引粮船过浅，出现了标船、岸标，它是长江首次设标的正式记载。至明清两代，由于封建制度的长期统治和闭关自守，航标工作得不到正常发展，停滞不前。鸦片战争爆发，西方列强用武力打开了中国的东南大门，凭借一系列不平等条约，掌握了中国海关大权。侵略者为了便利其轮船入侵长江，掠夺中国的财富，于是开始在长江口门设立具有西方近代技术的航标设施，以后逐步延伸到长江全线。辛亥革命后，内忧外患迭起，航道航标多次遭受战祸影响，但是随着航运业的兴起，航标等助航设施有所发展。

解放后，结束了近百年旧海关管理航标的权力，人民当家作主，开始了

大型海轮在航标的指引下进入长江航道（长江航道局供图）

一系列的航标建设，其中航标改革、航标发光系统的电气化和开关自动化以及各种管理制度的建立，是中国航标史中最杰出的成就，它为发展水运事业作出了应有的贡献。随着社会主义四化事业的推进，改革开放的逐步深化，在国民经济稳步持续发展的同时，航标建设继续向现代化自动遥控发展，为共和国的水运事业的发展作出新的更大的贡献。

解放初期的航标、航标船及航标人（长江航道局供图）

在2007年长江航道局庆祝建局50周年回忆录里，从一名普通的航标技术员，随着长江航道的发展不断成长起来，现如今为交通部长江航务管理局党委书记的黄强深情撰文（引自《航道情怀》）写道：

“记得一个深秋的早上，天空下着小雨，江面上散发着薄雾。秋汛还没有完全消退，江水夹杂着杂草打着旋向下游快速流淌。当时我正在洪湖航道段生产办公室工作，按照秦昌迪老段长的工作安排，我们一早来到新堤航道站。船员们刚乘航标艇查航归来，脱下打湿的衣服正准备吃早饭，突然接到过往船舶打来的电话，说刚才通过界牌水道时有几个标志似乎在漂移，不太正常。航标船员们放下碗筷，马上开船直奔现场。经过2个多小时，航标艇回来了。原来是视线不良，过往船舶判断不准，误报了情况。尽管如此，航标艇船员还是不放心，又对辖区内的航标重新检查了一遍。工人们说，这种情况经常有，已是家常便饭了。看着航道工人们疲惫的身影，我在想，要是能有一种技术对航标工作状况随时进行监测，一旦发现异常情况及时自动报警，既能快速地恢复航标提高可靠性，又能减少工人的劳动强度，同时还可节约成本，那该多好。在当时，这还只是一种美好的设想。为此，航道科技人员开始不懈的探索。

斗转星移，随着科技的飞速发展和航道科技人员的不懈努力，当年航道工人的梦想终于可以实现了!当年的晶体管技术已经被超大规模集成电路取代，电脑已大量普及，移动通信和航天技术得到广泛应用，这些为我们提供了可靠的技术保障。在长江航路改革的航道配套项目中，成功地建成了航标遥测遥控系统。利用GPS全球定位系统和移动通信的短信功能，可以对航标进行全天候、不间断的监测。现在，航标的标位GPS坐标位置，连同灯光、甚至内部工作电流等信息，在办公室的监控系统上就可以一目了然!

不仅如此，近些年来，长江航道局坚持加大科研和技术开发力度，先后有3项科技成果获省部级科技进步奖，两个科研项目获得全国工程设计和咨询奖，15个项目获得省部级设计和咨询奖等，为长江航道的又好又快发展提供了强劲支撑。科技发展给航道建设带来的变化是方方面面的：

在航道智能化方面，正在建设的南京至浏河口段数字航道和智能航运工程，已初步在长江上构建了一条由数字技术支撑的现代化水上快速通道，向世人昭示了长江航道发展的美好前景。

在航标的建设管理维护方面，采用新材料、新技术、新设备，使航道助航设施有了极大的改善，实现了航标大型化、灯光明亮化、标志景观化。特别是除了航标遥测遥控系统外，航标信息管理系统、雷达应答器、电子海图系统等现代化技术的应用，突破了过去导航单一的模式，使灯光、标志、雷达、无线电在长江上构建了一个立体导航系统。

在航道测量方面，目前不仅拥有高精度的卫星定位仪器、先进的测深设备和扫测系统，而且通过技术引进和吸收，测量设备的技术水平已迈入我国水运工程测量系统的先进行列。从半自动化测绘系统到目前野外数据的自动采集及后期处理自动成图一体化技术的应用，航道测绘技术实现了质的飞跃，航道测绘工作由过去的劳动密集型转变为技术密集型，测绘工作效率大大提高。

在疏浚工程船舶和设备方面，坚持“立足国内设计建造、引进关键设备及技术”的方针，建造了一批新型挖泥船。不仅增强了长江航道的疏浚实力，而且提升了设计、建造挖泥船及相关配套设备的能力和水平。

在航道整治方面，取得了从单滩航道整治工程设计到总体设计的重大进步。结合施工方案，综合经济技术等因素，在整治建筑物新结构、新材料、新设备、新工艺的应用方面取得了一系列成果。引用GPS测量技术、传感器技术、计算机数据处理及图像显示技术，提高了航道整治技术。”

是啊，航道科技的不断腾飞的历程，见证了中华古代文明向现代文明发展、内贫外患的旧中国向不断崛起的新中国发展的历史，背后是一代代默默无闻、甘于奉献、不断探索、积极创新的航道人的辛勤汗水和泪水。

就让我们穿越时光一起领略伟大的航道科技发展历程吧!

（一）古代航标

航标是江河湖海中舟船安全行驶必不可少的助航设施，在人工航标问世之前，古代先辈已在长期的航运实践中摸索出一套宝贵的安全航行经验，他们充分利用航行水域两岸的地物、地貌，作为航行目标的参照物，如利用岸边的塔楼、房屋、山岩、土丘、大树等目标抓点、调向，避礁石，绕险滩，探寻航道。有一句留传至今的行船谚语，精辟地概括了这种利用天然目标，引航、平险的行船经验："外洋观山，内洋观岸。"但是，无论观山也罢，观岸也罢，天然航标远远不能满足船舶安全航行的要求。长江万里，浅滩众多，暗礁林立，不是所有天然目标都能准确标识的。因而，古代行舟，遇滩搁浅、触礁沉没的海损事故也就屡屡不绝。

能够相应减少海损事故的唯有人工航标。

1. 刘家港号船

刘家港号船是长江下游乃至全长江最先出现的第一座人工航标。

公元1279年，元蒙攻陷南宋王朝的最后一座城池临安，建立元朝。江河交汇处的刘家港，是元政府漕粮北运的发运港口，港区浩瀚辽阔，可容万斛之舟，号称"天下第一大港"。

元代至大年间，刘家港外泥沙淤塞，"每岁粮船于刘家港聚齐起发，沙浅水暗，素于粮船为害，不知水脉之人，多于此上揍搁排，经年损坏船粮，淹毙人命为数不少。"（引自：王宜发《险滩恶水之间》）元至大四年(公元1311年)，时有常熟州船户苏显见危难，行义举。他自备己船两支，抛泊在江河交汇口的西暗沙嘴二处，在船桅顶端升挂赤色旗缨，称"号船"，指引粮船从"号船"两侧经过，往北转东下驶，行驶至黄连沙嘴，再乘潮入海。如若退潮之时，苏显便从桅杆上降下旗缨，告诫粮船只能抛泊，不可行驶。

苏显设"号船"指浅，为进出刘家港的同行排忧解难。从此，"漕粮船队，行舸巨舰，大者八、九千石，小者两千余石，岁运三百六十万石，京师称便"。管理漕运的都漕运司官员大喜过望，一面张贴告示，晓谕各运粮船户，照苏显"号船"指引的水脉行舟。

时隔两年，即公元1314年，元朝廷又根据江阴船户袁源的建议，在江阴的夏港、陈沟等9处约一百公里的航道上于每年的运粮之际设置了号船，指引粮船通过浅区。公元1317年，元朝廷又在海门(今江苏南通县以东)竖立岸标，"昼则悬旗，夜则挂灯"为过往粮船引航。

至此，长江下游江苏河段，人工航标的设置小有规模。

2. 宝山烽堠

处于长江下游的"宝山"是我国第一个人工建造的大型固定航标，建于明代永乐年间。永乐初，刘家港仍是江海水路运输的要冲，它不仅是漕粮北调的发运港，而且是朝廷开海运的基地，故刘家港船舶云集，出海入江船只频繁。但是，当时的刘家港没有人工助航标志，船工们主要采用观山视岸和探测水深等方法，往来于茫茫江海。每遇黑夜风雨，驾船者不知所泊，迷航漂失或搁浅覆溺，海损事故时有发生。永乐10年（公元1412年），陈瑄总督海漕，上奏朝廷，取烽火台之作用，建议“乞于县之青浦筑土为山，立堠表识”。此意见被采纳后，即由陈瑄督造，在浏河海口东南涨沙之上，筑起了一座土山，“方百丈，高三十余丈”，上建烽火台，白天举烟，夜间明火，为江海出入船只标识。为表示纪念，明成祖御令树碑，并“亲题碑文记之”，此碑留存至今。因刘家港当时号为“天下第一码头”，各地的奇珍异宝多汇集于此，故而得名“宝山”。

宝山烽堠在沉沉夜色中放射出的百丈光芒，促进素有“天下第一大港”之誉的刘家港的繁盛，一时间“九夷百番，进贡方物，方舟大船，道途同属，次第来泊。”（引自张采纂《太仓州志》）明代的宝山烽候，在今江苏省嘉定县保存完好，它是我国古代劳动人民发明航标设施的文物瑰宝。

3. 明瓦号灯

清雍正年间的明瓦号灯，是长江口水域出现的第一座人工航标。

清雍正年间，长江下游刘家港江海通道淤废，漕粮北运受阻，漕船改从吴淞口出江泛海，但吴淞口航道无一标志引航，尤其是在夜间，船舶寸步难行，只能锚泊于长江口内外，长江口无风三尺浪，且受沿海季风特别是台风影响很大，很多船舶要蒙受风、浪颠簸之苦。公元1735年，清政府令苏淞道台在吴淞口南北两座炮台之上，分别竖立高竿两根，各悬挂明瓦号灯一盏，这就是长江口水域出现的第一座人工航标，引导夜行船只遵循光源出入长江口，得到了船民的交口称赞，避免了事故频发。

雍正年间的明瓦号灯，比起前朝在土山上“明火举烟”的引航方法，有较大的技术进步。这种灯具的制造，从国外引进玻璃工艺，将以煤油为燃料的火焰，封闭在玻璃罩内，既避风，又避雨，而且光束射程比普通火焰远得多，便于夜行船只及时瞭望。

自长江口出现第一座人工航标明瓦号灯后，事隔111年，即公元1846年，江海关在长江口铜沙浅滩设置了木质灯船一艘。翌年又在长江口北岸及南岸浅滩设立专为轮船引航的灯桩各一具，夜间仍然悬点明瓦号灯。

至此，长江口水域的人工航标相映交辉。

4. 等伴洲石山

洞庭湖等伴洲石山，是长江中游出现的第一座人工航标。长江中游航运业的发祥，不如下游早，但中游航运业也有它的辉煌，尤其是支流的洞庭湖水系，舟船运输在清代盛极一时。据吕作的《明清以来的洞庭商人》载：“洞庭商人遍布辽左、京师、山左、中左、陕西……各地，拥载万里，挟资千万”，大量贩运丝绸、棉布。

洞庭湖水系航运的繁盛，为这一水域人工航标的出现带来了契机。

据清《岳州府堤防考略》载：“洞庭八百里，茫无际崖，行舟湖中，陡然风发，若无泊处，倾舟沉轮祸事累累发生。”雍正2年(公元1724年)，清政府在洞庭湖等伴洲上以人工砌石，垒造石山1座，耗银2647两。

时隔7年，清政府又在洞庭湖舵杆洲上垒石山一座，规模与等伴洲石山相仿。

上述两座山建造之初，本为过往船舶提供避风之所，“凡往来舟楫，遇水涨风骤，栖宿台南，以此有衽席之安，无溧沦之患。”但是，石山建成之后，客观上又具有引航作用。其中，等伴洲石山系一高埠石台，垒石36层，每层规格均等，呈几何形，山高一丈八尺，长八丈、宽六丈，山形显现，挺拔于洞庭洪波之中，为过往船舶抓点、调向提供了清晰的航行目标，尤其是“山顶端处夜座长明灯引航泊岸”，这就进一步证实了等伴洲石山的航标性质。

凡以引导船舶安全航行为目的，而设置的人工标记即为航标。根据这一定义出发，可得出以下结论：公元1724年洞庭湖等伴洲石山，是现今发现的长江中游第一座人工航标。今洞庭湖滨等伴洲村尚存石山遗迹可考。

继等伴洲、舵杆洲航标出现后，相延一个多世纪，公元1832年，洞庭湖又出现了第三座人工航标。现今在岳阳市区岳阳楼发现清代石碑一尊，石碑经多年风雨剥蚀，已残缺不全，但其上的铭文依稀可辨：“光运有耀，道光15年(公元1832年)仲秋月……楼峙郡廓之西，下瞰洞庭八百里……每欲于楼高处悬灯以标志之，而抱志不偿。壬辰秋……爰解仁人之囊，捐输信银百两……永垂不朽，开篙师之觉路，引旅客之迷津。”碑文大意为：岳阳楼雄峙岳州府城廓以西，登楼凭栏，可俯瞰烟波浩渺的八百里洞庭湖。公元1832年秋，一些仁人贤士行善举，捐助信银百两，于楼顶端处燃点航标灯，为航行在附近的船舶指引航向。

洞庭湖等伴洲、舵杆洲、岳阳楼航标的相继出现，标志着长江中游人工航标的发展迈出了历史性的一步。

5. 峡江石刻“对我来”

长江上游的航运业，虽然同中下游一样，随着封建社会政治、经济、军事的动荡兴衰起伏，但它初期出现的人工航标，则独具山区航道的特色。

当行轮进入瞿塘峡口，两岸绝壁夹岸，江水被挤压成一注狂流，航道骤然缩窄至百米来宽，卡住三峡咽喉，锁起一江怒水的滟滪堆，号称川江滩王，它将本来就狭窄的航道支分为南北二槽。滟滪堆前，江水湍急，流态紊乱，主流水、回流水、泡漩水、横流水相互撞击厮杀，搅起满江巨浪，满目水雾蒸腾。就在船家胆战心惊，夺路闯关的一刹那，但见滟滪绝壁之上，刻有3个楷书大字“对我来”，于是，船家拨转船头，对准那怪石冲撞过去。当船首即将触及滟滪堆之时，一股横流水掩杀过来，欲将行轮拍向一岸的山壁，但为时已晚，行轮顺势擦岸而过。

滟滪绝壁之上的“对我来”石刻，是长江上游较早的人工航标。但可惜的是，石刻产生的具体年代记载失传，且经过清代以来的历次炸礁，石刻已不复存在，仅凭民间口碑，难以为证。

有明文记载的是清乾隆年间的折桅子滩石刻。

在川江忠县河段，有一处急流险滩，名为折桅子滩。该处江水汹涌咆哮，流速如风。在其南岸，有一处山岩延伸到了江心，水击山石，如雷贯耳。

滟预石（长江航道局供图）

船舶航行至此，如若不调整航向，对准山岩行驶一段距离后再转舵，必然被横流水冲向岸边的崖壁。历史上，这里多次发生过不识水性的船家，船毁人亡的惨祸，因此这处滩石被称为折桅子滩。

公元1775年，忠州刺史甘隆滨体察船民疾苦，他亲自乘船在折桅子滩往返数趟，摸清了该水道的滩情水性，掌握了行船要旨，乃命人在南岸摩崖上雕凿“对我来”石刻，以引导过往船只避开横流水。

（二）近代航标

鸦片战争后，西方引导船舶安全航行的航标技术输入到了中国长江。

公元1855年，当时的江海关从英国购置“柯普登爵士号”灯船一艘，抛置在长江口铜沙嘴西南水域，用来标识该处碍航沙嘴，称为铜沙灯船。该灯船为一艘木质单桅灯船，船身为红色，桅杆为黑色，桅顶悬挂一个黑色铁丝圆笼。据《长江航道史》记载：“内置凹镜逼射白光闪光灯一盏，每半分钟明灭一次，灯光距水面三丈四尺，晴照三十三里。”

继铜沙灯船在长江口设置6年后（1861年），江海关在长江下游设置了第二座英式航标——狼山水道灯船。

狼山水道距吴淞口上游约90公里，早在设标的前3年，一艘英籍新商轮“凯德号”进行第一次处女航行，

铜沙灯船（长江航道局供图）

驶入狼山水道就遭致搁浅，随即被汹涌的潮水冲翻，从滩上滑落到深水处沉没。英国船长伶利是这样描述狼山水道凶险的："在北岸的狼山和南岸的福山之间，有无数的暗滩，使得这里江水横流，险阻难航。"鉴于此，江海关在狼山水道设置了红色灯船一艘，单桅，上置白色定光灯一盏，"用以指示南通下游狼山对面水道之用。"继狼山灯船设置后，随着长江中下游各口岸相继被辟为商埠。公元1867年，镇江关在常州府江阴县柴令沙北角、通州泰兴县复兴洲南角、连成洲八角圩、镇江府丹徒县烟墩山、扬州府仪征县礼记洲西角、太平府当涂县宫锦洲北角、芜湖县广福矶等地先后设立了灯桩7座，顶置条编圆球1个，各悬六等透镜白光常明灯1盏，灯火一般距水面约4至6丈，晴照21里。

镇江关在长江下游开设标先例之后，下游各关纷纷效仿，设标里程逐步向中游延伸。

长江上游近代航标的设置时间比中下游晚，迟至1915年才有设标之举。是年8月，上游巡江工司首先在三峡河段的佛面滩石梁嘴上设立警船桩一座，水涨石没则设，水退石现则撤，这是川江航道正式设立的第一座近代人工标志。

19世纪90年代初，长江中下游航道普遍淤浅，尤以荆江航道为甚，从头年元月至次年3月，这段航道被所有中外轮船视为禁区。长江中下游巡江事务处所能采取的措施只有两个，一为在狭窄河段的上下两端设立信号台，规定上下水船只单线航行的时间。二为在汉口、九江两港悬挂水码牌，限制船舶吃水深度，令各船主必须遵从，遇有擅自违背和逾量装货者即停止结关。这种措施可以较大限度地避免海损事故的发生，简单易行，是一种不是办法的办法，有多深水，行多大船，只怨天，不怨人，即俗话所说的"靠天行船"。

1937年抗日战争爆发后，长江中下游航标设施，历经8年抗战和4年内战的战火浩劫，航行标志损失严重。当时的英式航标根据河段特点的不同，分为中下游平原河流和上游山区河流助航标志两大系统。

中下游助航标志共有以下3类9种：

1. 岸上标志

(1)灯台：在台座上或房屋顶上安装标灯。

(2)标桩：(发光或不发光)，柱形、三角架形标杆、顶置球形昼标，标杆及昼标漆成黑色或白色。

(3)引导灯桩：(发光或不发光)，由高低标桩各一根组成，配对使用。低桩在前，邻近江岸；高桩在后，离岸较远。两桩延长线标示航道方向，引导船只避开障碍物。低桩白色、上置白色尖端向上三角形顶标；高桩黑色，上置黑色尖端向下三角形顶标。

(4)洪水泛滥标：安装在洪水漫坪地区，在标杆顶端悬挂红色菱形昼标，标示河岸界限。

2. 水上标志

(1)浮标：(发光或不发光)，有柱形、球形、圆锥形和杆形，按其设置的位置及助航作用分别漆成黑、红、绿色。

(2)灯船，有木质和铁质两种。船身红色、舱面以上白色。桅杆顶端置黑色球形昼标。置黑球1个，即指示上水船只行驶水道右边；置黑球2个，即指示上水船只行驶水道左边。

(3)标志船：有铁质与木质两种。形状、颜色与灯船相同，多设在浅区水道，流态紊乱河段及需要特别加大目标的河段，可于夜间点灯发光。

(4)棒形竹浮：设于浅狭水道之内，标示航道界限。用竹竿一根，上悬红旗一面，指示上水船只行驶水道右边；若悬黑色球形标志或蓝旗二面，则指示上水船只行驶水道左侧。

3. 信号台

白色信号杆，上有横衍供悬挂信号之用，设于急弯河段上下水船只不能互见的两端，以信号显示弯内船只动态，使往来船只及时避让。

上游助航标志共有以下4类9种。

1. 水上标志

(1)标志船：为木质舢板，船身漆红色，桅杆饰白色，桅杆上悬黑色圆球1～3个，分别标示航道左右侧边界，或水道中央的障碍物。

(2)标志旗：将竹竿碇泊于水中，顶端系以旗号。系红旗一面，标示航道右边；系蓝旗两面标示航道左边；系两面蓝旗，中间一面红旗则标示水道中央有障碍物，两边均可通航。

2. 岸上标志

设于浅窄河道，河床突嘴或礁石上，一般置白色木桩，或画在石面和岸岩上，指示水道界限和危险水域。有水界标，直范标、船腰标，礁石直线标和危险船腰标5种。

3. 标杆信号

设于船舶对驶有碰撞危险的狭窄、急弯河段。在信号杆上悬挂信号，揭示河段内的船舶动态，使航行船舶及时避让。

早期的信号台（长江航道局供图）

4. 水位标尺

一般以白底黑字绘于岸岩和礁石之上。由低水位依次绘至高水位，作为航行船舶推算邻近水道水深及障碍物上江水深度的标准。

上述两大系统，虽然不能为行轮提供航行安全保证，但就其科技含量而言，同我国古代民间和官方设置的简易助航设施相比较，具有两大进步。

早期的标志旗（长江航道局供图）

一是灯具的改进。我国古代在玻璃工艺从国外引进之前，航标上没有灯。英式航标，其灯具运用了玻璃工艺，以植物油、煤油、煤气为燃料，将火焰限制在玻璃罩内，避风避雨。玻璃罩有平光、透镜、凹镜逼射3种：

平光罩属早期或对灯标亮度要求不高之处使用的灯罩，即由普通玻璃制成，光度不强，射程有限，一般晴照3～10里不等。

透镜罩以三角体玻璃多块联集而成。使灯焰发出的光束，能见距离远，最高可达72里之遥。

凹镜逼射罩，罩内置一块特制的金属凹面聚光镜，逼射灯光远照，可晴照32里，甚至更远。

退出历史舞台的煤油航标灯（长江航道局供图）

二是助航标志制造工艺的改进。我国古代制造岸标，多以土、石相垒。如清代雍正二年(公元1724年)洞庭湖等伴洲石山便为一高阜石台，垒石36层。而英式航标，则取材于10米左右的木杆或楠竹，竖立在标位上，顶端置球形或三角标牌而成，一则可节省大量材料和工时；二则便于随航道水情变化而灵活移动。

此外，关于灯船的制造，我国古代并无先例，元代至大四年(公元1311年)的刘家港号船，也不过是利用一艘小木船竖以标旗，引导船舶航行。英式灯船，颜色鲜明，规格统一，船上竖以桅杆，上有条编圆球悬挂、六等透镜灯，目标明显，船随水势移泊，有专人值守。

（三）现代航标制式的统一

现今的长江航道，每当夕阳西下，夜幕降落，月挂东梢，但见百里江堤边，千仞悬崖下，万顷波涛上，刹那间会自动闪现出万点灯火，玛瑙红、宝石绿，莲花白……

1953年4至6月，长江中游航道职工率先在中游河段实施航标改革试点。1954年10月至1956年四季度，上游宜叙段航标推陈出新。1955年8至10月，下游河段航标改革完毕。在实施改革的过程中，3000多名航道职工满怀翻身做主人的喜悦，活跃在2000多公里的航道一线，无论是酷暑严冬，还是白天黑夜，他们忘我劳动在凶滩恶水之上，他们在人迹罕至，芦苇丛生的荒洲野滩往返跋涉，测量设标。饿了，啃一口干粮；渴了，捧一掬江水。有时为了设置一座浮标，在航标艇不能抵近的地方，工人们不顾个人安危，淌入奔腾湍急的江水，肩扛浮标、涉水定位。尤其是在两岸高山绝壁的川江航道上，工人们不顾生命安危，用嘴衔着10多斤重的铁质标灯，手脚并用，攀爬上悬崖峭壁……长江航道工人历经4载艰辛，在全线2700多公里的航道上，制作、设置了近6000座新式航标，实现了长江航标全面改革的壮举。

解放初期的川江航道工人在进行航标维护（长江航道局供图）

改革后的航标统一规范，全长江航标共分为3类19种。

第一类为引导航行的标志，有单向过河标、双向过河标、接岸标、导标、过河导标、首尾导标6种。

第二类为指示危险的标志，有三

角岸标，三角浮标、浮鼓、泛滥标、灯船、左右通航浮标6种。

第三类为显示信号的标志，有鸣笛标、通行信号台、风讯信号杆、水深信号杆、界限标、电缆标、横流浮标7种。

改革后的航标，功能明确，配布合理。新式航标遵循安全、经济、导航的原则进行配布，明确标示出航道的方向、界限、碍航物以及缓、捷水道。同时，明确了长江左右岸的划分，面朝长江下游，左手一侧为左岸，右手一侧为右岸。左岸航标一律白色白光或绿光灯；右岸一律红色红光灯。此外，随着航标数量的大幅度增加，标志密度加大，船舶驾引人员在白天可以从一标看到另一标，夜间从一灯看到另一灯，形成标标相见，灯灯相连的锁链式配布，为行轮指示出一条安全、经济的航行通道。

随着新式内河助航标志的诞生，结束了近百年英式助航标志的历史，迈出了内河航标技术革命的重要一步。

（四）现代航标分类

从远古走来，如今的航标已经是品种多样、姿态万千。现代航标根据其功能分为视觉航标、音响航标、无线电助航设施。

1. 视觉航标

视觉航标具有设备简单、维护方便、投资小、使用直观等优点，广泛设置于海区和内河，是一种最重要、最基本、数量最多的助航标志。视觉航标又称目视航标，是最基本的助航设施，是指以形状、颜色和灯光等特征供船舶驾驶人员直观识别的固定或浮动的助航标志。视觉航标具有易辨认的形状与颜色，可装灯器及其他附属设备。这类航标有：灯塔、灯桩、立标、灯船、灯浮标、大型助航浮标等。内河航标属于视觉航标类。此外，为了提高京杭运河苏南段的航道通过能力及加强航道管理，特别规定了适用于该段的航道标牌。即指向牌、地点距离牌、地名牌、分界牌、里程牌、桥梁净高提示牌和港口及锚地预告牌7种。

视觉航标构成了沿海和内河运输线上一道靓丽的风景，它们在默默指引行轮安全航行的同时，更多地给予了那些常年漂泊在外的船员回家般的温馨、旅途生活的愉悦，还有对美好生活的热切向往。重庆航道职工殷忠志在《航标灯》（引自《航道情怀》）一文中感慨道："我喜欢站在山的顶峰静看繁华都市的夜景，但我更喜欢在夜阑人静时默视那肃立于江中的航标灯：绿的象征着生机，红的象征着生命的热力。左绿右红、隔江相望的三角标，明暗相伴的过河标，永远是睁着双眼相对而立的横流标……凡此种种，在江的急流中汇成了绚丽的灯流，鸣奏着长江的夜的交响曲。这一切的一切，多么富于诗的激情和韵味，热情奔放，委婉含蓄。看着她们，会勾起你对甜蜜往事的追怀，对美好未来的热烈向往和追求。”

2. 音响航标

音响航标是指能发出规定响声的助航标志。它可在雾、雪等能见度不良的天气或在水中，发出具有一定识别特征的音响信号，向附近船舶表示有碍航物或危险，起警告危险作用，包括雾号、雾笛、雾钟、雾锣、雾哨、雾炮等。根据传播介质，音响航标可分为空中音响航标和水中音响航标两种。空中音响航标以空气作为传播介质，是使用最早、最普遍的音响航标。空中音响航标包括有雾钟、雾锣、雾角、雾哨、雾炮和雾号。水中音响航标以水为传播介质，常用的有水中钟、水中定位系统和水中振荡器。水中音响航标使用极少。

长江下游的大型塔式岸标（陈宝平摄）

3. 无线电助航设施

无线电助航设施又称无线电航标，已发展为现代化、全天候的助航导航设施。是以无线电波传送信息，供船舶测定船方位的助航设施。无线电助航设施能在大雾或极恶劣的气候条件下远距离帮助船舶定船位、指示航向。无线电助航设施包括：无线电指向标、雷达应答器、雷达反射器、雷达指向标、罗兰、台卡、奥卡加和卫星导航等。随着科学技术的发展，国内外有些船舶还装备有惯性导航、GPS导航、AIS船舶自动识别系统及红外线导航设备。

1）雷达反射器

它是无源雷达信标，是一种自身不能发射信号，通过增大目标截面积的方法来增强船用导航雷达反射波，进而提高船用导航雷达在较远距离上对目标识别能力的助航设备。在沿海灯浮上使用雷达反射器始于20世纪60年代初，比较粗糙，以后逐步改进，80年代才推广使用。目前使用的雷达反射器有两种：一种是角反射体（corner reflector），另一种是龙伯透镜(Luneberg lens)。

2）雷达应答器

它是与船用雷达配合使用的有源雷达信标。由于在众多回波情况下，准确识别雷达图像往往十分困难，而雷达信标（即雷达应答器）能在船用雷达屏幕上显示一条代码轨迹，因而极易被识别。当收到船用雷达信号时，雷达应答器能自动地发回能在询问雷达PPI上显示的识别信号，提供该船与雷达应答器的距离、方位和识别等信息。

3）雷达指向标

它是与船用雷达配合使用的一种连续发射微波脉冲信号的导航装置，可安装于江河海口、港口航标或狭窄航道的导标上。船用雷达接收机收到信号后，在雷达屏幕上显示出自本船（雷达屏圆心）向外辐射的一条径向方位虚线，可供船舶测向，但不能用于定位。

4）差分全球定位系统

它是一种利用航海无线电指向标站播发GPS差分修正信息，向用户提供高精度服务的导航定位系统。该系统是维护水上交通运输畅通、保障船舶安全和航行的重要设施，同时可广泛应用于国防建设、交通运输、海洋测绘、海上石油勘探、海洋资源调查、海上救助捕捞、海洋渔业及其他海上作业。差分全球定位系统(RBN-DGPS)已于2002年1月1日正式开通，我国沿海离岸300公里以内的导航定位精度已达到5至10米。

5）船舶自动识别系统

船舶自动识别系统（Automatic Identification System，简称AIS系统）由岸基（基站）设施和船载设备共同组成，是一种新型的集网络技术、现代通信技术、计算机技术、电子信息显示技术为一体的数字助航系统和设备。船舶自动识别系统（AIS）由舰船飞机之敌我识别器发展而成，配合全球定位系统（GPS）将船位、船速、改变航向率及航向等船舶动态结合船名、呼号、吃水及危险货物等船舶静态资料由甚高频（VHF）频道向附近水域船舶及岸台广播，使邻近船舶及岸台能及时掌握附近海面所有船舶之动静态资讯，得以立刻互相通话协调，采取必要避让行动，对船舶安全有很大帮助。

AIS的正确使用有助于加强海上生命安全、提高航行的安全性和效率，以及对海洋环境的保护。

AIS能加强船舶间避免碰撞的措施，增强ARPA雷达、船舶交通管理系统、船舶报告的功能，在电子海图上显示所有船舶可视化的航向、航线、船名等信息，改进了海事通信的功能，提供了一种与通过AIS识别的船舶进行语音和文本通信的方法，增强了船舶的全局意识，使航海界进入了数字时代。

6）电子海图显示与信息系统

电子海图（Electronic Chart Display and Information System缩写ECDIS）

是现代航海的一项新技术，它在保障航行安全和提高航行工作效率方面发挥着显著的作用。国际海事组织对ECDIS有专门的要求，与简单地用颜色显示的纸海图相比，包括更多的使用简单、操作容易的地理和文字信息，是一种把需要向航海人员显示和解释的各种各样信息融成一体的实时导航系统。ECDIS能自动地实时计算本船与陆地、海图上的物标、目的地或潜在的危险物的相对位置，可以说将航海安全技术提升到了一个全新的高度。

电子海图一般由所在国的主管机关负责或监督制定，这里主要涉及的是国家主权和日常维护。电子海图主要技术指标要求要高于纸质海图许多，一般来讲，电子海图需要达到：精度高于1米的全数字化的电子海图，无级缩放；包含全部航海信息，如灯浮灯标等；包含全部的地理信息，如岸线码头等。

与视觉航标和音响航标相比，无线电导航系统无疑是人类导航技术的一次飞跃和革命。它有效地克服了复杂气象条件及能见度不良等情况的影响，为船舶全天候导航。同时为船舶导航提供更精确、更迅速的信息，使船舶航行更安全、更快捷，深受广大船员的欢迎。

（五）内河航标

内河航标包括江、河、湖泊和水库通航水域所配布的助航标志，是中国航标的一大组成部分。鸦片战争后，西方殖民主义国家侵入内河，在长江、黑龙江、珠江设置航标，以长江最多。新中国成立后，在交通部主持下，于1953至1956年间，首先在长江，随后在珠江干流进行航标改革，建设新式内河航标链，其他内河也陆续建设新式航标，为中国内河航运的发展提供了可靠的安全保障条件。1993年12月4日，国家技术标准局颁布了内河航标的两项强制性执行的国家标准：GB5863—93《内河助航标志》、GB5864—93《内河助航标志的主要外形尺寸》。对内河航标的

长江航道左侧浮标（隗传学摄）

长江航道右侧浮标（陈宝平摄）

长江下游航道右侧的红色灯船（陈宝平摄）

长江下游航道左侧的白色灯船（陈宝平摄）

功能、颜色、形状、灯光性质、配布原则、主要外形尺寸等作出了具体、严格的规定。

内河航标为目视航标，其助航是通过标志的外形、颜色（含标体颜色和灯光颜色）、灯光节奏、标位体现的。

内河航标是船舶在内河航道上航行的重要助航设施，其主要功能是标示内河航道的方向、界限和障碍物，揭示有关航道信息，为船舶指示出安全、经济的航道。其主要功能为：内河航标可以标示出航道的方向、界限，使船舶能有效地回避河道中水上或水下的碍航物；指挥船舶通过单向行驶控制河段通行顺序，提高航道的通过能力；及时推荐经济航道；在夜间或能见度较差时，帮助船舶识别航区、测定船位；军事上起一定的航行保障作用。

内河航标涂色基本原则为：左岸为白色或黑色，右岸为红色。内河航标光色基本原则为：左岸为绿色或白色，右岸为红色。不必区分左、右岸的内河航标按背景明暗确定，其颜色是：背景明亮处为红色或黑色；背景深暗处为白色。

内河航标配布类别是国家从航道条件与运输需要出发，而就发光航标和不发光航标的布设、设标密度的控制等航标配布问题所作的分类。航标配布类别应根据航道的条件与运输的需要，以河区为单位，经过技术经济论证以后确定。

航标配布类别及技术要求

序 号	类 别	技 术 要 求
1	第一类航标配布	配布的航标夜间全部发光。白天，船舶能从一座标志看见次一座标志；夜间，船舶能从一盏标灯看见次一盏标灯
2	第二类航标配布	发光航标和不发光航标分段配布。在船舶昼夜通过的河段上配布发光航标，其配布密度与第一类航标配布相同；在船舶白天通过的河段上配布不配布航标，其配布标志密度与第一类航标配布相同
3	第三类航标配布	航标配布的密度比较稀，不要求从一座标志看见次一座标志，对优良河段的沿岸航道可循岸形航行而不配布沿岸标，但每一座标志所表示的功能与次一座标志的功能应相互连贯，指引船舶在白昼安全航行
4	重点航标配布	只在航行困难的河段和个别地点配布航标，优良河段一般只标示出碍航物。船舶需借助驾驶人员的经验利用标志和天然物标航行。根据需要和条件配布发光或不发光航标

航标配布类别的技术要求见上表：

内河航标按功能分为航行标志、信号标志和专用标志三类，共计18种。航行标志是标示航道方向、界限、礁石、浅滩、碍航物及通航桥孔的标志。航行标志包括：过河标、沿岸标、导标、过渡导标、首尾导标、侧面标、左右通航标、示位标、泛滥标、桥涵标共10种标志。

信号标志是为航行船舶揭示有关航道信息的标志，包括通行信号标、鸣笛标、界限标、水深信号标、横流标及节制闸标共6种。

专用标志是为标志沿、跨航道的各种建筑物，或为标示特定水域所设置的标志，其主要功能不是为了助航的标志，包括管线标、专用标。

具体功能见下表：

专用标志的分类及功能

序号	类别	定义	具体分类	功 能
一类	航行标志	标示航道方向、界限、礁石、浅滩、碍航物及通航桥孔的标志	1. 过河标	标示过河航道的起点或终点。指示由对岸驶来的船舶在接近标志时沿着本岸航行，或指示沿本岸驶来的船舶在接近标志时驶往对岸，也可以设置在上、下方过河航道在本岸的交点处，指示由对岸驶来的船舶在接近标志时再驶往对岸

续上表

序号	类别	定义	具体分类	功能
一类	航行标志	标示航道方向、界限、礁石、浅滩、碍航物及通航桥孔的标志	2. 沿岸标	标示沿岸航道的岸别，指示船舶继续沿着本岸航行
			3. 导标	前后两座标志构成的导线标示航道方向，指示船舶沿该导线标示的航道航行
			4. 过渡导标	标示一方为导标指示的狭窄航道，另一方为较宽阔的沿岸航道或过河航道的标志
			5. 首尾导标	由前后鼎立的三座标志组成两条导线分别标示上、下方导线标示的航道方向，指示沿导线标示的航道驶来的船舶在接近标志时转向另一条导线标志的航道
			6. 侧面标	设在浅滩、礁石、沿船或其他碍航物靠近航道一侧，标示航道的侧面界限，设在水网地区优良航道两岸时，标示岸形、突嘴或不通航的港汊，指示船舶在航道内航行
			7. 左右通航标	设在航道中个别河心碍航物或航道分汊处，标示该标两侧都是通航航道
			8. 示位标	设在湖泊、水库、水网地区或其他宽阔水域，标示岛屿、浅滩、礁石及通航河口等特定水域，供船舶定位或确定航向。
			9. 泛滥标	设在洪水淹没的河岸和岛屿靠近航道一侧，标示岸线或岛屿的轮廓
			10. 桥涵标	设在通航桥孔迎船一面的桥梁中央，标示船舶通航桥孔的位置
二类	信号标志	为航行船舶揭示有关航道信息的标志	1. 通行信号标	设上、下行船舶相互不能通航、同向并驶或对驶有危险的狭窄、弯曲航段或单孔通航的桥梁、通航建筑物及施工禁航等需通航控制的河段，利用信号控制上行或下行的船舶单向顺序或禁止通航
			2. 鸣笛标	设在通航控制河段或上、下行船舶不能相互通视的急弯航道的上下游两端河岸，指示船舶鸣笛
			3. 界限标	设在通航控制河段的上、下游，标示通航控制河段上、下界限。设在船闸室有效长度的两端时，标示闸室内允许船舶安全停靠的界限
			4. 水深信号标	设在浅滩上、下游靠近航道一侧的河岸上，揭示浅滩航道的最小水深

续上表

序号	类别	定义	具体分类	功　能
二类	信号标志	为航行船舶揭示有关航道信息的标志	5. 横流标	标示航道内有横流，警告船舶注意
			6. 节制闸标	设在靠近节制闸上、下游一侧岸上，也可以将灯挂于节制闸的上游或下游水面架空线上，标示前方是节制闸，防止船舶误入发生危险
三类	专用标志	为标志沿、跨航道的各种建筑物，或为标示特定水域所设置的标志	1. 管线标	设在需要标示跨河管线（即管道、电缆、电线等）的两端或一端上或设在跨河管线的上、下游适当距离的两岸或一岸，禁止船舶在敷设水底管线的水域抛锚、拖锚航行或垂放重物，警告船舶驶至空管线区域时，注意采取必要的措施
			2. 专用标	标示锚地、渔场、娱乐区、游泳场、水文测量、水下钻探、疏浚作业等特定水域，或标示取水口、排水口、泵房以及其他航道水工构筑物

助航标志的发展，特别是灯标的首次出现，标志着传统的航标技术有了重大突破。自此由过去以自然地物为主的原始古老助航技术已逐渐向人工设标技术上发展。

（六）新时期长江航标技术主要成就

新时期长江航标技术在一定程度上反映了新中国内河航标技术发展的主要成就。

1998年8月，俄罗斯政府派出以运输部航道局局长舍尔什澳夫为团长的考察团，来中国长江观摩考察，因历史原因分离了30多年的两国航道专家第2次握手。不过，这幕戏的主次角色已经大转换，俄罗斯人并非以老师身份来指导学生的，用团长舍尔什澳夫的话说：“我们是来贵国当学生的。”在中俄友谊梅开二度的热烈气氛中，长江航道局领导陪同客人对长江航道进行了一次全面观摩考察。盛情的主人向客人详细地介绍了长江航标建国40多年来，尤其是中国改革开放以来所发生的巨大变

使用太阳能为能源的新航标（隗传学摄）

化。

1986年6月，中国交通部颁布了自1955年以来的第二部《内河助航标志》法规。次年，长江航道部门根据自身特点，制定了《长江航标制式方案》，随即组织实施，将全长江航标进行科学分类，简化为两大类标志。

第一类是引导航行的标志，有过河标、过河导标、接岸标、三角岸标、三角浮标、浮鼓、灯船、左右通航浮标、桥涵标、泛滥标10种。

川江信号标志（陈宝平摄）

第二类是显示通行信号的标志，有通行信号、水深信号、禁航信号、电话失灵信号、鸣笛标、界限标6种。

在对航标进行科学分类的同时，国家从20世纪80年代中期起，加大了对长江航道建设的投入，使航标质量有了显著提高。

航标灯器有电闪光灯和半导体霓虹灯两种，电源为蓄电池和干电池。取消了所有煤油标灯和钟表开关白炽灯。

航标标杆有铁质和木质两种。浮具有铁质单船浮、铁质双船浮两种。在对全长江航标实行统一配套，更新换代的同时，各种科技含量较高的岸、浮标也相继问世。

从1986年起，在长江中下游，相继建竖起60座塔形岸标，塔身宏伟壮观，标志颜色鲜艳，灯光射程较远。

1991年，长江干线航标制式改革荣获交通部科技进步二等奖。

中国主人谈起长江航道助航设施的发展变化，如数家珍，俄罗斯客人已是赞叹不已。考察团所到之处，但见长江上规格、制式整齐划一的各类岸浮标白昼颜色鲜明，白如玉石，红似朱丹；入夜灯光明亮，闪闪烁烁，灿若繁星。在山区河段，两岸红白相间的通行信号台亭亭玉立于万山丛中；在平原河流，一座座塔形岸标挺拔于大江岸边。此情此景，令俄罗斯客人击掌称奇。团长舍尔什澳夫先生，以俄罗斯人特有的表达方式，对陪同他们的中国同行连续二次伸出大拇指：“贵国长江的航标设施

桥区航道大型示位灯塔（殷黎摄）

是世界一流的，航标管理水平也是一流的。”

长江航道事业的腾飞，更受惠于改革开放盛世的甘露春雨，一项项新技术如雨后春笋般出现：

航标水力发电装置：1978年，试制成功明轮稳压式浮标水力发电装置，在流速0.8米/秒的水域，利用水能变为电能点亮航标灯。同年，该项目荣获湖北省科技大会颁发的革新奖。

航标灯近距离遥测装置：由装在船艇上的发射器和灯具上的接收器两部原件组成，当发射器发出无线电波，通过接收器控制半导体电路上的无触点开关，切断硅光电池，使灯光发光。此装置可在距标灯100米的范围内控制标灯自动发光，达到不停船检查标灯的目的。

多功能半导体节能航标灯：这种灯在不减低灯光强度和有效视距的情况下，耗电量比普通半导体标灯节省30%以上，发光稳定，可任意选择定光、单闪、双闪光，防水性强。

防标失位自动抛锚装置：当水位变化大或风浪高，或标志受到漂流物碰撞时，竹缆易断，航标流失。而有了这种装置，一旦竹缆断裂，航标能自动抛锚固定。其科技成果的具体报道可见《水运工程》和《工人日报》1981年第二版。

钢质航标广泛使用。20世纪60年代前长江航标所采用的材料除下游少量浮鼓为钢质，部分岸标为钢筋混凝土标杆外，其余均采用竹、木材料。到70年代末，长江干线浮标全部使用钢质浮具。同时，对长江中下游的岸标用钢质标杆更换木质标杆。20世纪90年代起，航道部门联合相关单位就玻璃钢、塑料浮具进行了试验，取得了一定的经验。

川江新式杆型岸标（陈宝平摄）

锥形岸标（陈宝平摄）

岸标大型化。为进一步改变长江航标面貌，以适应长江航运和海轮进江的需要，1987年开始，长江航道部门在长江中下游设置大型玻璃钢塔形标，由于塔形标志颜色鲜明、视距大，目标显著可靠，深受驾引人员的欢迎。

航标实现电气化。航道职工积极响应毛主席提出的“航标要实现电气化”的号召，1959年9月5日，全面完成了长江干线吴淞至重庆2430公里航道上的4000座航标灯电气化的改造任务，一举结束了航标灯点煤油的历史，提高了灯光质量，延长了发光里程，大大减轻了航道工人的劳动强度。航标电气化初期电源曾采用过空气干电池和锰粉干电池，后又大量采用铅酸蓄电池。20世纪70年代，太阳能电池在长江推广使用。

20世纪90年代，新型的多功能锥形塑料透镜逐步替代使用多年的玻璃透镜。航标光源也开始推广使用耗电非常小，使用寿命长的LED发光二极管，霓虹灯和白炽灯被逐步淘汰。1999年，长江航道局上海航道处又研制成功了国内第一座直径2400mm抗碰撞橡胶浮鼓，该浮鼓克服了长江下游常年惯用的钢质浮鼓耐碰撞能力差的缺点。这项成果被交通部长江航务管理局及上海市人民政府有关专家鉴定为“国内首创，达到国际先进水平。”它填补了国内空白，其内置气囊技术在国际上尚属首创，达到了国际先进水平。

2000年下半年，上海航道处再攀

新式大型浮鼓航标（金其祥摄）

科技高峰，与大连海事大学、上海理工大学等高等院校一起，开发研制了长江下游航道电子航道图自动测绘和生成系统、航道站船实时动态管理、电子多功能航标灯和φ2400mm船用浮鼓自动除锈、清洗、烘干、喷漆装置。特别是科技含量很高的长江下游航道电子航道图自动测绘和生成系统，可以通过卫星实时向航标工作母船或航道处机关准确无误地传送辖区航标标位、航道变化、水位潮汐等数据。浮鼓自动清洗装置不仅使航道工人摆脱了繁重的体力劳

航标技术人员对航标进行远程监控（金其祥摄）

手持GPS定位新航标（隗传学摄）

动，实现了浮鼓清洗、除锈、油漆、烘干的全部自动化，而且还保障了安全，提高了大型浮鼓的维护质量。船载跟踪系统的投入使用，不仅对作业船舶实施直观有效的管理，而且还为长江船舶无线导航开了先河，实现了真正意义上的全天候安全航行，具有极大的推广价值。同时，像电子多功能航标灯的投入使用后，不仅解决了航标灯的远程控制和实时动态数据积累问题，减少船舶巡航次数，而且还为实现航标立体化和实时化管理提供可能。特别是对礁石、沉船等严重碍航标志监控，防止航道责任事故的发生具有重大意义，目前，这类全自动电子航标仅有美国、英国和日本等少数国家生产。另外，电子航道图投入使用后，在长江航道发展中开创了一个新纪元，促进了长江航道信息的一体化建设，为内河航运的自动化、集成化、规范化提供了有力的保障。

航标遥测监控技术推广应用。2003、2005年先后在三峡库区、武汉桥区的航标上实现遥测监控，南京至浏河口段的数字航道正在加紧建设。其中库区遥测监控技术为目前国内规模最大、运行环境最复杂、技术最先进，也

长江1号航标抛设（金其祥摄）

是首个投入实际运行的航标遥测监控系统，目前覆盖三峡库区82.5公里航道199座航标。

随着航标遥测监控技术的推广应用，传统的航道维护管理模式将得到彻底改变，航标维护管理的科技含量进一步增强，长江航道维护和管理水平将进一步提高。

桥区航标维护（陈宝平摄）

二、航标的“心脏”——能源

说航标，不能不说她的发动机和心脏——航标能源。

繁星点点的夜空，驻足江边，我们会发现江中的航标灯像一条彩链盘在水中，一闪一闪地，点缀着大小船只自由穿行的水面，与天上的星星遥相呼应，相映成趣。这些在美丽的夜晚兀自发光的航标灯，给夜航的船只指引前行的方向，守护着家人期盼的平安和收获的希望。小小灯光，带给人们的是通往美好生活的新航道。但你可能不知道，这些灯光的背后，有着一段充满艰辛和探索的历程。

（一）早期的航标能源

中国古老的“航标”都以燃烧柴草为能源。山东成山角烽火台，上海吴淞口宝山烽火台依稀还有柴草点燃的痕迹。因此说，柴草是最古老的“航标”能源。后来，用植物油作为航标的能源，也有烛光外罩一个纸糊的灯笼，挂在高处作为“航标”灯。还有借助建在沿海的宝塔悬灯引航。清代乾隆43年（公元1778年），在澎湖列岛西南端的渔翁岛建灯塔，塔顶放置的灯壳系蚌壳所制，夜间燃油作为渔民航行目标。道光27年（公元1847年），上海道台在长江口设标桩2具，作为进口航标，同治2年（公元1863年）在厦门大担岛建灯塔，都用植物油作为航标灯的能源。当时，油灯的灯头有单芯、双芯、三芯或四芯的。建于同治9年至10年（公元1870~1871年）的花鸟山灯塔和佘山灯塔，就是四芯灯头的植物油灯。

（二）近代航标能源的发展

19世纪后期，世界工业革命促进了航海发展，出现了蒸汽机轮船，航行速度、载重吨位增加，船舶远离海岸航行，原植物油航标灯的灯光射程已不能满足航船的需要。同时，由于古代人类的物质财富本身就很匮乏，航运业也十分落后，采用动植物油作为燃料，消耗了大量的动、植物，而对社会经济发展的贡献却十分微薄。

19世纪90年代末，随着人类对石油能源的开采和加工，煤油灯取代了植物油灯。清代光绪21年（公元1895年）建的北渔山灯塔就用煤油作能源，配以六芯的丛集灯头。清代光绪25年（公元1899年），花鸟山等灯塔也相继改用此种光源，使灯光强度大为提高。为尽可能地使煤油灯光照得更远，20世纪初，中国引进了煤油蒸汽棉胶质纱罩白织灯，使灯光强度增加3～10倍；20世纪30年代出现的柔韧金属编织的强氏“自燃式”纱罩，通过牛眼透镜或兼有折反射镜圈组成的棱镜透镜聚光，能使光强达到几万以至几十万支烛光。之后，引进乙炔闪光灯用于航标。这种灯接通乙炔气瓶，点燃引火，通过减压器和闪光器，可在无人看管下可靠地自动闪光，它为航标无人看守创造了条件。在20世纪20年代至60年代，乙炔气是中国小型灯塔、灯桩、灯浮标的主要能源，但乙炔气瓶和乙炔气灯都要从国外进口，且有诸多问题。

长江上的航标，经过1953年至1957年的改革，在航标的合理配布、科学分类、质量提高诸方面取得了显著成效，为营运船舶白天在长江上航行提供了安全通道。但由于建国初财力、物力和技术状况所限，长江上夜航设施依然原始落后。除下游河段少数航标上悬挂有乙炔气、电闪光航标灯外，其他航道均悬挂煤油航标灯。

长江洪湖航道处航道工人柯汉生在《亲历航道发展史，依依父子航道情》（引自《航道情怀》）一文中这样描述到：“那时航标灯是烧煤油的，父辈们擦灯时的认真劲头我至今难以忘怀。老式航标灯有三层灯罩，先取下外面二层灯罩，后取出里面圆形玻璃灯罩并长时间向内边吹气湿润，然后用长柄刷子慢慢刷，直到透明如镜。外面透镜也是仔细擦拭，灯芯的讲究更是严格，灯点燃后沿着圆形铜柱旁灯芯慢慢按灯捻子，一直按到整个圆形灯捻发光均匀火功一样高时才行。父亲手上的皮肤特别是大姆指被火烧得又黑又厚。十多斤重的灯每天要点几十盏，工人劳动强度是非常大的，所以夏天里小小船舱被灯火和油烟熏考得像蒸笼。”

那时的航道一线数千名航道工人，每天都要驾起木划子早收灯，晚点灯，披星戴月，风浪再大也要冒险出航，水面作业危险，劳动强度极大。而且，煤油航标灯难以抵御风雨侵袭，灯焰射程短，不能为行轮提供清晰的助航目标，轮船在长江上夜航没有安全保证，海损事故的发生不可避免。

一种可以替代煤油灯、减轻航道工人劳动强度、提高导航保证率的航标能源技术成为了当时航道科技者们日夜为之探索、努力实现的梦想。

（三）航标电气化

航标的电气化因一代伟人的指示而在长江航道上首先变为现实!

1958年阳春3月，长江岸边，冬雪已经消融，春色尽染层林。3月29日，一个春光明媚的日子，毛泽东主席乘坐"江峡"轮从重庆下驶，视察长江。次日清晨，"江峡"行至三峡峡谷，主席踱上甲板，凭栏俯视，发现高山夹峙的江流之中，一座浮标上有两个人在大浪中颠簸起伏，主席就问身旁的一名长航负责人："那两个人在干什么?"负责人答："那是航道工人在更换煤油航标灯。"主席说："航标灯为什么不能用电呢?"答曰："过去试过，干电池容易受潮，亮度没有保证。"主席说："那还要很好改进。"事后，毛主席关于要改进航标灯的谈话，作为"航标要电气化"的指示，在长江上下广为宣传。

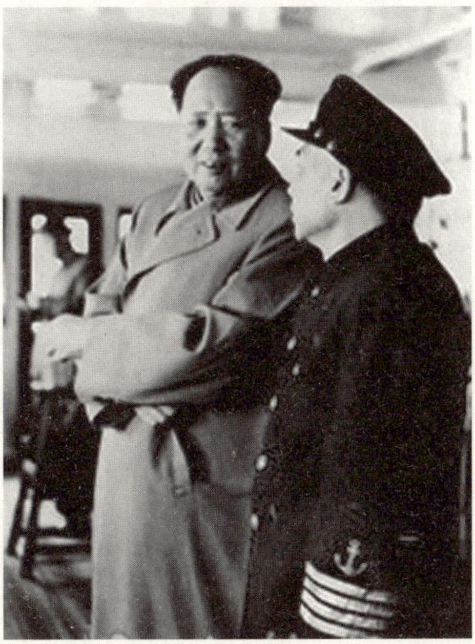

毛主席视察川江航道（长江航道局供图）

同年10月28日，长江航道局召开技术观摩会，航标电气化问题被列入大会议事日程。会议通过了在长江干线实行航标电气化的决议，提出了《长江干线标灯电气化草案》，该草案规定："为使航标工作进一步发展提高，将于1959年在长江全线实现航标电气化，争取开关自动化，向国庆10周年献礼。"从当年11月起，航标电气化各项筹备工作在航道工人高昂

航道工人在进行电气化改造（长江航道局供图）

的斗志中紧锣密鼓地进行。

为了抢在国庆10周年大典之前实现航标电气化，数千名航道工人和工程技术人员克服市场上灯标器材奇缺的困难，土法上马，自己动手。中游辖区汉口航标厂工人徐国清和刘德宝等人自办蓄电池车间，试制成功13片6伏蓄电池，苦干3个月，突击生产了8000个，解决了中游河段大部分标灯的电源问题。上游的航道工人，以维修工人陈新之为首，创建航标器械工厂，在仅有一间厂房，一台手摇式小车床的条件下，因陋就简，艰苦创业，研制改进了水力发电浮标，试制出交直流两用自动换泡器和电动钟表开关。在航道全线，除陆岸生产基地之外，所有在水上作业的航道站工人，也一律自己动手，制造灯壳、灯架。没有铁皮，就找来一些空罐头盒加工。没有铝片，就买来钢精锅取代，“叮叮当当”铁锤之声昼夜不断。每一艘航道站艇，都是一座沸腾的车间。

凭着这种自力更生、艰苦奋斗的精神，广大航道工人用自己的双手，制作了一盏盏电航标灯。电源以空气干电池为主，其次为4至6伏蓄电瓶。灯器开关大多数是拉线开关和钟表式开关，少数为液体电日光阀开关。

1959年9月5日，在重庆—吴淞口全长2430公里的航道上，全部实行了标灯电气化和部分开关自动化。随着电航标灯在长江航道上的闪烁发光，旧中国沿用了100多年的煤油航标灯逐步被淘汰。

1959年10月1日，首都天安门城楼，七彩焰火腾空而起，举国一片欢腾。万里长江之上，红、绿、白航标灯火交相辉映。但好景不长，随着三年自然灾害的降临，国民经济实施调整，市场供应奇缺，电航标灯器材严重不足，导致部分航道航标不得不从电气灯时代，退回到煤油灯时代。长江航标电气化潮起潮落。长江武汉航道局职工吴绪松在《行轮的眼睛越变越亮》（引自《航道情怀》）一文中这样描述：“……那时在昼夜通航的长江中游航道上，标志发光用的是煤油灯，直到1957年才有了仅占标志总数5.3%的电气灯。航道工人驾着一叶舟，出没风波里，点灯收灯，巡查标灯，异常辛苦，但他们恪尽职守，以苦为荣，为新中国的建设而自豪地贡献力量。据原长江航道局副总工程师姜立华所述，1953年2月20日，毛泽东主席首次视察长江，在下游江面看到航道工人驾着小艇在风浪中维护航标，动情地赞道：航道工人是无名英雄。几十年来，长江航道职工铭记伟大领袖的关爱，默默奉献了一年又一年。

煤油标灯的使用情况也是前后有别。在三年困难时期，航道工人勤俭办事，每天天刚亮就到航道上收灯，天黑之前再把灯点上；为了节省船艇燃油，他们经常是有船不用，荡着小木划出航工作，千方百计为国家节省经费。如今一些航道老职工还常说“那时候我们是荡着小划子收灯点灯，现在航道上的条件该有多好”，用这话来表达创业者的自豪感。

1967年冬季的一个深夜，江面一片沉寂。突然传来行轮发出的“一短一长两短”呼叫航道站的联系声号，我们知道一定是有标或标灯失常了。我们闻讯驾艇出航，直感寒风刺骨。我和师傅钱少斌蹲在船头搜寻，身上不由自主地打起寒战。这次是有一盏标灯因被油烟薰得而失常。我们很快用备用灯将它换了下来。这个下半夜，我便再也未能安然入睡。

煤油航标灯，你诉说了航道的艰难岁月，也见证了航道事业的发展。”

1965年，国民经济复苏，为推进长江航运业的发展，长江航道局提出了《关于开展航标灯电气化工作的初步方案》，它所制定的总目标是：在全线实现航标灯电气化和开关自动化。从1966年起，在长江航道局党委的号召下，全线航道工人排除文化大革命动乱时期的干扰，励精图治，不断改进航标电气化技术。与此同时，国家也加大了对航道建设的投入，历经十年奋斗，最终在长江全线实现了比50年代更加先进和完善的航标电气化。

到20世纪末，从上海至泸州，全长2688.8公里的干线航道上，航标电气化程度达到96%。长江上的电航标灯，不再是以罐头盒、钢精锅、普通玻璃罩为原材料，用手工敲打而成的电航标灯。现用灯具，统一由上海和南京两家专业厂家以现代化生产流水线精工制造。在中下游岸标和下游浮标上，使用直径200毫米电闪光灯。中游的浮标上，使用直径200毫米的半导体闪光灯和直径150毫米的半导体霓虹灯。上游的岸浮标上均使用直径150毫米的半导体霓虹灯。现今的电航标灯，灯壳为铁质，坚固耐用，颜色亮丽。灯罩为精制玻璃透镜，防风性能好，光源照射远。

除以上电航标灯外，另一种高科技含量的高强度塑料单锥透镜灯以体型小，耐用性强，密封程度高的优

川江上通航控制用的电气化航标（陈宝平摄）

点，作为第四代产品在全线推广使用，普及率达到70%。

20世纪末，长江上的电航标灯，电源主要有铅蓄电池和空气干电池两大类。除以上电源外，另有水力、风力、太阳能等多种辅助性电源，为电航标灯提供亮度保证。同时，长江上的电航标灯，开关完全自动化。先期的拉线开关、钟表式开关、液体电日光阀开关统统被淘汰，代之以灵敏度高，稳定性能好，使用寿命长的高科技硫化镉光导管和硅光电池开关。进入21世纪，电航标灯开关正在由半导体自动化，向集成电路遥控化方向发展更新，更为先进的太阳能一体化航标灯也在江海航道上逐步研制和推广应用之中。

现在，我国内河上的电航标灯为入夜的航道增添了神奇和美丽。每当夕阳西下，但见百里长堤边，千仞悬崖下，万顷波涛上，刹那间会自动闪现出万点灯光，红、绿、白光芒，交相闪烁。千轮万舟，穿行其间，如入都市，安然踱步。

三、航道维护的“利器”——工作船艇

船舶出现在世界上已有数千年的历史。尽管船舶的发展在不同地区、不

使用太阳能的新型航标（金其祥摄）

同国家各不相同，但有一点是共同的，即船舶的发展是与当时、当地社会经济发展进程息息相关的，社会经济的发展决定了对船舶发展的需要，而船舶的发展反过来又有力地促进社会经济的发展，航道船艇的发展史也是如此。

航道船艇主要用于航标设置、维护、探测检查航道，实施清障疏浚、航道测绘。同时，还涉及以下用途：航道维护整治、疏浚吹填、土石方工程、水工工程、公路工程、市政工程、水利工程、救助打捞、沿海港口及内河水道测量、航标设置、码头、港口航道工程勘察设计及教育培训等。航道船艇是航道的重要物质基础和进行航道维护的关键手段。

20世纪初，随着内河的发展，航道助航工作得到重视，成立了长江上最早的航道管理机构——巡江事务处。1903年，海务处为长江配备了第一艘专职航标巡轮“江星号”，这标志了航道船艇发展的开端。随着设标里程的不断延长，航标灯数量的迅速增加，航道工作范围的不断扩大，航道专用船艇也得到了一定发展。航道巡轮数量逐步增加，同时应用于探测航道、抛设简易竹浮的木壳机艇与帆船也增加较多。

新中国成立后，航道助航设施得到了恢复与重建，航道船艇得到了快速的发展。

以长江航道为例，从1953年开始，航道事业进入了大规模建设时期，航道船艇因此得到了飞速的发展。1953年初，中游天星洲水道出浅，同年8月交通部将天津港的“大沽二号”挖泥船和两艘泥驳调归长江航道局，挖泥船改名为“疏汉”后定名为“链斗一号”，它成为长江航道挖泥第一船，从此，结束了长江航道部门无挖泥船的历史。

这一时期航道维护的典型特点是木划子点油灯、竹竿子量水深，船只是浮具，难以适应川江急流和中下游风大浪急情况下的航标维护工作。

1963年，根据航标维护规范化的要求，航道维护机艇开始实施以钢代木的更新计划，以批量建造的44千瓦和58.8千瓦钢质艇代替木壳机艇，其主机机型也趋于统一，主要是100型和135型机，其航标艇性能和维护能力实现了第一次质的飞跃。

20世纪60年代中期至70年代初，为扩大川江绞滩能力，突击新建了一批绞滩船、机动接头船和非机动接头船，川江绞滩全面实现了机械化。

1973年初，周恩来总理提出“三年改变港口面貌”，极大地推动了长江航道挖泥船的发展。一批国产和引进的具有现代化水平的挖泥船陆续开进长江，当年10月，由上海东海船厂建造的舱容800m^{3}的自航耙吸挖泥船航浚1号交付使用，揭开了长江挖泥船大发展的序幕。至1978年，长江拥有自航耙吸挖泥船、绞吸挖泥船、链斗挖泥船、抓扬式挖泥船达23艘，总功率33207.9千瓦，再加上一批配套船舶，基本适应了长江上、中、下游不同河段航道水域的不同要求的疏浚作业的需要。

改革开放后，我国内河航道维护船舶的新发展，主要体现了机器时代的特点，初步实现了维护手段的机械化、测量手段的模拟化，在维护效率、疏浚能力和规模上均达到了一个新的高度。

航标艇性能提高。新型88千瓦和176千瓦（双机）航标艇不断加入航标维护船艇队伍。这些新型机艇机型统一（为6135柴油机）、航速快（达22公里/小时）、稳性好、结构强度高，使得航道机艇队伍的性能和维护能力较以钢代木时期又有了一个飞跃的提高。1992年适应川江用的双机艇和中下游用的双体航标船等优化型航标艇又相继研制成功并投入使用。1991至1995年间，广西共建造了12～24马力航标机艇230艘，航标维护巡查全部用上了机动艇，结束了过去划木板艇维护航标的历史。

测量机艇发展迅速，20世纪80年代末90年代初，新建测量船几乎全部为176千瓦双机测量船，同时配备了阿特拉斯综合性水道扫测系统的扫测

现今内河航标维护船艇

船投入使用，它可一次航迹扫测23.5米宽的带域，且定位准确，扫测精度高。

20世纪80年代末期，内河航道挖泥船队伍开始走到沿海地区如港澳地区、福建沿海和海南进行工程施工，成为参与我国沿海经济建设的重要力量。从90年代开始，国家对内河航道建设的投资力度加大。一大批新型船舶被建造并投入使用，其性能较原有同型船有较大提高，在挖泥效率、生产率、挖深及对土质的适应能力方面具有明显优势，挖泥船队规模和能力得到了较大提高，已经成为内河航道维护疏浚的主力，同时也是中国疏浚队伍的重要组成部分。

随着沿江地方经济社会发展的需要，国家又先后在长江建设了1500m^{3}自航耙吸挖泥船、500m^{3}自航耙吸挖泥船，开发建设了具有首冲功能的

现代化的航道疏浚维护工程船（陈宝平摄）

300m³自航耙吸挖泥船、1600kw斗轮挖泥船、8m³抓斗挖泥船、4m³抓斗挖泥船，开发建设长江江苏段最大的8000m³自航耙吸挖泥船。这些工程船舶在维护干线航道的同时，积极支援沿海港口、码头建设，为沿海城市经济发展作出了巨大贡献。

新世纪，我国内河航道又自主研发了定位精确度高、施工效率高、质量好、可自动铺排的长江22m、40m铺排船和新型抛枕船。特别值得一提的是长江航道局的水下钻爆队伍，在国内已成为一流的施工力量。

航道船艇的发展从某种角度来讲也是我国经济建设事业发展的缩影，是航道人艰苦奋斗、无私奉献、克难奋进、开拓创新的真实体现。

四、航道工程技术的发展

我国是一个河流众多的国家，流域面积在1000平方公里以上的河流有1500余条，大小湖泊900余个，具有发展航道的基础条件。我国航道基本上处于天然状况，大多受制于河流水文条件的变化，即洪水时水流湍急漫滩，而枯水时滩多水浅。在有水利、水电枢纽的河段，又受制于枢纽的调节性能和运用。

随着社会生产力的发展，社会分工的扩大和军事斗争的需要，造船技术及水上运输规模不断扩大，但航道的利用依然恃天然江河和湖泊。到春秋晚期至战国时期诸侯国间的争霸愈演愈烈，原有的天然航道已满足不了需要。因此，为适应政治、军事、经济发展的需要，人类对航道由过去简单的利用开始发展为综合性的开发治理。

航道建设随着人类历史的发展从未间歇过，治水、治航的探索脚步也从未停歇。从远古的大禹治水，到李冰父子的都江堰，从古代川江的局部航道治理到目前全河段滩险的整治，一步一步见证了面对险峻的大自然，积极探索，不断攻坚的伟大历程。

尤其值得我们骄傲的是新中国成立以来的航道建设，从京杭大运河工程建设、渠江、小北江、邵水志溪河渠化工程，到川江、汀江、赣江、汉江、西江及松花江等河流的航道整治工程，为当时恢复通航、恢复生产、发展国民经济作出了历史性的贡献。20世纪80至90年代的航道建设跨上了一个新的台阶，在投资规模上不仅大大超过历史水平，而且用上了世界银行的贷款；在建设规模、工程技术指标、计算机技术以及新材料的应用上已达到世界先进水平行列，工程效益明显。

航道整治已由过去个别滩的整治走向长河段滩群乃至全河流滩险的整治。汉江、大渡河游荡性河段的整治，大渡河多汊河道整治，老鸦洲双向径、潮流作用下的浅滩整治，和近期长江口深水航道的大规模治理以及在汉江和长江界牌、张南、罗湖洲、陆溪口、东流等河段大规模使用土工布新材料、新结构、新工艺等均获得成功。这表明了我国航道工程技术人员在河道滩性分析、整治线布置、整治水位计算、整治建筑物选型和新材料的应用，以及计算理论和模型试验水平均处于国际先进水平。

运河建设方面：从20世纪50年代末开始，京杭运河苏北段的建设即贯彻综合利用方针，航运方面提高了通航标准和运输能力，从六级航道提高到二级航道；到20世纪末，运输量增长了近百倍，运输效率大大提高，运输成本急剧降低，效益巨大。并为南水北调提供了输水1000立方米/秒的渠道，将可缓和北方缺水的矛盾；防洪方面还为淮河提供了一条分洪道，而且加固了运河堤岸，保护了里下河区人民的生命、财产和农田。在内陆运河方面，无论其在建筑物规模上或在多目标开发效益上，京杭运河均处于国际先进水平。90年代扩建成的江南运河苏浙段，在运河选线、护岸防渗、土方施工、桥梁建设、环境保护和绿化等方面均创造了一系列经验，为21世纪的运河建设提供了可贵的范例。

通航建筑物方面：虽然我国拥有

几十座升船机，但其设计理论和建设技术还处于初级阶段，而我国拥有近千座船闸，特别是葛洲坝船闸和三峡五级梯形船闸建成后，无论是在规模和总体布置上，还是水工结构（闸首、闸墙、底板）、金属结构（闸阀门）、以及输水系统的研究分析计算和自动控制设计上，均处于世界先进水平。

让我们从最久远的航道工程开始，一起亲历中华民族气势磅礴、惊天地泣鬼神，让世人为之叹服的航道工程技术发展史!

（一）航道工程的萌芽

大禹治水。传说中的大禹是今四川汶山人(一说安徽涂山人)，处在原始父系氏族社会后期。当时以尧为部落联盟首领，称尧帝。在尧执政期间，多次发生淹没范围极广的滔天洪水。

《孟子·腾文公章句上》：“当尧之时，天下犹未平，洪水横流，泛滥于天下……尧独忧之”。

尧遂派水官鲧平治洪水。然而，鲧治水无方，一味采取消极的“壅障”之法，筑堤约束水路，结果堤愈高，水愈涨，九年不成，遭到尧的谴责“九年绩用弗成”。

尧帝驾崩后舜继位，舜乃责令鲧的儿子禹顶替父任，授以司空官职，领旨治水。

汉代史学家司马迁在《史记·夏本纪》中，较为详细地收录了民间关于大禹治水的传说：“禹伤先人父鲧功之不成受诛，乃劳身焦思，居外十三年，过家门不入……陆行乘车，水行乘船，泥行乘橇，山行乘木辇。左准绳，右规矩，载四时，以开九州，通九道”。

大禹率民众努力治水13年，功

武汉江滩上的大禹治水雕像（长江航道局供图）

成。其治水吸取鲧的教训，除壅障之外，改以疏导水路为主。《淮南子·修务》："(禹)决巫山令江水得东过。"《墨子·兼爱》："东流之注五湖之处，以利荆楚于越与南夷之民"。所谓荆楚，即指长江中下游流域，由此，我们追踪到了大禹在长江治水的遗迹。

比先秦《墨子》晚出的《水经注》，更是具体地记述了大禹在长江中游的荆江河段治水的行踪。

郦道元的《水经注·江水》："大江右得龙穴水口，江浦右迤也，北对虎洲。又洲北有龙巢，地名也。昔禹南济江，黄龙夹舟，舟人五色无主，禹笑曰：'吾受命于此，竭力养民，生死命也，何忧龙哉!'于是，二龙弭鳞掉尾而去焉，故水地取名矣。"大禹在长江治水的传说，由于产生于文字记载之前，并且大都包裹着一层浓厚的神话色彩，难以引为史证。但是，神话传说并非完全没有现实根据。马克思在《政治经济学批判导言》中认为：神话传说是"在人们幻想中经过不自觉的艺术形式，所加工过的自然界和社会形态"。换言之，神话传说的一定内容反映了上古先祖们所接触到的自然现象和社会现象。

由此推断，大禹显然是上古时期在治水实践中出现的，当然也是被神化了的英雄人物。

都江堰（来自百度百科）

此外，大禹治水，虽以除水患为主要目的，但是，除水患的另一面是兴水利。水利，除防洪，灌溉之利外，再有行舟之利，这就涉及了航道工程。大禹所处的时代，正是独木舟的时代，其治水之前，"水源未有定道"，"汤汤洪水方割，荡荡环山襄陵"，行舟之险，可想而知。"自大禹始开水道"，这就使得以独木舟为工具的水上运输的发展成为可能，"水行之有轻便楫也，

乘之者遂得其成”。

航道工程自古孕育在水利工程之中(只是近代才分支)，从这个意义上说，大禹是航道工程的开山祖师。

影响最为广泛和久远的要属都江堰。据史籍记载，秦灭西周后任李冰为蜀守，约在公元前250年前后，李冰在灌县主持兴修了都江堰。都江堰是一个兼有防洪灌溉和航运效益的大型水利工程，修建在四川灌县城西北的岷江干流上。其中鱼嘴的分水、堰的排沙和石人水位观测等工程方面，反映出当时航道技术的水平。

整个工程包括鱼嘴、飞沙堰和宝瓶口3个主要组成部分。渠首工程位于岷江中、上游交界处，鱼嘴像一把匕首伸入江心，把汹涌的岷江水分为外江和内江。外江是岷江正流，主要用于泄洪，内江水则通过宝瓶口引入成都平原灌溉千万亩农田，并提供成都及其附近城镇的工业和生活用水。宝瓶口是一个人工开凿，仅有10多米宽的狭小进水口，因其形状酷如瓶颈而得名。在都江堰工程中，宝瓶口起着控制内江水量的作用，是整个都江堰工程的关键枢纽。

都江堰工程所以能二千多年不毁不损、长期发挥效益，其奥秘主要有三：一是由于宝瓶口是从玉垒山峰腰地带的岩石中开凿出来，两崖岩石异常坚固，不怕洪水冲刷，也不怕漂木碰撞，为都江堰工程的分水口提供了“质量保证”。二是都江堰渠首工程通过鱼嘴分水堤、宝瓶引水口和泄洪排沙的飞沙堰的有机配合，使内外江的水量始终按四、六分成，即洪水时内江四成，外江六成，枯水时外江四成，内江六成，保证灌区既有足够的水源，又不至于发生水灾。宝瓶口的北岸岩壁上有着古人凿刻的几十道横道，名叫“水则”，是我国最早的水文标尺：水过十六划为洪汛期，过十九划则为警戒水位。古人在宝瓶口上方用竹笼卵石砌成飞沙堰和人字堰，水过十六划，就会从二个排洪道溢出，洪水直入岷江主流；特大洪水时，飞沙堰会自动崩塌泄洪，不让过多的水进入宝瓶口。三是飞沙堰的“飞沙”作用保证了宝瓶口不致淤塞。为排泄内江多余的水量和泥沙，古人在内、外江之间的金刚堤上开出一条宽约30多米的浅槽。利用岷江河道的弯曲度，巧妙地借用了流体力学的原理，使内外江泥沙排泄量的比例与水流量成反比，大部分泥沙和多余的水通过鱼嘴和飞沙堰排入外江。残留在内江的泥沙则通过每年冬季的岁修加以清除，保证了宝瓶口的畅通无阻，许多前来考察的外国专家对工程高度严格的科学性钦佩不已。

司马迁说：“蜀守冰凿离锥，辟沫水之害，穿二江成都之中。此渠皆可行舟，有余则用溉浸，百姓飨其利”。“凿离锥，辟沫水之害”就是航道治理中的一大功绩。当时沫水（今青衣江）航道水势混乱，经常出现舟船翻沉事故，因此李冰组织整理沫水航道。据记载：“时青衣有沫水出蒙山下，伏行地中，会江南安，触山胁溷崖，水脉漂疾，破害舟船，历代患之。冰发卒凿平溷崖，通正水道。”另外，李冰还在棘道（今宜宾市）为改善航道进行了“通正水道”工程，采用了先积薪烧岩，使其猛烈膨胀，再浇以冷水，使其骤然收缩，使爆而裂的方法。李冰主持的这些航道整治工程，使长江上游以及支流的航行条件得到了不同程度的改善，而且也为后人治理航道积累了十分宝贵的经验。

（二）古代川江的航道治理

“川江险，水流湍，滟预堆前多

早期川江航道一景（长江航道局供图）

沉船，龙蛇善游不得过，溺死乱滩人少还”。

千里川江航道，自古复杂凶险!川江是长江上游地区物资交流和对外联系的水路干道，也是长江干流航行条件最为险恶的一段航道。受商品经济发展的直接影响，进入明清时期，川江航道的滩险整治进入高潮，清除的滩险无论在规模、次数或是施工技术上均是前所未有的。

说起川江的特点：一是落差大，重庆至宜昌，水位落差120.5米；二是流速急，洪水期平均流速为每秒3.17米，急滩一般为每秒4到5米，有的地方甚至达到每秒近9米；三是流态紊乱，川江因受大小峡谷的约束，以及石嘴、石梁、石盘、暗礁的影响，水流结构复杂，形成急流跌水，泡漩乱流，滑梁水、扫弯水、夹堰水等众多流态。这些特点，使得川江对船舶航行均造成不同程度的影响与危害。

三峡大坝2006年完成了156米高程蓄水，这标志着三峡工程建设取得了全面的胜利成果。在10多年的施工过程中，建设者们创造了许多个项目的世界第一，令人感叹不已，这是人类科技水平达到极高程度的产物。而在科技水平极其低下的古代，人们又是怎样治理江河航道的呢？古代川江的航道治理又是怎样的状况呢？

川江两岸人口稠密，物产丰富，自远古时代起，这里的人们就懂得利用舟船渡江涉水和运送物品。随着经济的发展和水运的日益繁忙，川江航道急流险滩密布、行船安全不能保证的问题突出，许多有识之士很早就注意到对河道进行治理。历代封建王朝因战争、贡运、和采矿运输的需要，也曾先后划拨经费，征用民工，大规模地对有关江段进行整治。那时候的河道治理，完全是人工凿挖，而且只能在枯水期进行。在治理施工中，古代劳动人民表现出了高度的聪明才智和艰苦奋斗精神，一些开明进步的地方官吏和士绅在河道治理中发挥着关键的组织作用。

在古代，完全意义上的航道治理，成就卓著，影响深远的，仍然首推李冰。李冰在任蜀守期间，曾主持了对岷江下游航道的开凿治理，先后治理了乐山大佛岩和盐溉滩等航道，尤其是成功整治了岷江与长江交汇处的“僰道大滩”，大大促进了岷江下游水运业的发展。据《华阳国志·蜀志》记载："僰道（即今宜宾）有故蜀王兵栏，亦有神作大滩江中，其岩山斩峻，不可凿，乃积薪烧之，故其悬岩有赤白五色。"今天如果来到宜宾两江口，依然可见岷江东岸赤岩山"岩岸壁立，色若绮霞"的奇丽景象，传说这是当年李冰属下积薪烧石留下的痕迹。

早期的河道治理，那时没有炸药，只能采用人工凿挖。李冰时代在岷江河道整治中，工匠们对待特别坚硬的险滩礁石，采用了"积薪焚烧"的方法。即在冬枯水涸的季节，把大量的木柴堆积在礁石上，引火焚烧，使礁石在高温中猛烈膨胀，再浇上醋和冷水，让烧热的礁石突然遇冷，骤然收缩而发生炸裂，再使用人工凿挖，藉以除去巨礁。

李冰时代工匠们创造的这种"积薪烧石"技术，因为实用而且成本低，在后代两个世纪中曾广泛地运用。据《峡江滩险志》记载，到明朝天启4年（公元1624年），在青滩航道的整治中，仍然还在使用"积炭烧石"的方法，而那时候火药已经发明500多年了。

隋唐以前，对于川江干流航道的开凿治理较少，当时朝廷的贡品运输多沿嘉陵江北上，经合川、广元转道运往长安、洛阳。这一时期曾对一些川江支流航道进行过治理，主要有：

西汉成帝元延3年（公元前10年），岷江松潘县境内发生大山崩，岷江几乎断流，连都江堰水源都接近枯竭，成都平原春耕生产受到影响，朝廷敕令地方官员组织疏凿、清理，终使岷江又得以畅流。

东汉元初3年（公元115年），武都太守虞诩曾主持了嘉陵江上源西汉水航道的开辟工程，从而舟楫称便，汉中的粮食可从水路到达武都，收到了"岁省万计"的良好效果。

隋唐以后，贡品运输船只开始利用长江水道之便，出三峡，下江陵再北转东都洛阳，或从水路到万州，再转陆路运至长安。为满足运输需要，由朝廷出资，由地方官吏主持，对川江航道主要碍航险滩开始进行治理。当时重点整治的是青滩、叱滩（黄魔滩）、折桅子滩等，其中以北宋皇祐3年（公元1051年）归州知府赵诚组织的青滩治理工程影响最大。青滩在历史上因屡次发生山崩而形成险滩，公元1026年，青滩一带又发生地震，引发大规模的岩崩，"巨石壅塞，蜀江断流"，这次山崩滑坡造成堵塞川江航道达25年之久。在赵诚主持下，无数民工昼夜凿挖，"积薪石根，纵火焚之，不半载而石泐江开，舟行无滞，"实现了重新通江的目的，青滩也一度称为"赵江"。

明代，通过川江进出的物资总量有

了较大的增长，在西南，已经形成了一条以川江为总干的水上运输网络。清代康熙中期开始，西南地区战乱结束，川江航运迅速发展。明清两代都对川江主要碍航险滩进行了持续的大规模整治。当时重点整治的险滩有：江津的斗笠子滩、丰都的佛面滩和观音滩、万县的狐滩和猴子石滩、西陵峡内的青滩和崆岭滩、西陵峡内的渣包和红石滩等。清代乾隆年间起因开采和运输铜矿的需要，还对金沙江航道进行了首次系统的开凿治理，实现了部分河段顺利通航。

明代成化辛丑年（公元1481年），四川参政吴彦华主持开凿瞿塘峡纤道，这条纤道凿成后，既可沟通瞿塘峡陆路交通，又有利于水运拉纤，从此，“人得陆行，无风波患”，这也是川江上最早开凿的一条纤道。

在施工技术方面，除传统的“积薪烧石”的方法外，又创造出一些新技术。宋代淳熙年间（公元1174～1189年），利州路提刑张蒙在治理嘉陵江的过程中，募工匠设计制作了一种击碎机械。该机械以铁杆为架，放在滩上，杆上悬吊一桔状铁锤，重达1500斤，用铁索牵引，由人力操纵，将铁锤“抛掷空中而下，三石俱碎”，这种用人力制动的机械，在古代治河史上是一个创举，它开创了用机械整治河道的先例。

清代光绪年间，在整治沱江航道时，创造了“铁砂淘滩”的施工方法。因沱江航道水浅且多淤沙，影响船只通行，每年于白露节前后利用沱江秋汛时往浅滩河段投下铁砂洗滩，每次投铁砂约3000斤，用铁砂搅动淤沙，在水流的冲击下，带走淤沙，航道可以得到加深，治理效果显著。

明清两代时期的河道整治中，已经普遍使用火药炸除礁石，但由于受火药性能的限制，水下礁石的清除还不能进行。

历史上，除朝廷颁令进行或者由官府发起的治理外，还有许多商贾士绅及百姓捐资治理险滩的事例。清朝嘉庆、道光年间，奉节和万县一带的官绅商民捐资对庙基子、东洋子、猴子石、狐滩、白纤滩等险滩进行了治理，并修筑了纤台、纤道，极大地方便了船只航行。

经过历代的整治，有一些险滩的航行条件得到了明显的改善，如：位于秭归县城东二里的叱滩（也称黄魔滩），得到了明显的改善，仅对人力船的航行有一些威胁。当现代轮船运输在川江开辟后，叱滩不再对轮船航行构成威胁。在新中国成立后的大规模川江航道整治中，叱滩也不在其中。

总的来看，历史上的航道治理，由于时代的限制，技术落后，工程规模小，而且治理都是局部性的，对川江航道整体条件的改善并不显著。但是，在这无数的整治行动中，古代劳动人民在征服自然的斗争中所展示的聪明才智和艰苦奋斗精神是永远值得记取的，这是我们中华民族文明史上不可磨灭的一页!

船闸的出现也是航道技术发展史上的重要里程标志，它的技术性能要比堰埭优越。但在当时的初创阶段，有耗水多、工程投资大的缺点，故唐代许多航道上仍以堰埭设施为多，船闸的发展并不迅速。

船闸出现。为了保证航道水深，防止水的走泄和便于调整水面比降，以提高通航效率，我国人民首先创造了堰埭技术。这种设施在三国时已有不少，南北朝更为兴盛。堰埭虽保证了航行的水量和水深，但也给行船带来了不便和损失。为了过埭，在埭的上下两端要做成较缓的平滑坡面，得靠外力牵引滑上滑下，这种越堰方法相当繁费，堰埭越多，积弊越大。重载船只的反复装卸，人畜的劳苦伤亡，船只拖拉的磨损扭伤等，这些问题的存在促使人们动脑筋，于是比堰埭先进的通航闸门在唐代问世。

通航闸门代替堰埭，见史籍记载，约在唐开元年间（公元713～741年）由扬州斗门开始的。即在扬州和扬子津这段航道上连续设了两座斗门，统一管理，依次开闭。这是初期的双闸门船闸，也是我国有据可考的最早的船闸。李白曾在诗中说："齐公凿新河，万古流不绝……两桥对双阁，芳树有行列……，海水落斗门，潮平见沙纳"。其中："两桥对双阁"为两个斗门的辅助设施。堰埭和闸门同时兼用，起到了接纳江潮和节制河水走泄的作用，又方便了舟船的过埭，从根本上改善了航行条件。到公元756年左右，在江南运河上又建了著名的望亭闸。这座堰闸一直在历史上传为美谈。

相距半个多世纪后，唐代宝历元年（公元825年），在灵渠航道设立了18个斗门竣工后，"百丈大舸，一夫可涉"，"来往无滞"。可见，唐代船闸技术已取得了辉煌的成就。这种成就比传说中的12世纪荷兰最早的船闸约早300多年，比意大利有明确记载的1481年的船闸早600多年。这充分显示出我国人民的聪明才智和丰富的创造能力。

（三）建国50年来内河航道整治及其技术发展

新中国成立以后，内河航道建设得以较快发展，特别是党的十一届三中全会以后，国家把交通运输作为国民经济发展的战略重点，提出加快综合运输体系建设。内河水运是综合运输体系的重要组成部分。航道是水运的基础，内河航道建设进入一个新的发展时期。按照内河水运主通道"三横一纵二网"规划要求，加快了重点工程建设步伐。50年来，我国内河航道建设取得了巨大成就，重点整治了长江干线及其主要支流汉江、湘江、赣江，西江干线、京杭运河、黑龙江和松花江等航道。

经整治而改善航行条件是河流综合利用的一部分。航道整治工程是指为调整河床形态和水流条件，改善航行条件、提高航道尺度，所采取的构筑整治建筑物、疏浚和炸礁等工程措施的总称。航道整治是彻底改善航道条件的根本手段。勤劳智慧的中国人民在长期的与水奋斗中积累和创造了丰富的航道整治技术和经验，在知识经济时代，航道整治技术和手段更是不断与时俱进。今天，中国的航道整治工程包括疏浚、炸礁、裁弯、切嘴、筑坝、导流、护岸、护滩等堪与世界发达国家媲美。让我们巡礼大江去领略航道整治工程的神奇和壮美……

长江入海口是一个巨型多沙的河口，90公里宽，海天茫茫，一望无际。经过漫长的自然演进，长江口形成了目前三级分汊、四口入海的格局，由于存在太多的复杂性，如何治理长江口航道一度被论证了近半个世纪，我国著名的水利专家钱正英先生评价说“这是前无古人、世界上也没有类似先例的河口整治工程。”浩浩荡荡的水面之下，一道“拦门沙”如骨鲠在喉。在一期、二期治理工程前，即使经过疏浚，长江口航道也仅仅维持在7米通航水深的水平上，这个“鱼鲠”锁住了长江通向大海的顺畅航道，也锁住了大上海腾飞的翅膀和长江三角洲跨越式发展的步伐。据交通部权威资料显示，从19世纪中叶开始，在世界范围内，河口拦门沙造成的水深不足就开始成为影响各国航运发展的重要因素。世界各国都投入巨大的财力物力治理拦门沙航道：美国的密西西比河从1836年开始疏浚，到1993年获得13.7米的水深，用了150多年的时间；英国的莫塞河从1905年治理，到1950年获得13.6米的水深，用了45年的时间；加拿大的圣劳伦斯河从1907年开始，到1952年获得10.7米的水深，用了45年的时间；法国的纪龙德河从1930年治理，到1970年获得13.5米的水深，用了40年的时间。这些数据无一例外地表明：深水航道治理是一个旷日持久的浩大工程。而作为世界最大规模的河口治理工程，中国长江口深水航道治理从1998年1月一期工程开工算起，到2005年11月21日二期治理工程通过国家发展与改革委员会验收，仅用了7年。

长江口深水航道治理是我国现代航道整治工程的代表作，在世界航道治理工程中也堪称一座巍巍丰碑。相信通过对长江口深水航道治理工程的了解，平素对什么是航道整治工程不感兴趣的人也想略知一二了。

1. 护卫黄金水道的坚固长城——长江口深水航道治理工程

万里长江，我国横贯东西的黄金

水道。万吨海轮可溯江而上347公里，直达我国内河第一大港南京。

可偏偏在流入东海的长江口上，滔滔江水仿佛卡了壳。受“拦门沙”的影响，长江口航道自然水深只有6米左右，万吨级船舶需要乘潮通航，每天只能通过15艘左右，大型船舶必须在口外倒载，外贸集装箱在境外中转，每年仅煤炭、粮食、矿石和外贸集装箱的运输损失就达10亿元。

打通长江口，实施深水航道治理工程，成为完善我国港口布局、带动长江三角洲和整个长江流域经济发展的当务之急。

然而，面对“茫茫无边的江面，冲淤不定的沙洲，动荡变化的河势”，连水利专家钱正英都望江兴叹。俄、美、日、荷等国的河口治理专家进行现场考察后，更感束手无策。

长江口能不能治理?又如何治理?

在30多年科研的基础上，国家将“长江口拦门沙航道演变规律研究”列入“八五”期科技攻关计划，经过21项专题攻关研究，基本掌握了长江口河床演变规律，提出了选择南港北槽先期治理的方案。1998年1月，长江口深水航道治理工程正式开工。

工程创造性地提出“导流、挡沙、减淤”的指导思想，通过构建分流鱼嘴、南北导堤和丁坝群，围筑出一条

空心方块斜坡堤（交通部长江航道管理局供图）

稳定的航道，海水的退潮在变窄的河道中挟沙入海，可以防止经过疏浚的航道重新被泥沙淤积。

“要在这地基松软的河道里构筑起141.5公里长的堤坝等建筑物，决非易事。”交通部长江口航道管理局总工程师范期锦说，科技人员针对波浪作用下地基软化的世界级技术难题，创造性地实施了抗软化工程：先在江底铺上一层沙被，然后穿透沙被打设塑料排水板，再铺设一层混凝土联锁块和一道道长条形的砂袋，防止河床沙子被冲走，保护河床在施工过程中不变形。之后，再抛下石块整平以构筑基脚，最后将空心的沉箱固定上去。沉箱填沙之后重量增加，一道半圆形沉箱结构堤就构建完成了。

“为了完成这些工作，我们自主开发了27艘专用船，开发了74项新技术，所有设备都是世界首创。”范期锦说：“利用这些技术和设备，我们首次实现了不用潜水员完成水底基床铺设，主要操作都实现了机械化，生产效率比传统工艺提高5至10倍。也正因如此，我们才可能在短短5年时间里完成疏浚淤泥1亿立方米、水下铺排1200万平方米的艰巨任务。”

二期工程完工后，北槽航道水深达到10米。以前，吃水9米以上的船舶每天只能通过12.4艘，如今已经达到60.4艘。原来完全无法进出长江口的5

长江口人工修建的堤坝（交通部长江航道管理局供图）

万吨以上船舶现在猛增至4500艘/年，航速从8海里/小时提高到了12海里/小时。上海港长江口内码头的集装箱吞吐量从1997年的253万箱增长到2006年的1849万箱，居世界第三；港口吞吐量增加2.3倍，位居世界第一。至此，10米水深航道延伸至南京，南京以下10多个沿江港口200多个万吨级泊位直接受益。

包括钱正英、潘家铮等9位院士在内的专家组一致认为，长江口深水航道治理工程成套技术是我国河口治理和水运事业的伟大创举，是世界上巨型复杂河口航道治理的成功典范。

74项创新使长江口水深由治理前的7米增深至目前的10米，深水航道也被专家誉为“建设在海底流沙上的长城”。有了创新技术，长江口仿佛变得“风平浪静”。临海筑堤，传统的技术是靠海上抛石，让一块块石头堆积成堤，然而这项技术在长江口的急流中失去了作用。新的堤坝结构必须在创新中产生，于是充砂半圆形结构、半圆形沉箱结构堤应运而生。这种像隧道一般的堤坝结构可以在陆上先期成形，然后一段段放入水中，拼接相连，既省了水上作业时间，也让急流无“用武之地”。有了创新技术，茫茫大海也变得“一目了然”。长江口航道局在国内首次建立了海上大范围GPS控制网，开发了新型水下地形测量技术，在三维定位中让长江口的一举一动都得到监控。

由于长江口缺乏石料，施工中部分导堤采用袋装砂堤心及模袋混凝土压顶的斜坡堤结构，大部分导堤采用抛石基床上置半圆形拱圈的结构，具有断面经济、稳定性好、施工容易等优点，并采用了以土工织物为主要材料的新兴软体排护底结构和相应的船机及施工工艺，开创了河口缺乏石料地区施工的先例，在河口航道治理的技术上向前跨越了一大步。

2006年12月21日下午，一艘20多万吨的超级巨轮——“美矿号”顺利通过长江口深水航道，靠泊宝钢原料码头。这是上海港深水航道有史以来载货通过的最大船舶，充分向世人证明了长江口治理的成效。

2. 当今航道整治工程手段一览

航道整治工程是为调整河床形态和水流条件，改善航行条件、提高航道尺度，所采取的构筑整治建筑物、疏浚和炸礁等工程措施。航道整治是彻底改善航道条件的根本手段。航道整治工程包括疏浚、炸礁、裁弯、切嘴、筑坝、导流、护岸、护滩等工程。

导堤已布满青苔，钩联块体上也长出了底栖生物牡蛎（交通部长江口航道管理局供图）

航道整治建筑物是指用于整治航道的起束水、导流、导沙、固滩和护岸等作用的建筑物，主要包括：丁坝、顺坝、锁坝、潜坝、鱼嘴、护岸等。其主要功能见下表。

航道整治建筑物的分类及主要功能

序号	主要分类	技术要求
1	丁坝	最常用的整治建筑物。它是指坝根与岸或其他建筑物相接，坝头伸向整治线，坝轴线与水流方向正交或斜交，在平面上与河岸构成丁字形的横向整治建筑物
2	顺坝	一种与水流流向成较小偏角，起引导水流作用的整治建筑物。顺坝的主要作用是调整水流和导引水流使其沿着顺坝流动；束狭河床，减小过水断面增加流速，以便形成有利的环流，控制横向输沙
3	锁坝	连接汊道两岸的横向建筑物。锁坝的主要作用是在分汊河道上集中水流冲刷通航汊道，或在有串沟的河汊上阻止串沟发展
4	潜坝	坝顶终年潜没于水下的整治建筑物。潜坝的主要作用是消去深潭，使河底高度均匀，水流平顺；壅高上游水面，调整比降；促淤赶沙，增加河床糙率，减小过水断面
5	鱼嘴	在江心洲的头部修建的形状似鱼嘴起分流、导流、分沙固滩等作用的整治建筑物

护岸建筑物有两种主要形式：用抗冲材料平顺覆盖河岸及其坡脚的平顺护岸；在岸边修建短丁坝群的短丁坝护岸。

在航道整治中，整治建筑物并非仅仅上述几种，在一项航道整治工程中也并非仅使用一种建筑物，一项较大规模的航道整治工程需要多种形式整治建筑物的协调运用，以便达到最佳整治效果。

航道整治工程中构筑的起束水导流作用的丁坝（陈宝平摄）

在这里，我们不得不提到世界闻名的京杭大运河的工程技术。运河航道治理需要拓宽浚深以达到标准航道尺度，而最困难的是长江以北河段水源不足，不能维持正常通航。为此，工程技术人员确定了长江以北河段采取梯级化为主与疏浚相结合，从长江抽水补给水源；长江以南河段采取疏浚措施，并在河段两段建闸。

在运河疏浚过程中，土方量巨大，疏浚土的妥善处理极为重要。运河航道疏浚中本着少占土地、一土多用、改善环境的原则，使疏浚弃土得到充分利用。如大量弃土用于加固加高沿岸堤防、修筑沿河道路、修筑湖中庄台、填高洼地改良土地等，同时开展绿化，保持水土，改善环境，做到河成堤固路通，绿化成带，形成了通航条件好、防洪标准高、环境优美的大运河，苏南运河段就是具有代表性的样板航道。

运河的基础是护岸，施工难点也是护岸。运河的护岸结构一般包括斜坡式和直立式两大类。斜坡式护岸有浆砌或干砌块石、混凝土预制块、模袋混凝土等护坡。滤层采用土工布、护坡设置坡肩、坡顶采取防护、坡脚设置防冲设施等都对护岸的稳定、安全有良好效果。直立或半直立驳岸多采用浆砌块石重力式或衡重式结构，当地基软弱时，可采用抛石基床、粉

经过系统整治后的运河苏南段（江苏省航道局供图）

航道工程船正在疏浚航道（蔺锋摄）

喷桩、振冲碎石桩、短夯扩桩和小径木桩等处理方法进行处理。

航道疏浚作为目前航道综合整治工程重要手段，应用越来越广泛，技术发展日新月异。航道疏浚工程采用人力或机械施工方法，为拓宽、加深水域而进行的水下土石方开挖工程称为疏浚工程。对航道实施疏浚工程，能及时、有效的改善航道条件。

航道疏浚可分为基建性疏浚和维护性疏浚。基建性疏浚是指为开辟航道、港口，或提高航道尺度、改善航行条件，具有新建、改建、扩建性质的疏浚工程。维护性疏浚是为维护或恢复某一指定水域计划的尺度而清除水底淤积物的疏浚。

航道疏浚的主要设备是挖泥船舶。航道疏浚的作业环境和作业条件是十分复杂的，因此，挖泥船舶种类较多，主要功能见下表。

挖泥船的分类及主要功能

序号	类　别	主要功能及基本介绍
1	抓斗挖泥船	利用抓斗机抓取水下土、石的挖泥船。目前世界上最大的抓斗挖泥船斗容已达200立方米
2	铲斗挖泥船	利用铲斗机挖掘水下土、石的挖泥船
3	链斗挖泥船	利用装有一系列泥斗的链斗机，连续循环挖取水下土、石的挖泥船。至今已有两百多年历史，是机械式挖泥船中最早的一种
4	链吹挖泥船	船上装有链斗、泥舱及泥泵，通过联合运转将挖起的泥沙经由排泥管输送至卸泥地点的挖泥船
5	吸扬挖泥船（绞吸）	利用泥泵吸取水底泥沙，并通过排泥管输送至卸泥地点的挖泥船。包括绞吸挖泥船和斗轮挖泥船。在水下吸泥口处装有铰刀，挖泥时旋转铰刀松动泥土的吸扬挖泥船。特别适合于吹填造地工程
6	吸扬挖泥船（斗轮）	在水下吸泥口处装有一系列斗叶组成的斗轮，挖泥时转动斗轮松动泥土的吸扬挖泥船
7	耙吸挖泥船	船上装有泥泵、泥舱和吸泥耙头，能自航挖泥，连同装泥、卸泥等全部工作由自身完成的挖泥船。具有良好的航海性能，具有自航、自挖、自载和自卸的能力。目前世界上最大的耙吸挖泥船舱容已达33000立方米，最大挖深已超过100米
8	吸盘挖泥船	船上装有泥泵和扁平喇叭形水下吸泥口，以高压冲沙设备松土，以排泥浮管或边抛排泥的自航挖泥船
9	射流挖泥船	船上装有射流泵和冲沙喷斗的挖泥船
10	钢耙挖泥船	船上装有钢耙，通过机械设备或水力带动，将浅区沙石耙至下深船槽或航道两侧的简易疏浚船舶
11	冲沙船	船上装有高压冲水设备，能将河底泥沙扬起并随水流带走的简易疏浚船舶
12	辅助作业的配套船舶	主要包括：拖轮、绞锚艇、泥驳、吹泥船

航道爆破也是一种直接有效的航道整治工程施工手段，它主要是借助炸药释放的强大能量使坚硬河床介质破脆或松动的作业。根据工程的实施对象，航道爆破主要有沙质浅滩爆破和炸礁。为整治航道、改善航行条件而进行的岩石爆破为炸礁。航道爆破施工中所使用的爆破器材与普通爆破并无大的区别，主要包括炸药、导火（爆）索、雷管。在航道整治工程和航道维护清障工作中，水下爆破施工作业较多。通常采用水下钻孔爆破和水下裸露爆破作业

运用环保技术的航道爆破作业（张黎摄）

形式。水下钻孔爆破是利用钻探机械（船）对河床钻孔，将延长炸药包放置于水下孔内进行爆破的作业。水下裸露爆破是将炸药包放置于水下爆破对象的表面进行爆破的作业。

3. 航道整治技术发展

新中国成立以来，航道整治及其技术发展大体上可分为三个阶段：

1）第一阶段（1952～1965年）

此阶段为艰难起步探索前进阶段，航道整治实行“先通后畅，逐步提高”的方针。这一阶段整治工程重点由碍航滩点的炸礁、清障、扒沙、轻型导流整治到石坝型整治和采用挖泥船进行浅滩挖泥，观察浅滩水流变化和泥沙冲淤变化选择挖泥航线，维护航道畅通，以适应发展运输，发展国民经济的需要，航道整治积累了经验，技术上有所前进。对沙质浅滩，无论是山区河流或平原河流，都采用永久性抛石坝，

2）第二阶段（1966～1983年）

该阶段是积累整治经验，研究规律，全面发展我国航道整治技术阶段。在实施滩险整治中，同时进行新的探索，整治工程建设技术得到提高，并创造了不少新经验：用开辟新槽（付槽）的方法改善船舶航行条件获得成功；利用整治建筑物调整流速流向，整治弯窄航槽获得成功。例如川江的折桅子滩，突嘴之外有浅滩，兼有泡水。1956至1957年曾用沉树挂淤方法整治未取得成功。1969至1970年根据模型试验，确定在凹岸筑一条勾头丁坝，调整水流结构的整治方案，工程实施后获得

铺排船进行航道护底沉排作业（陈宝平摄）

很好效果。采用溪口导流或沟内拦石方法，较彻底地整治溪口急滩。溪口急滩成因是由于山洪暴发随水石流或泥石流带来大量泥石堆积溪口使滩势恶化。这在山区河流是常见的，川江的下马滩就是一例。经调查研究，采取“堵口开渠”整治方案即将原始沟口用混凝土拱坝堵塞，另在通向下游深沱方向开辟新渠通道，从而根本上解决了来石要害问题。同时，航道水力计算的相应技术研究获得新的进展。

3）第三阶段（1984～1998年）

该阶段航道整治工程量大，技术复杂，是系统总结、提高理论水平，整治技术日趋成熟阶段。这个时期，航道建设规模最大，速度最快，在长江上游，系统地整治重庆至宜宾304公里航道，使之达到水深2.70米航道标准，并整治了突发性特大滑坡形成的“鸡扒子”急流滩；中游整治多变且碍航著名的界牌浅滩，并配合葛洲坝工程、三峡工程进行了大量研究工作。西江进行一、二期工程，西江一期工程完成了桂平至梧州180公里中12个重点滩险整治及桂平通航枢纽建设，二期工程完成贵港航运枢纽建设及其以上5个重点浅险整治建设，梧州以下也进行了重点滩险整治。东平水道进行了三期工程，至此使南宁至广州847公里达到三级航道通航标准，成为我国渠化和整治相结合、航运开发建设滚动发展的典型。汉江重点整治襄樊至利河口散乱性浅滩河段，通航标准由300至500吨级提高到1000吨级。湘江进行一、二期航道建设，通过整治，使株洲至城陵矶257公里航道由500吨级航道提高到1000吨级航道，能与长江黄金水道联成一体，发展干支直达运输，等等。1986年交通部总结30多年技术发展及管理经验，颁布了《航道技术政策》，接着颁布了《中华人民共和国航道管理条例》，对航道建设和技术发展起了指导和促进作用。1989年至1991年，编写了《航道整治技术规范》，1999至2000年又进行了全面修订，该规范全面反映了我国航道整治技术的成果。

纵观建国50年来特别是改革开放以来航道整治技术的发展历程，我们可以总结重大的技术进步主要在以下几个方面：

（1）航道整治由单滩设计发展至总体设计。如：长江干流宜渝段、渝叙段，长江水系的汉江、湘江、岷江；珠江水系的西江、北江、东平水道以及松花江等。两广的西江航道工程自南宁至广州段，通航标准定为三级，根据河流条件，治理原则为渠化和整治相结合；上段南宁至桂平分三段渠化；下段桂平至广州则进行整治等重大问题均在总体设计中认真研究解决。东平水道建设三期于1989年完成，航道等级提高，该河段临河建厂增加30多家，货运量增加3倍，技术有所创新，获国家科技进步一等奖。

（2）对于滩险分类有了较系统的认识和发展。按浅滩所在河段河型的不同进行分类和按对船舶碍航特点进行分类。这两种方法已得到普遍认同。

（3）根据水流、泥沙和河段浅滩变形分析，确定滩险特性、整治原则和方法。对航道整治设计参数的确定、整治线走向布置等建立了一套科学的方法。

（4）动态设计方法有创新。大江大河沙质河床，河段内洲滩变化较为剧烈，整治工程量大，不是一个枯水期或施工期所能完成的，必须分期实施。控制性、关键性工程实施后，河床发生变化，或因水文情况变化，河床发生未可预测的冲淤变化，此时设计在不改变总体设计标准、原则条件下，应根据新的河床变化情况，调整工程布置、结构设计及施工方案。

4. 典型工程实例

1）长江中游界牌航道整治

界牌水道位于长江中游，上距城陵矶20公里，下距武汉173公里，左岸为湖北省洪湖市，右岸为湖南省临湘市。

界牌水道为典型的顺直分汊河段。河段内，鸭栏洲、新淤洲、南门洲，淤洲群起，把一江水流支分为多股支汊，导致枯水季水流散乱，不能集中归于现航南岸漕口。航道内泥沙大量淤积，水深严重不足，成为长江中游著名的“瓶子口”。民谣有云：“冬春水枯行船难，无人敢过界牌关。”界牌水道碍航，始于20世纪60年代末、70年代初，为适应长江石油运输的需要，航道部门开辟了南京—临湘的深水油轮航线，界牌水道处于这条油轮航线的末端，航道维护水深由2.9米提高到3.5米。0.6米水深的增加，意味着又有一批水下浅滩处于碍航状态。据统计：从1970年至1988年，其间有11年出浅碍航，尤其是1983年至1984届枯水季，最小水深仅2.3米，突破历史记录。

为了维护界牌水道的正常通行，汉口航道区每届枯水季都要投入大量的人力、物力和财力，上百名职工在这里战严寒，斗险滩，争寸水，疏浚、爆破、调标改泓三项并举，每年投资高达100万元之巨。但最终只能治标，不能治本。界牌水道碍航，影响最大的是长江的石油运输。随着石油工业的迅猛发展，南京—临湘的原油运输量已由70年代的280万吨/年，增加到了90年代的400万吨/年。为了这条石油运输大动脉，对界牌水道的彻底根治刻不容缓。

界牌水道碍航，还直接影响到南岸的防洪工程。每年枯水季，航道部门在河道中疏浚、爆破，南岸临湘市的堤

界牌工程一景（陈宝平摄）

防部门考虑到会影响该段的堤防和护岸设施，便加以阻止，航运与防洪矛盾尖锐对立。整治工程，遵循因势利导、统一规划的原则，利用界牌河段当时较为有利的滩槽形态，通过水工建筑的设置，将其相对稳定下来。使枯水期水流集中归于右岸南漕。整治工程，以万吨油运船队的航行要求为标准，最小水深3.7米，航宽不少于80米，曲率半径达1000米以上。1994年12月12日，界牌河段综合整治工程破土动工。

航道职工战胜艰难困苦，克服施工条件恶劣，生活条件艰苦等难以想象的困难，不断探索新工艺，加快工程进度，保证工程质量。从1994年冬到1999年春，历经五届枯水季的紧张有序施工，将界牌水道综合整治工程从蓝图变成现实。

现实中的14道丁坝，在界牌河段右岸自上而下平顺排列，坝体巍峨雄峙，拦截上游水流，逼江水归入航漕。现实中的新淤洲鱼嘴守护工程，将迎流顶冲的新淤洲头全部铺上八角形混凝土块，如同坚甲铁胄，控制洲头的逐年崩退。现实中的锁坝工程，巍然屹立在新淤洲与南门洲两洲的夹套之间，重锁一江浊流，拦截上游来水来沙，促进夹套淤塞，使江水改道并入右岸现航漕口。锁坝结构与丁坝结构基本相同。

界牌水道整治工程采用了当前国际国内较为先进的水下沉排和水上筑堤抛枕新工艺，开创了我国在大江大河浅滩整治成功的先例，体现了航道整治技术在理论和实践上向前跨越一大步。

2）向大自然的挑战——长江三峡滑坡治理技术

1984年6月12日，长江西陵峡中段北岸3000余万立方米土石自100米高处的广家岩坡脚，以排山倒海之势，高速下滑，整个新滩古镇顷刻间化为乌有，江中激起巨浪高达54米，涌浪波及上下游江段42公里。

自古长江险在川江，而川江又险在三峡。在西陵峡的兵书宝剑峡出口处，北岸有新滩镇广家崖—姜家坡千年不断的大滑坡体，南岸有近年逐渐失稳倾向江心的链子崖。此处距三峡大坝仅有26公里，任何一处失稳冲入江中，都将锁江断流断航，并直接冲击三峡大坝，已成库区心腹大患。

如何解除三峡库区扼喉之困?

新滩古镇是因滑坡形成险滩而发达起来的，此地人多数出任“领水员”，即指导过往船只绕行激流、通过险滩，部分人靠拉纤为生，很多人家在明清时就起了大屋，至清末民初，形成工商业发达、一镇跨江的峡中古镇，江南链子崖边的桂林村峡江古民居远近闻名。

新滩镇后山广家崖—姜家坡一带，是个千年古滑坡，仅有史记载就发生山崩滑坡不下20余次。此地因山崩得名“新滩”，那是在汉晋时。北宋仁宗天圣4年（公元1026年），新滩滑坡就使长江断航21年。明嘉靖21年（公元1542年），新滩滑坡导致长江断航82年，《归州志》载：……山崩五里，巨石腾壅，逆浪百里，闭塞江流，压死300余人。

新滩镇江对面的链子崖，其名字似乎注定了它终生要与铁锁为伴。原来它得名只是因古人为攀山在山崖上系了一根铁链，而自明代以来，在它下面的岩层里，发现了页岩煤层，多年的乱采乱挖，链子崖基底悬空，因采空区没有回填，近年来岩基逐渐严重变形，倾向江心。

经有关部门测估，这片可能塌垮入江的危岩多达3400多万立方米，由于链子崖危岩体活动加剧，到20世纪90年代初，岸顶上已出现30多条大裂缝，长度最长的有170米，宽度在2米左右，深度达数十米，危岩体总方量达330万立方米。链子崖一旦失稳崩塌，长江面临的是又一轮断流断航，并有可能因巨大冲力，引起北岸山体连锁滑坡，据专家介绍：其迭加的能量甚至可能引发地震，从而危及三峡大坝和整个库区的安危。

1992年，国务院决定由地质矿产部组织实施链子崖危岩体工程治理。链子崖危岩体主体锚固是我国目前危岩防治工程中难度最大的地质工程，施工单位开发出了一系列的先进技术，使施工质量一次合格率达到100%。

这一重大地质灾害险情的排除，有专家称可喻之为“彻底扳开了扼三峡咽喉之魔手”，消除了三峡库区蓄水最严重的安全隐患。

1982年7月，云阳鸡扒子发生重大

滑坡。土石坠入长江河道、直达对岸，江床淤高30余米，形成了600米长的急流险滩，长江面临着断航的危险。在这危急关头，重庆工程局挺身而出，险情就是命令，我们航道人从全国各地奔赴鸡扒子，日夜奋战，经过几年的整治和无数航道人的心血，鸡扒子滑坡治理好了，现在已成为长江沿线的一道风景线，其整治成果荣获国家科技进步三等奖。

3）航标建设工程的伟大创举——长江南浏段航标建设工程

长江南浏段航标建设工程是长江有史以来，建设规模最大、国家投资最多、影响最深远的工程项目，是全国内河航标发展史上一项具有里程碑意义的重要工程；同时，它也是长江南京以下航段实现全面、安全夜航的基础工程，是实现长江江苏段航路改革即船舶定线制的重要保障。2003年5月1日至6月3日，长江南京航道局成功实施了长江南京燕子矶至太仓浏河口河段（简称南浏段）航标建设工程，打造出了长江上首条水上“快速通道”，曾被业内专家誉为“我国内河航道现代化程度最高的一段航道”；两年多的运行实践证明，397.5公里的南浏段“黄金水道”凸显黄金效益，长江航运和沿江经济加速发展。

南浏段航标建设工程共建设浮标318座、岸标48座，岸标全部建设为钢筋混凝土、玻璃钢塔型结构，其中在南京西方角、江阴鹅鼻嘴、南通狼山风景区建造了独具风格的景观岸标；航标灯光为新型LED冷光源，灯光亮度强，射程视距6公里以上，每座航标上配备太阳能电池板及雷达反射器，部分岸标上装备了雷达应答器，江阴至浏河口河段的航标还配有太阳能充电装置。

航标科技含量高、标型大、间距密、灯光亮，行轮白天可以从一标见到同侧下两标，晚上可以从一盏灯看到同侧下面三盏灯甚至四盏灯，这从根本上改变了过去“标体小、灯光弱、标志稀”的落后面貌，大型船舶特别是进江海轮通航条件得到很大改善，这是一条快速安全、在长江上科技含量最高、在我国目前内河航道中条件最好的现代化水运“高速通道”。

南浏段航标建设工程作业现场（金其祥摄）

6月26日，交通部专门在南京召开工程总结表彰会，交通部原副部长洪善祥这样评价说："航道部门的同志特别是长江南京航道局的干部职工，发扬了航道职工勇于吃苦的航标灯精神，在全国人民众志成城抗击非典的特殊日子里，提前完成了南京以下几百座航标的施工任务，取得了抗击"非典"和工程施工的双胜利，保证了新航法的如期实施，这体现了航道部门克服困难、顾全大局的工作作风，长江航道部门是一支艰苦奋斗、敢打硬仗的队伍。"

南浏段航道配套设施建设工程的创举，是全国内河航道发展史上的一项具有里程碑式的重要工程，它改变了内河航标的旧模式，创新了现代化航道航标的新理念，对我国大江大河航道建设具有示范和辐射作用，为我国航标工程建设提供了成功的范例。

五、航道测绘技术的发展

"岩石给了他们坚贞不屈的信念/大江给了他们清纯透亮的灵魂/艰辛给了他们不胜枚举的故事/田野给了他们流溢芬芳的花朵/平凡给了他们小草般的奉献。"

这是一首描绘测量队员高尚而又平凡的人生价值的诗歌，在长江，在黄河，在珠江，在界河，在祖国江河湖海的漫漫航道上，航道测量队伍用他们的信念和艰辛绘制出了一幅又一幅的锦绣航图。

（一）早期航道观测技术

江湖的水汛变化对航道有着很大的影响。早在先秦时期，我国人民不仅对水汛特征有了具体描述，且利用这种规律去指导水道的排淤实践。

古人讲："山川干涸而水位低落"时动工，并要求"取水于中"，排除淤积泥沙，增加河床容水能力，使即将到来的汛期"浊水入之不为患"。

到宋代，对水汛已作出了系统的划分。据史料记载，人们按照物候的变化，将水汛划分为：二月三月桃花水；春末为菜花水；四月末垄麦结秀变色为麦黄水；五月瓜实延蔓为瓜蔓水；六月中旬后因山水常矾腥，故称矾山水；七月菽豆方秀为豆华水；八月为荻苗水；九月重阳季节为登高水；十月水落安流，复其故道为复槽水等。这种系统的认识有助于对航道变化规律的掌握。

南宋的范成大对长江汛情与泥沙的关系也曾作过记述："荆江出巴蜀，自高注下，浊流汹涌。夏秋暴涨则逆泛洞庭，潇湘清流，顿皆混浊。岳人谓之翻流水，南至青草湖，或三、五日乃返"。这表明人们已认识到长江的汛情对两侧支流和湖泊含沙量的影响，并计算了每次洪水影响的持续时间。这些认识对掌握航道内泥沙冲淤变化规律有着重要的指导作用。

到元代时，泥沙知识已具体运用到航道建设工程上。如元代水工专家郭守敬在疏凿大运河时，对一些河流的泥沙情况曾作较详细的调查，提出引含沙量少的水流为水源的科学建议，从而使航道整治告成。“船既通行，公私两便”。实际上这种“引清避浊”的思想在北宋治理长江下游地区的人工航道上就已经出现过。

水位的变化不仅联系着人们的生活，而且直接关系到航道的好坏，从而影响着水运交通的安危。因此，认识水位的涨落现象和探索这种现象的规律，早在远古时代的人们就已着手努力，到宋代水位观测技术已达到相当水平。

水位观测从原始社会即已开始。当时筑土堤防洪水必须考虑到水位，最晚不迟于战国就采取了用固定水尺观测水位的方法。在岷江的都江堰工程中，李冰创造了观测水位变化的水则。这是以石人的肩和足分别作水位上下焦点的简单水则。此后，水位观测渐趋精确。北宋元祐（公元1087～1094年）以前，已在都江堰“离堆之趾，旧锈石为水则，则盈一尺，至十而止。水及六则，流始足用，过则从侍郎堰减水河泄而归于江”。这是一种刻画尺度为10等分的水则。到元时，据《蜀堰碑》记载：“尺为之画，凡有十一，水及其九，其民喜；过则忧；没其则困”。这种有尺度刻画的水则，比以前的水则在精确度方面大大地提高了一步。大致在岷江上采用较精确的水则后不久，长江下游的太湖地区也树起了“吴江水则碑”。它的左水则碑是为观测记载各年的特殊水位变化，其中已刻有“大宋绍熙5年（公元1194年）水到此”的水位记录。右水则碑则是为观测记载年内各旬各月的水位变化。

在长江流域内，水位观测除上述两处外，还有许多其他水位观测形式和方法。如长江三峡的瞿塘峡上口航道中有座著名的险礁滟滪堆，它长约40米，宽10至15米，高26米，如同一栋高楼横立江心，卡三峡航道。由于此段航道旋涡千转，流态紊乱，数千年来，无数的舟船在此触礁而毁。对这样的拦路虎，古代船夫经长期的实践摸索，将这有害之物发挥出有益的作用，以它露出水面的大小作为观测三峡航道水位变化的天然水尺。在宋之前即相传着关于它的识别水位标志的助航谚语。船夫航行到瞿塘峡口，不论是中、洪水季节，还是枯水期，只要一看滟滪堆，即可知峡内水情。谚谓：“滟滪大如象，瞿塘不可上；滟滪大如马，瞿塘不可下；滟滪大如牛，瞿塘不可触；滟滪大如鼠，瞿塘不可窥；滟滪大如鳖，瞿塘行舟绝。”

据近人的调查考证结果，历史上散布在长江干支流各地的有关洪水的零星题刻总计约近千处，其中大量是古代的。现存以四川涪陵县白鹤梁枯水题刻群为最著名。它在长江南岸涪陵县的白鹤梁沙岩上刻上石鱼图为水标，在石鱼周围共镌刻了唐、宋以来的72个枯水年。它充分证实了我国至少在距今1200年前就已创立了较高水平的水位观测技术。

（二）近代测绘技术在航道管理中的应用

公元1832年，英国东印度公司的“阿美士德”轮首航上海时，就对长江口及黄浦江水道进行了试探性的勘测。鸦片战争期间及其后，又多次对长江中下游航道进行了较为详尽的勘测。在此基础上，陆续刊行了一批长江水道图，这些新式海图的科学性与实用性在其后的一段时间内，居国内领先。

英国刊行的首批长江海图。公元1842年，第一次鸦片战争时，侵入长江的英国舰船测量了南京以下河段，并设立过临时的航标。他们将勘测所获的大量航道资料及草测图保留下来，为后来英国舰船进一步入侵长江中游和绘制航图提供了依据。第一批刊行的是“南京至东流”，“东流至汉口”的下游航行图。据1919年出版的英海军海图第2695号《中国扬子江第三幅东流—汉口航行图》所记，其第一版是于公元1859年10月10日，由英国海军海道测量局在伦敦出版。由于公元1858年以前及以后的两年内，除上述舰船外，没有其他舰船上驶至汉口，因而这批航行图就是下游，乃至全国内河最早的航行图，是近代航道测绘技术在我国内河应用的开始。

早期的航道测量

长江上游水道图的测绘。19世纪60年代末，当长江还只开放到汉口时，英海军开始了对川江的测量。19世纪末，法国人谢瓦利埃（R.P.S.Chevalier S.J）于公元1897年11月至公元1898年3月测量了宜昌至宜宾上游屏山间的长江上游河道，绘制成1/25000的《上江图》（共64幅），也叫《长江上游宜昌至屏山水道图》。从这套图的内容来看，可算是用近代测绘技术测绘的长江上游第一套水道图，其主要的不足是缺滩险及礁石资料。

川江新水尺（陈宝平摄）

水位观测。19世纪60年代初期，行轮逐渐增多，为便于行轮者掌握水位涨落从而推算航道水深，保障船舶航行安全，海关开始了水位观测工作，并及时向行轮提供水位信息，作为行轮推算航道水深及确定船舶载货多寡的依据。公元1862年，江海关在吴淞设立一个指示潮位的杆标，以供行轮参考。公元1865年1月，江汉关率先设立汉口水尺，记录每日水位。由于中游以上江水涨落明显，变化较大，故江汉关水尺设立以后，行轮受益匪浅。公元1877年宜昌关设立后亦埋设水尺，开展水位观测。以后长江沿线的芜湖、镇江、重庆、沙市等关均先后设立水尺，水位观测工作逐步形成制度，成为助航工作的一部分。

但在20世纪以前，各地水尺尚无统一的基面，都是以当地的最低水位作为水尺零点。至1900年，海关才在吴淞信号台定了第一个水准基面。吴淞信号台位于黄埔江吴淞口上游的张华浜江边，距吴淞口约2公里左右。该站设于公元1860年，配有信号杆及水尺。1900年，吴淞零点制定后，沿江水位高程才有了统一的基面。

（三）现代航道测绘技术

航道测绘技术是随着测绘仪器进步和经济的发展而发展的。它经历了由人工、半自动和全自动的发展过程。

新中国成立初期，航道测绘仪器十分简陋。光学经纬仪只有1秒级和少数20秒级两种，大部分为双游标读数；水准仪为S10型，测深定位仪器以平板仪、六分仪为主，水深测量大部分用测深杆和测深锤。20世纪60年代，随着国民经济的发展，国家加大了对航道事业的建设投资，航道测绘仪器也逐渐得到了部分改善，各测量队配备了一定数量的较为精密的经纬仪和水准仪，单频测深仪也在各测量队得以应用，工作和生活条件得到了一定的改善，测绘人员的技术素质也得到了提高，但测绘作业方式没有根本改变。

20世纪七八十年代，随着计算机技术、空间技术、信息处理技术、电磁波测距、电子经纬仪测角技术以及全站仪技术的普通应用，航道管理部门先后引进了一批当时较为先进的测量仪器，给平面、高程控制测量手段和方法带来了一次大的飞跃，提高了工作效率。

1984年，国内先后成套引进了美国MOTOROLA公司生产的Mini-RangerⅢ/MRDP微波定位系统，德国的SVSY30/11型扫测系统和SVSY30FE/16型便携式航道测绘系统。美国MOTOROLA公司生产的610、620型DGPS测量系统和武汉实用勘测高技术开发公司的SY-118型工程测量全功能GPS定位系统，实现了定位、数据传输和数据处理的全自动化，使航道测绘工作从过去的劳动密集型变为技术密集型，提高了测绘工作效率和成果质量。

水深测量是航道测绘中工作量大而且频繁的工作。20世纪50年代初，仅有MS10型测深仪，60年代，内河开始普遍使用JQC-30型、50型和NH-1型、NH-2型晶体管回声测深仪，逐步开始淘汰测深杆和测深锤。但这些仪器稳定性差、精度低。70年代，我国开始从国外引进DE-719型等测深仪，测深精度有了一定的提高，但其维修服务有一定的依赖性。80年代，成功研制了SDH-13型测深仪，适用于我国内河测量，其技术指标、稳定性均达到国外同类产品水平，结束了精密测深仪完全依靠进口的局面。

GPS C、D级控制网测量。以长江航道局为例，其原有测量控制网皆为各辖区勘察（测量队）处通过常规测量方法分段观测和局部加密而完成的，测量成果精度不均匀；另外受1998年特大洪水的水毁作用，原有的测量控制点保存不完整。为此，他们积极探索并实施了“长江干线航道测量设施及设备建设一期工程”和“长江三峡工程库区干流航道专项设施复建工程”，完成了两段工程的GPS C、D级网建设工程。

先进的测量仪器得到广泛运用（隗传学摄）

建设的三峡库区三等水准网、GPSC和GPSD级测量控制网，测量手段已经完成从传统光学测绘向数字化测量的转变，正努力朝信息化测量发展。航道水深测量完全采用GPS配合数字式测深仪进行，实现了野外测量数据的远程传输，数据采集和数据处理同步；工程测量采用全站仪为主，双频GPS配合模式；航道原型观测和科研分析测量，将GPS测量技术应用到流速流向测量和固定断面测量中。尤其是在内业数据处理方面实现了根本性变革，实现了不同格式数据的集中处理，尤其是针对葛洲坝枢纽航道和三峡库区深水航道，在数据处理中编写了专门的程序，大大提高了工作效率，保证了测绘产品的质量。自主研制开发的《河床信息系统》软件，将内业数据处理、河床演变分析和测量资料管理融为一体。该软件着眼于葛洲坝枢纽的运行和三峡大坝的兴建，三峡大坝库区、两坝间、葛洲坝下游三种不同特征的航道，针对国内外同类软件尚未解决的问题，在建立数学模型的基础上，深入进行数值分析方法、数据结构和图形生成等新算法研究，独立开发完成，解决了航道制图中的数据处理、图形生成、编辑和绘制问题，实现了航道河床信息的系统化管理，并在此基础解决了河床演变的计算机辅助分析问题。

测绘技术的现代发展表现为对空间数据的测量、分析、管理、储存和显示的综合研究。这些空间数据来源于地球卫星、空载和船载的传感器以及地面的各种测量仪器。人们通过信息技术，利用计算机的硬软件对这些空间数据进行处理和使用。这些高新技术直接支撑着测绘学的发展，它们既改造了传统的测绘学科，又赋予它现代化的内涵。

经过近10年我国测绘等部门的使用表明，GPS以全天候、高精度、自动化、高效益等显著特点，赢得广大测绘工作者的信赖，并成功地应用于大地测量、工程测量、航空摄影测量、工程变形监测、资源勘察等多种学科，从而给测绘领域带来一场深刻的技术革命。随着全球定位系统的不断改进，硬、软件的不断完善，应用领域正在不断地开拓，目前已遍及国民经济各种部门（农业、林业、水利、交通、航空、测绘、安全防范、军事、电力、通信、城市管理），并开始逐步深入人们的日常生活。由于GPS相对定位的作业效率、作业成本等方面的缺点，现今出现了非差精密单点定位技术，我们国家也提出了相位非差和伪距两种精密单点定位方法，开展了连续运行的GPS基准站网系统（简称CORS系统）建设。系统的建立不仅可以大大提高测绘精度、速度与效率， 降低测绘劳动强度和成本，节省测量标志保护与修复的费用， 节省各项测绘工程实施过程中约30% 的控制测量费用，也可为地区诸多领域如气象、车船导航定位、物体跟踪、公安消防、测绘、GIS应用等提供精度达厘米级的动态实时GPS定位服务，从而极大地加快地区基础地理信息的建设。这也是GPS定位技术在航道测绘技术发展的一个重要方向。

摄影测量进入“全数字化”时代，为摄影测量的发展开辟了广阔的前景。随着数码相机的广泛使用，数字近景摄影测量系统在航道地形图测量和工程建设中将发挥重要作用。当代遥感的发展主要表现在它的多传感器、高分辨率和多时相特征上。另外，激光断面扫描仪是目前研制的热点之一，可直接用于测定地面高程，从而建立数字高程模型。雷达干涉测量和差分干涉测量是当代遥感测量的重要新成果。我国已建立了各种国家级遥感卫星数据接收和服务系统，承担着对卫星资料的接收、处理、应用和存档服务任务。由于遥感卫星能长年、周期、快速地获取影像数据，为空间数据库和地图的更新提供了最好的手段。此外，遥感技术还可以为航道测绘提供断面图、地形图以及水文要素等信息。地图制图已进入数字（电子）制图和动态制图阶段，并且成为地理信息系统的支撑技术。

随着我国内河、沿海港口航道建设的发展，实现对航标遥测、船舶航行等的动态跟踪和监控非常重要。将GPS接收机安装在航标或船舶上，能实时获得被监控航标或船舶的动态地理位置及状态等信息，并通过无线通信网络将这些信息传送回监控中心，监控中心的显示屏上可实时显示出目标的准确位置、速度、运动方向、船舶状况等用户感兴趣的参数，并能进行监控和查询，方便船舶的调度管理，提高航道维护或运营效率，确保航标正常和船舶安全。如果发生意外，也可迅速给予救助。利用GPS和船舶监控系统也可对航道上的船舶连续、高精度实时定位导航，有助于船舶的精确航行，节省时间和燃料，避免船舶碰撞。

当代GIS在技术方面的进展主要表现在组件GIS、网络GIS、多维动态GIS、移动GIS和地理信息共享与互操作等方面。GIS在许多方面都有广泛应用，凡是与地理空间位置有关的领域都可应用GIS。在航道测绘中，它主要应用于两大方面：地理分析和空间信息资源的管理与应用。目前，我国自主研发的CWA2000水道演变分析系统属于地理分析，主要用于航道科学研究和辅助决策方面；而电子航道图系统、航标遥测监控系统、航道维护管理信息系统等属于空间信息资源的管理与应用。

先进的激光探测技术、空间定位与导航技术、计算机技术、网络技术、通信技术、数据库管理技术以及图形图像处理技术，使航道测量的仪器和测量方法逐步自动化和信息化，航道测绘工作逐步向着信息采集、数据处理和成果应用的自动化、数字化、网络化、实时化和可视化的方向发展。

六、“数字航道”的兴起

自从1998年阿尔·戈尔“数字地球”概念的提出，一时间全球以“数字”为开头后面跟随不同名词的概念层出不穷，如“数字中国”、“数字地球”、“数字交通”及“数字航道”等。

（一）“数字航道”的含义

“数字航道”就是通航水道电子航道图及航运相关信息的数字化，通过先进的网络技术、遥感遥测技术、地理信息系统、通信、计算机模拟等多种技术对航道业务流程、各类航道信息变化进行实时动态监控管理。

“数字航道”是利用现代电脑网络、数字通信、卫星定位、GIS等技术手段，并整合航道的各种资源，实现内河航道维护管理的信息化、科学化、智能化，对内它提供航道演变的预测、航道维护辅助决策等全新管理方式，对外提供电子航道图、航道通行公共信息等信息服务，它是实现内河航道跨越式发展的综合性的系统工程。

“数字航道”主要包括电子航道图系统、航标遥测遥控系统和系统支撑平台三大部分，应用和服务于航道维护管理、内河船舶导航和船舶动态监控等领域。其核心主要涵盖于以下两个方面：

（1）航道信息资源数字化的实现。其中包括：河床数据、航道尺度、航道演变、水文数据、航标及其他助航设施、水位变化以及历史演变资料等信息的自动化采集、分析、处理以及数字化模型的建立等。它是航道管理区域和管理对象的数字化实现，也是实现数字化航道的基础性支持体系。

（2）航道管理与服务体系，也就是航道管理活动的数字化的实现。即在航道信息资源数字化的基础上实现维护、管理与建设等诸方面的应用并针对航运、港航管理以及长江航道自身的维护管理的实际需求，借助交互式的信息发布网络平台实现全方位、全天候的数字化、可视化的远程服务体系，从而大幅度提高长江航运的经济效益和社会效益。

“数字航道”具有以下特点：

（1）具有可视化的航道数字模型；

（2）包含丰富的航道信息资源；

（3）对客观实体反映的即时性；

（4）具有内部管理与社会服务双重性功能；

（5）数据处理方式的多样性。

“数字航道”的基础是信息化。航道天然河床演变剧烈，航道基础数据量浩大，信息数据传输的时效性至关重要。信息化技术的应用，是提高航道管理和技术水平的重要途径，也是当前社会发展的必然趋势。

（二）“数字航道”的探索

航道信息化工作，基本起步于20世纪80年代中、后期。限于当时的条件，计算机仅作为一种新的计算工具用于测量数据、工程量计算，其着眼点仅限于减轻工作强度，提高计算速度和准确性，从这一点看，尚不能进入航道信息化的概念之中，但作为信息化的核心技术，计算机的应用却悄悄地进入了航道维护与管理工作并逐渐显现出作用。从表面上看，计算机的简单应用仅仅使我们丢掉了计算尺、打字机等传统的工具，但在实质上却不仅大幅度提高了工作效率和作业质量，更使一大批航道工作者掌握了计算机的基本应用技术，从而为航道朝着信息化的方向迈进打下了一个基础。90年代后，在计算机设备非常简陋、成熟软件极其缺乏的条件下自行开发了一些局部应用程序，从而使计算机应用逐渐向着信息化管理的方向艰难迈进。

自1998年开始，南京航道局上海航道处率先开展了以航标遥测监控为主要应用目的，以地理信息系统、卫星定位系统以及无线通信技术为支持平台的电子航道图、航标遥测监控的试验研究并于2001年取得了突破性的进展。这项成果为实现为基础数据的采集自动化提供了实用性解决方案，同时也在技术应用上取得了宝贵的经验。

2006年交通部作出了“建设南浏段智能航运示范工程”的决定。

长江航道局根据形势发展的需要组织力量对长江“数字航道”进行了专门的研究，编写了《长江“数字航道”概念设计研究报告》，该报告首次提出了长江“数字航道”应实现长江航道信息资源数字化和长江航道管理与服务体系数字化的观点，并对其进行了概念性的描述。同时，在建设思路上将信息化的建设目的由仅限于内部管理水平的提高到航道信息服务于整个社会航运体系的更高层次，使航道信息化工作进入了一个全新的视野，为长江航道的数字化、信息化勾绘出一幅广阔的蓝图。

2005年，长江（江苏段）数字航道示范工程、长江航道信息化建设二期工程等更大规模的信息化建设工程前期工作开始启动。其中长江（江苏段）数字航道及智能航运示范工程是在交通部统一规划下，充分利用计算机信息处理、通信、导航以及DGPS技术进行集成化建设，在长江江苏段率先建设数字化航道的示范性工程。该工程建设包括电子航道图系统、航标遥测遥控系统、系统支撑平台3个系统。被列入全国交通建设示范工程。2008年9月8日，新华网报道称，在南京至浏河口369.5公里的长江上，航道图实现了电子化，航标实现了遥测遥控，水位实现了遥测遥报，航道信息发布实现了实时发布。

长江航道信息化建设二期工程以建设连接长江干线航道各二级单位的信息网络平台以及必要的航道基础数据库为主要内容的基础工程。该项工程的实施将为长江航道信息的传输与处理乃至全面建设长江数字航道提供了基础性的数据网络平台。

数字航道建成后，大幅提高了长江航运安全系数，便于加强长江运输船舶的管理；减轻了航道工人劳动强度，有助于提高航道维护管理质量；实现了长江航务信息资源的整合、共享；进一步挖掘出长江航道的通航潜力，数字航道的建设是长江黄金水道迈向现代化的重要标志。

如今，航道管理人员坐在监控室里，只需点击鼠标，就能通过航标遥测监控系统对百公里外航标的偏移、航道状况、航标灯的明暗状态等一目了然。航标遥测监控系统主要是利用GPS全球卫星定位系统、GSM数字移动通信技术、GIS地理信息系统和计算机网络等现代技术，实现对航道的24小时远程实时监控，漫长航道浓缩于小小一方荧屏，实现了人类航道管理史上的一次巨大飞跃，为数字航道的建立构筑了基本轮廓。

"数字航道"将改变航道维护管理的模式，改善航道的通航条件，提高航道的通航能力，并能为其他港航单位和社会提供航道信息服务，它的社会经济效益是明显的，它的实现必将为"智能航运"奠定坚实的基础。

"数字航道"的蓝图已经绘就，必将在祖国的江海流域实现，发挥极大功能！

（三）航道展望

党和国家领导人高度重视水运工作。2007年，国务院总理温家宝做出了"长江航道建设要加强"的重要批示。《全国内河航道与港口布局规划》、《全国内河航运发展战略》、《长江干线航道发展规划》、《西部地区内河航运发展规划》、《促进中部地区崛起公路水路交通规划纲要》、《长江三角洲高等级航道网规划》、《长江三角洲地区港口建设规划》、《全国内河船型标准化发展纲要》和《长江船型标准化实施纲要》、《"十一五"期长江黄金水道建设总体推进方案》等一系列规划将逐步得以实施。

我国将加大科研投入，增强自主创新能力，提升航道建设科技含量。围绕交通运输部提出的建设创新型行业总体目标，开展航道行业创新工作。深入探索研究土地、岸线、能源和建筑材料等科学合理利用的有效途径，强化创新意识，引进航道工程设计全寿命周期成本的理念。重点开展通航河流信息化、数字航道、航道安全保障及航道整治技术等重大专项攻关和重大项目研发。交通运输部将加大科技开发资金投入，支持黄金水道建设中重大项目和关键技术的研究，如水运资源保护、航电枢纽关键技术、高坝通航、航道整治技术、疏浚土利用等方面技术研究。加强对疏浚工程技术的总结和水运

工程结构耐久性研究，进一步加大西部科研成果以及新技术、新材料、新工艺在工程建设中的应用和推广力度，增强航道建设的自主创新能力，促进创新型行业建设，加快航道行业由传统产业向现代产业的转型进程。

到2020年，我国航道事业将实现现代化，基本适应国民经济社会发展需要，为经济社会全面协调可持续发展提供高效、畅通和有竞争力的航道服务。航道的优势将得到充分体现，黄金水道的作用将得到充分发挥。

第五章　航道的地域文化

一、自然地理环境与航道文化的形成

（一）风情各异的航道

唐朝的浪漫主义诗人李白曾激情万丈地吟诵道“黄河之水天上来”，其实，按自然科学解释，所有的江河之水都来自于大气环流，在这个意义上说，无论是奔腾不息的江河，还是涓涓细流的溪沟，都是从天上奔涌而来。但因自然地理环境（即气候、水文、地貌、生物和土壤）的不同，被人们开发利用作“水可载舟”的航道时，各地航道又呈现出不同的特点。

就拿长江来说，长江由河源到河口横跨中国地形上的三级巨大阶梯，穿过不同的地质构造和岩层，沿途接纳支流的汇入，对长江的河谷形态和水流特性产生不同的影响。按水文、地貌特点把干流划分为上、中、下游三段：从河源至宜昌市为上游段，宜昌市至湖口为中游段，湖口以下为下游段。长江在上游穿过青藏高原、云贵高原、四川盆地

川江航道高峰夹峙，江面狭窄曲折（来自长江航道局）

和川鄂山地，先后接纳了雅砻江、岷江、沱江、嘉陵江、乌江诸水，形成坡度较大而水流湍急的峡谷型河段；中游流经两湖平原，两岸地势低洼，湖泊密布，又有洞庭湖、汉江、鄱阳湖三大水系注入，则变为河道宽阔、水流较缓而水量浩瀚的平原型河段；下游通过皖苏平原，河道放宽，但无大支流汇入，且受海潮顶托，成为平原感潮型河段。这不同的河段，如网的支流，多样的地形，便构成了长江流域多姿多彩的地貌。

上游段。上游河段横跨两个地形阶梯。长4529公里，占长江长度72.0%。流域面积100.6万平方公里，占流域面积的55.6%。上游的沱沱河和通天河(从囊极巴陇至巴塘河口)，河流流行于第一阶梯——青藏高原腹地内。因在高原顶部，河谷开阔，河槽宽浅，一般河宽300至1700米，河道蜿蜒曲折，水流缓慢散乱，汊流很多。从巴塘河口到宜宾称金沙江，是第一至第二阶梯的过渡地段，这里地形突变，山高谷深，除局部河段为宽谷外，河流穿行于峡谷之中，比降大，河水湍急。到云南石鼓以下，突然转向东北流，著名的虎跳峡就在石鼓以下35公里的地方。峡长16公里，最窄处仅30米。出虎跳峡后、穿越云贵高原北部，到四川省新市镇以下进入第二级阶梯，在宜宾附近汇集了岷江之后，才称长江。江水经过一路的奔突跳跃，斩关夺碍，似已精疲力竭，到了宜宾突然放缓了脚步，收敛了野性，变得温顺了许多。

四川宜宾以上的河道只是地理学意义上的长江，作为航道，在技术上一般应符合这样几点要求:航道应有与设计通航船舶相应的航道尺度，包括深度、宽度和弯曲半径；流速和水面比降不能太大，流态不能太乱;跨河建筑物如桥梁、电缆等都应符合水上净空要求。所以，对航道通常的解释是“在水域内供船舶及排、筏航行的线路”，航道是水运的基础，可分为天然航道和人工航道（如运河）。

长江干线航道的起点是宜宾合江门，宜宾合江门到宜昌中水门被惯称川江。长1030公里。其中重庆以上的370公里称上川江，蜿蜒于四川盆地南部边缘低丘地带，接纳岷江、沱江、嘉陵江等支流后水量倍增。重庆以下660公里称下川江。下川江穿过著名的三峡，这里两岸高峰夹峙，江面狭窄曲折，江水汹涌湍急，泡漩翻滚，江中暗礁密布，险滩交错。按《南宋文范》说：蜀江号天下之至险，与其他水路大不相侔，瞿塘，滟滪及诸恶滩，密如竹节。船驶峡中，真有“峰与天关接，舟从地窟行”（清代何明礼诗）之感。

九曲回肠的荆江河段（来自百度百科）

中游段。长江出三峡从宜昌以下，进入第三级阶梯的长江中下游平原，江面展宽，水流缓慢，河道弯曲。长927公里，占长江长度14.7%。流域面积67.9万平方公里，占流域面积37.6%。其中，从湖北的枝城到湖南城陵矶一段，长约420公里，因古代为荆州地区，所以取名为荆江。荆江又分为上荆江(枝城至藕池口)和下荆江(藕池口至城陵矶)两段。中游两岸湖泊众多，江湖相通，构成庞大的洞庭湖和鄱阳湖两大水系。长江接纳两大水系以及直接入江的支流来水后，水量猛增一倍以上。在这样的水文条件下，使得长江中游航道浅险水道众多，河道迂回曲折，弯道多，河势不稳，浅滩变化复杂，其中下荆江素有“九曲回肠”之称。中游历来是长江干线枯水期航道维护工作的重点和难点所在。

下游段。长江在江西湖口接纳了鄱阳湖水系后，便进入下游河段。长江下游江阔水深，是长江水量最大的河段，受潮汐影响比较强烈。长江下游干流属于相对稳定的分汊型河流，江心洲既多又大，把江流分为许多并列的二支、三支乃至四支、五支汊流。从镇江开始，长江进入三角洲河段，其中江阴以下为河口段，江面不断扩张成喇叭状，江面宽由1.1公里逐渐展宽到5公里以上，南通附近江面宽约18公里，长江口南北两岸之间的江面宽接近100公里，是一片江海难分的景象。由江水带来的泥沙进入河口区，河水与海水混合，发生絮凝作用，引起泥沙下沉，在长江口形成许多沙洲，如崇明岛和长兴、横沙等岛。长江下游航道是长江"黄金水道"中最繁忙的航段。该段航道的特点是江面宽、风浪大、进江海轮多，船舶密度大、维护难度高。

黑龙江最大的支流松花江是满语"松阿里乌拉"的转译，就是"天河"的意思，把松花江比作从九天落到地上的天河，概括了它的宽广绵长、富饶美丽和神奇风光。黑龙江水系地处中纬度寒温带、欧亚大陆的东岸，属大陆性季风气候，冬季气候寒冷干燥，夏季高温多雨，春秋两季气候多变。年平均气温1℃，年温差高达38℃至48℃。大界江——黑龙江，是世界上最长的界江，在中国境内就畅流1890公里。几千年来，这里没有被大面积开发，两岸植被完好，江水纯净，是世界上为数不多的无污染河流。在经济建设如火如荼的年代，黑龙江就像清纯的少女，给人一种淳朴自然的原始美。黑龙江水系航道结冰期达半年之久，是我国结冰期最长的一条航道，一般在11月中旬封冻，翌年4月下旬冻河才解体。冰层解体破裂后，形成极为壮观的景象。一排排冰块互相追赶，向下游漂流，当地称为"跑冰排"。厚厚的冰块，大小不一，大者可达数百甚至上千平方米。众多的冰块互相拥挤碰撞，发出巨大的响声，此起彼伏，震响回荡。冰排一般在10至20天才跑完，有时达一个月以上。有一年开江，松花江凌汛以迅猛的态势到达佳木斯区段，汹涌的冰排把佳木斯航

繁忙的下游航道（金其祥摄）

松花江上"跑冰排"（梁金龙摄）

道分局的所有船只死死地围住。有的船栏杆被撞断，有的船整个被挤到江堤上，发生严重的倾斜，大量的浮鼓和排泥管受到严重损坏，沉入江底。面对凌灾，佳木斯的航道职工紧急动员起来，展开了炸冰施救。每年封江前航道部门都要对遍布江上的导航用具和设施进行整理和回收，封江后对航道工作船艇全面冬修。

长江、黑龙江航道是天然形成的，而京杭大运河是世界上里程最长的人工运河，从开凿泰伯渎算起，迄今已有2500多年历史，是世界上开凿最早的运河。大运河的开通改变了中国的地理环境，打通了中国东南沿海和华北大平原的水上运输通道，进而形成了一个南北东西全方位的水上物流网。航道运行需要有足够的水源和稳定的水流，而运河本身无源，不能构成独立的水系，这就使得大运河冲积扇镶嵌交叠，地面起伏，给运河保持载船的水量带来困难。例如，黄河冲积扇与发源于鲁西、鲁中南山脉的河流冲积扇相互交叠；太湖是个沉降区，吴江城南方塔之顶与海宁坝水面相平，由于复杂的地势而产生的水位差，运河必须建造众多船闸才能通航。20世纪著名史学家、国学家钱穆说过“迄于清代，莫不以人力强河流。河水日失其性，遂溃决不已”，而“以人力强河流”的代表作就是大运河。在这样的自然地理环境下开掘的运河，无论是建设还是以后的维护、管理都十分困难。

苏南运河苏州吴江段（江苏省航道局供图）

（二）各具特色的航道文化

“茫茫九派流中国，沉沉一线穿南北”，毛泽东《菩萨蛮·黄鹤楼》大气磅礴地指点江山，礼赞江河。确实，我们有理由为世世代代滋润着神州大地，养育了炎黄子孙的江河湖泊而骄傲、而心存感戴。中国水运资源十分丰富，海岸线长18000多公里。流域面积在100平方公里以上的河流有5万多条、总长43万公里，大小湖泊900多个，为发展内河航运提供了优越的自然条件，内河航运主要分布在长江、珠江、淮河、黑龙江等水系。一方水土孕育一方文化。不管是自然航道还是人工航道，其形成和发展离不开一方水土的孕育或影响，这个“水土”就是环境。自然环境是社会环境的基础，而社会环境又是自然环境的发展。人类是自然的产物，而人类的活动又影响着自然环境。航道也在人与自然千百年来的互动之下积淀了厚重的航道文化。

不同社会结构、地理环境、民俗风情习惯、政治经济状况，形成、孕育了不同特质的航道文化。仅就长江而言，上中下游航道的自然风貌、历史积淀、人文精神、航道状况、维护特点都有不小的差别。

长江上游航道地处峡江，大自然的鬼斧神工造就了这里的钟灵毓秀、神奇古朴。这里的群峰，重岩叠嶂，峭壁对峙，烟笼雾锁；这里的江水，汹涌奔腾，惊涛裂岸，百折不回；这里的奇石，嶙峋峥嵘，千姿百态，似人若物；这里的溶洞，奇形怪状，空旷深邃，神秘莫测……大山大川赋予了川江儿女山一般性格，水一样的灵性，男儿热情似火而又坚韧豪迈，女儿柔情似水而又英气勃勃。在滩急水险，从古到今都是联结巴蜀与外界交通的黄金水道上，川江人不畏艰险，搏风击浪，勇不停歇地开拓航路。据明人王士性《广志绎》记载：“蜀江篙师，其点篙之妙，真百步穿杨不足以喻，舟船顺流，其速如飞，将至岩石处，若篙点去，稍失尺寸，则迟速之顷，转手为难，舟遂立碎。故百人之命，悬于一人。上者尤可牵船，篾名曰为火丈，长者至百丈，人立船头，望山上牵船人不见，止以锣声相呼应而已。”几句话，就把川江船工的行船技术，描写得出神入化，但也并不夸张。《宋史·张秉传》说：宋太宗太平兴国年间，转运副使张秉曾组“威棹军”，来加强他们的行舟训练，“先是土人罕习舟楫，取峡江中竞渡者，给漕运役，

竹槁冲滩（长江航道局供图）

覆溺常十四五，张锷建义置威棹军，分隶勾管，自是无覆舟之患”，“威棹军”有点类似川江的海军。顺便说说宋太宗时，为了确保汴河的畅通，北宋朝廷在汴口设立了“勾当汴口”的专职官员，常年负责在河口“均调水势”，以保持河道6尺的水深，使漕船畅通无阻。在汴河沿线还设有“提举汴河堤岸”的官署、官员，负责汴河堤岸的防护和河道的疏浚；又“遣禁兵三千，沿河防护”（《宋史·河渠志》）。这说明航道在古代的重要性和维护的艰巨性，国家惟有设专职官员并动用军队的力量才能确保漕运生命线的无虞，航道的畅通。

大自然的熏陶、险恶的环境，练就了川江人一种顽强、坚韧和剽悍的性格，他们以勇猛、善战著称。在古代川江生活的主要是巴人，巴人的军队参加周武王讨伐商（殷）纣王战争，总是一边唱着进军的歌谣，一边跳着冲锋的舞蹈，勇往直前，古代典籍之“武王伐纣，前歌后舞”。至今流传于广安区、渠县、华蓥市的巴渝舞、云童舞，仍保留着巴人“前战后舞”的遗韵。

传至近代，川军在抗战中以硬战、血战闻名，有一川军将领作诗赞川军的英勇顽强：男儿立志出夔关，不灭倭奴誓不还，埋骨何须桑梓地，人生处处有青山!看一组数字就会使我们对大山大川养育的儿女肃然起敬：抗战期间前后出川300万兵员，共64万余人伤亡，川军抗战将士伤亡人数约为全国的1/5。无独有偶，川军最大的荣誉，应该是抗美援朝。虽然没有一个部队是起源于四川的，可四川的牺牲是3万多人，竟然是牺牲最多的地方省份。在上甘岭，可以说正是川籍将士的英勇顽强，把阵地死死的守住让美军感到无能为力。

如果说战争年代是英雄主义年代，崇尚“男儿何不带吴钩，收取关山五十州”（唐·李贺《南园》）的英雄主义精神，而在今天和平安宁的长江航道上，川江的航道工人赋予了英雄主义以新的内涵，那就是“宁愿自己千般苦，不让行轮一分难”。

毛泽东同志视察长江时曾赞叹道：航道工人是无名英雄。是啊，航道工人长年累月攀悬崖绝壁，守孤洲野滩，所从事的工作只有“天知、地知、你知、我知”，没有埋头苦干、默默奉献的精神，怎能在“万径人踪灭”的深山峡谷里“献了青春献终身，献了终身献子孙”。

川江航道工人一生都是在深山峡谷中攀悬崖走峭壁度过来的。三峡两岸地势险峻，而规定设立航标的位置，往往就在最难上的悬崖边。20世纪五六十年代三峡航道上的岸标，既庞大又笨重。几米高的木头，钉上顶标、视距板、脚方，重的有50多公斤，要端端正正地竖立在悬崖上，挂上10多公斤的大煤油航标灯。“金盔银甲峡”的“老鼠处”，就是这样一处标位。航道工绕到高崖上往下爬，先扒开藤萝荆棘，用牙咬住绳子套好的航标灯，脚蹬住岩石上微微凸出的部位，双手扣紧依稀可触的石缝，一步、半步地往下挪动。紧咬住的牙齿酸胀生疼，身上的汗水洒在岩石上，从近10米高的崖上爬了下去，将航标灯放在准确的位置，然后用累得颤抖的手划燃火柴，挡住呼呼吹来的江风，点燃航标灯。巫峡有一处著名的危险标位叫“碟子大个天”。悬崖似刀削斧砍，岩石深凹，岩壁如磁盘光滑，攀登设标十分困难。每次移这座标航道工需身背绳索，用爪钩钩住上面的固定位置，然后脚登岩石，手抓竹竿，一步一步往上爬，爪钩脱落人摔下来是常有的事，一些老航道工都摔出了经验。在下摔的那一瞬间猛蹬岩壁一脚，将自己的身体抛入江中，以此避免身体碰在岩石上，航道人把这戏称作“峡谷安全摔跌法”。在洪水期峡江水陡涨陡落，昼夜之间涨落达10几米，甚至几十米，一个站要移动三四十座标志，每座标志都带有二三百斤重的石锚，每天都工作10几小时，劳动强度之巨，时间之长，是业外人无法想象的。“无名英雄”的艰辛无人所知，“无名英雄”的孤独更只能由自己吞咽。在川江天险峡谷中的信号台都建在半山腰的悬崖峭壁上，信号工就要克服由于几乎与世隔绝而带来的单调、枯燥和无边的寂寞。周围的山里没有一户人家，他们每天特别盼望来往的

口衔煤油灯（长江航道局供图）

船多一点，那样在无线电里可以多听到一些人的声音。他们常年不见人，反应也迟钝了。常人难以忍受的信号台生活，一个生机勃发，憧憬美好的花季少女如何熬得了这晨钟暮鼓、青灯古佛般的岁月？1983年，18岁的谷秀全女承父业来到白沙坡信号台，成了一名普通的信号员。

当谷秀全来到白沙坡时，刚参加工作的兴奋劲一下子全没了。这里地处荒凉、偏僻的长江峭壁之上，前不着村、后不着店，没有照明电，没有生活用水，就连柴米油盐也要走几公里路再坐小木船过江到小镇上去购买。信号台24小时都要有人值班，“每天周而复始重复地干着拉信号、用无线电话与船舶联系、观察江面上的船舶等简单而枯燥的工作，特别孤独难耐”，“白天还好说，晚上就特别难熬，”谷秀全说，“江水哗啦哗啦响着，江面上的风呼啸着，外面黑漆漆一片，对面山崖就像形状各异的怪物，看着看着就仿佛动了起来，突然不知哪儿传来一声动物的怪叫，心能被揪起!”谷秀全还要面对比常人更多的障碍和困难。小儿麻痹症使她左脚残疾，提蓄电池，别人提两个只用20分钟，别人挑一担水只需20分钟，而她挑半担就要1个小时。

“记得第一次到小镇买米，为赶过江小船，天未亮就起床向江边进发，但出门不到10分钟就摔了一跤，跌得满身是泥，我伤心地哭了，只想快点回到父母身边。”谷秀全回忆说，那个时候，每当夜深人静时都反复问自己：“我的选择对吗？残疾人能干好信号员工作吗？”

谷秀全是在信号台出生的，和信号台有着不解之缘。在彷徨和犹豫之时，原来父亲跟她讲过的许多无名英雄的故事，现在在她脑海里都鲜活起来。想到航道父辈们的形象，来台时领导的关怀、鼓励和期望，张海迪的精神，以及自己对父亲“不当个优秀信号工就不配作您的女儿”的承诺，她顿时坚定了起来。

为了摸清辖区航道水流、态势，过往船舶吨位、航速，测算出各类船舶通过控制河段的准确时间，谷秀全经常利用空闲时间到河边观察、作记录、寻找规律，一干就是几个小时，经常累得腰酸背痛。她记录和整理的关于忠县段航运航道情况材料，成为长江航道局研究忠县段航道的宝贵资料。在忠县信号台工作期间指挥行轮10万次，竟无一起错、迟、漏挂信号。

谷秀全扎根信号台一干就是20几年，但组织和人民没有忘记她。她先后20多次受到重庆航道局、长江航道局、长江航务管理局、交通部、重庆市和中华全国总工会的表彰，被授予优秀班组长、服务能手、先进生产者、巾帼建功标兵、包起帆式先进个人、重庆市

胡总书记与谷秀全亲切握手（长江航道局供图）

劳动模范、全国“三八”红旗手等称号，荣获全国“五一”劳动奖章，并当选为重庆市党代表、党的十六大代表。

为了丰富职工的精神文化生活，奉节航道段组织了一支文艺宣传队，人们称之为三峡的“乌兰牧骑”，经常去一线艇、台、站宣传演出。有时只有一个信号员在台上坚守岗位，宣传队10多个队员也要为他演出节目。

为了克服峡谷闭塞的环境，开阔职工视野，川测总队在新中国成立初期就创办了《川测通讯》的小报，1期2版，最多时3版，人工刻写钢板油印，登载的内容主要是：时事新闻，测量进度，感想杂谈，好人好事，写稿最多的是测量员，可能是因为搞测量这一行的知识分子多些。

成年累月在深山峡谷里工作“家书抵万金”。在通信不发达的年代，川江上的船艇连收音机都没有，别说甚高频电话和手机了，航道测量工作又是流动的，“乡邮”也无法送达邮件。在这种情况下，工作上上情不能及时下达，下情不能及时上报，倘是被“丘比特”箭射中了的年轻人那就惨了，思念之情常常是“才下眉头，又上心头”。在航道人眼里，峰回路转的峡江里“船到山前必有路”，有人受古代“漂流瓶”的启示，想出了类似“瓶邮”的通信办法，就是通过班轮传递邮件。班轮接近测区的上游时拉响"一短一长两短"的航道专用汽笛声号，并把装有邮件的铁罐投入江中，由测量艇从江面拾回。采用这种办法不便通信的困难克服了，人在峡江，放眼峡外，展现在航道人面前的仍是一条通衢坦途。

长江上游航道的特点是险，中游航道的特点是浅。险，靠的是勇气和毅力；浅，则需要坚韧和顽强。

界牌是中游著名的"卡脖子"浅水道。其上节点的江面宽1600米，下节点江面宽1750米，而界牌的江面宽度达3400米，水流散乱归不了"槽"，枯水季节有记载的最浅水深为1.68米，远远不能满足船舶航行的需要。为了满足南京至临湘航线油运的需要，国家规定这里的航道尺度不得小于3.2米×80米。为了保深、保标、保畅通，在界牌未整治之前，这里每逢枯水期几乎都有一场恶战。有一年，中游的几处浅水道频频告急，在这里昼夜施工的挖泥船被紧急调走，而界牌水深只有3.0至3.1米，当时大批油运船队泊靠附近等待通过。俗话说，"一寸水，千吨货"，何况，长岭炼油厂无原油已停产，甚至连湖南省居民的生活必需品——食盐也告罄在即，面对这些情况，航道人心急如焚。他们只好用清障爆破的办法打通瓶颈。他们昼夜施工，那几天消耗的炸药每天都在13至14吨。老天爷也在考验航道人的意志，零下5℃的江面朔风呼啸，滴水成冰，航道员手中的量水篙越量越粗，像浇上了一层层的蜡油，航道员们的手都冻坏了，他们硬是用坚强的意志打通了航道。当油运船队一队队通过了界牌航道，长岭炼油厂恢复了生产，该厂军管会率慰问团到工地感谢并慰问了航道职工。

毛主席视察长江对航道工人是"无名英雄"的评价，千万不要看作是长江航道的专利，祖国的北国南疆，航道工人都是无名英雄。坚守海岛无怨无悔的全国劳动模范苏贵聪的事迹，更让我们认识了无名英雄的崇高境界。环岛不过10分钟的路程，高度不过30米的灯塔，苏贵聪一呆就是30年，被台风、巨浪围困是家常便饭。有一次被困在岛上三天两夜，渴了喝雨水，饿了吃野菜，等到风浪稍微减弱，凭着强烈的求生欲望，驾着小船勇敢地与风浪搏斗，幸运的逃脱了死亡的威胁。灯塔所需的燃料、干电池以及岛上用水要靠人力运送，多年来他就靠一艘小木船来回运输，摇船的距离相当于绕地球两周。

我国的南北分界是以秦岭、淮河一线划分的，长江、珠江显然属南方河流，现在让我们将目光投向天苍苍地茫茫的北国。南方人一提到黑龙江就会想起毛泽东风华绝代的《沁园春·雪》，冬日的黑龙江水系冰封万里，"大河上下，顿失滔滔”。但是，不必遗憾这里水运较低的利用率，“上帝给你关上一扇门，却给你打开一扇窗”。黑龙江结冰期较长，最低温度零下52℃，形成一座天然的冰造大桥。从12月初到次年的3月中旬约110天中，可以在这座冰桥上跑载重汽车。界河是一条“水陆”两用通商之路，这恰恰为航道的冬季施工提供了条件。在冬季的封航期，水运行业的船舶、船员开始冬修、冬训，然而，黑龙江航道局的职工们为了抓紧航道建设，还要在冰天雪地里摆开整治航道的战场。冬季在室外施工条件十分艰苦，对施工技术标准要求高，石坝沉入江底还要保持规定的平整度，加之运输车辆少，雇用民工有困难，这些都阻挡不住航道职工发展祖国水运事业的信心和决心。在这里撷取一个松花江三姓浅滩整治施工的一个小镜头，近距离感受一下航道职工战严寒，斗冰雪的英雄风貌：核算员每天都要在零下30℃严寒的江上检尺验方，冷得吃不消时就掏出“老白干”沽两口顶一阵子。一次一艘机动船螺旋桨被钢丝绳绞住，时值冻江初开，冰凌肆虐，施工队长不顾安危正要下水，一职工一把把他拉住说:“哥们没有老婆孩子，光棍一条，还是让我下吧”，于是不等队长答应，就已脱光了衣服，潜入水底，一干就是半个钟头。这是严酷自然环境磨砺出的性格，粗犷豪放，为人真诚，热情如火，意志如钢；也是英雄航道队伍熏陶成的团结拼搏的精神，吃苦在前，享乐在后，公而忘私，默默奉献。

黑龙江航道人利用冬季冰封期进行冬修和冬训（梁金龙摄）

（三）悠久深远的航道文明

1. 长江航道——艺术的长廊

自然地理环境不仅对航道人文精神的形成产生深刻的影响，对航道的开发、建设和发展也起着决定性的作用。天然河流的航道自不待言，今长江的形成，本身就是距今1.4亿年前的侏罗纪时的造山运动的结果，到了距今300万年前时，喜马拉雅山高高隆起，长江流域西部进一步抬高。从湖北伸向四川盆地的古长江溯源浸蚀作用加快，切穿巫山，使东西古长江贯通一气，江水浩浩荡荡，注入东海。

奔腾不息的长江水，是一部流动的巨著。它流经的群山和平野，它倒影的天光和云影，还有它聆听过的传说和歌谣，翻阅过的诗篇和画卷，都是其间动人的章节。千百年来的长江流水意象，多姿多彩的艺术形态，至今都在大江上下缤纷绽放。长江是一个天才的艺术大师，一路奔流留下了无数的艺术杰作。仅在千里川江自然景观、人文景观就令人目不暇接。长江三峡，地灵人杰。著名的大溪文化，在历史的长河中闪耀着奇光异彩；这里，孕育了中国伟大的爱国诗人屈原和千古才女王昭君；青山碧水，曾留下李白、白居易、刘禹锡、范成大、欧阳修、苏轼、陆游等诗圣文豪的足迹，留下了许多千古传颂的诗章；大峡深谷，曾是三国古战场，

白鹤梁石刻（来自百度百科）

是无数英雄豪杰驰骋用武之地；这里还有许多著名的名胜古迹，白帝城、黄陵庙、南津关……它们同这里的山水风光交相辉映，名扬四海。白鹤梁是长江中的一个狭长形的袖珍小岛，与一般岛不同的是，它长年淹没在水中，仅在枯水季节露出水面。1200多年前，唐朝广德元年公元763年，一位细心的人在

白鹤梁上刻了两条鱼，记录下了当时的枯水水位。其后不断有人效仿，或刻石鱼，或题文字，记录了一千多年间长江枯水水位变化的情况。由于江水每年枯盈不同，前人刻下的石鱼并不是每年都能露出水面。人们慢慢发现，石鱼“露面”的第二年往往是个丰年，于是乎，“白鹤绕梁留胜迹，石鱼出水兆丰年”的说法就流传开了。由于白鹤梁出水是每年川江上游的一大盛事，引来了无数文人墨客在此题刻。据统计，小小一个白鹤梁上的题刻多达一百六七十段，3万余字。内容或诗或文，或记事或抒情，有不少书法精品，其中以北宋黄庭坚的“元符庚辰涪翁来”的题名最为有名。此外，朱熹、王士祯等名家的题刻也赫然在列。

中游荆江，屈子行吟泽畔。屈原在荆州为官20余载，荆州历史悠久，文化灿烂，是楚文化的发祥地和三国文化集中地之一。春秋战国时代，青铜冶炼技术、锻铸铁技术、丝织刺绣技术和漆器工艺技术都处于世界领先水平；老庄哲学、楚辞文学和音乐舞蹈，也都登上了古代世界文明的殿堂。

进入皖江段，马鞍山的名字因西楚霸王项羽的马鞍而得名。项羽兵败垓下，四面楚歌，无颜见江东父老，将随己征战出生入死的心爱坐骑乌骓马交乌江亭长，以霸王别姬的悲怆而宣告失败。项羽带领随从，突出汉军包围，到达乌江渡口。其时乌江亭长驾舟前来救应，并劝说项羽：“江东虽小，地方千里，众庶十万，足以为王，愿大王急速渡江。”亭长一番开导的话语却让项羽想到，江东八千子弟跟随自己南征北战，如今只有自己一人回江东。西楚霸王项羽仰天长叹：“天之亡我，我何渡为!”项羽独自怅望滔滔江水，自愧无颜见江东父老，愤然拔剑自刎，“宝马送亭长，头颅送故人”，在人生最后时刻，仍然感受到项羽的豪壮之气。乌骓马久不见它自己主人过江，长嘶悲鸣而亡。马鞍落地化作一座青山，其形酷似马鞍，故称马鞍山。马鞍山的江边有一矶头叫采石矶，与南京的燕子矶、岳阳的城陵矶统称为长江三矶。诗仙太白在此乘醉捉月，骑鲸升天，终实现与谢朓为邻的夙愿。千百年来，到采石与青山追寻太白遗风的足迹络绎不绝，白居易、陆游、苏轼……晚唐诗人贾岛拖着带病之躯前来拜谒诗仙，竟客死在此，葬在李白墓附近。

1982年国务院公布中国四大古都之一的南京为中国历史文化名城。南京东郊汤山猿人头骨的出土，表明35万年前南京就是古人类聚居之地。公元3世纪以来，先后有东吴、东晋和南朝的宋、齐、梁、陈（史称六朝）以及南唐、明、太平天国、中华民国共10个朝代和政权在南京建都立国，留下了丰富的民族文化遗产。

公元前1100年左右，南京属西周贵族周章的封地句吴。春秋战国时，吴国、越国、楚国先后占有过南京地区。周敬王25年（公元前495年），吴王夫差在今朝天宫筑冶城，开办了官营冶铸铜器的手工业作坊。此地遂被称为冶城山或冶山。周元王4年（公元前472年），越王勾践灭吴后，派大臣范蠡在今中华门外的秦淮河南岸筑越城，又名范蠡城。这是南京最早的古城，据此，南京建城2400多年。越城范围很小，城周长942米。但地理位置重要，控制秦淮河入长江的孔道，越王以此作为攻楚的根据地。

楚威王熊商于石头山（今清凉山）筑金陵邑，南京遂有“金陵”之称。南京地区出土的金爰、蚁鼻钱、铜砝码等，反映了楚国手工业和商业的发展。秦始皇37年（公元前246年）改金陵邑为秣陵县，属鄣郡。秦始皇南巡时经丹阳（今江宁县小丹阳镇），到钱唐（今杭州）和会稽（今绍兴），开驰道以通丹徒，来回都路过南京。南京与境外的通衢大道自此开通。公元211年，吴国孙权由武昌迁来这里建都，改名为建邺，并在石头山楚国金陵邑旧地筑石头城。依山筑城，因江为池，形势险要，有“石城虎踞”之称。

南朝时称建康，商业繁荣。“大市百余”个，市场名目繁多，且专业分工，一些商品有专门的市场。商品有三吴地区的粮食、丝帛、青瓷、纸张，长江中游来的铜铁矿石，海外的香料、珍宝等。

建康文化事业兴盛，城市设有儒学、玄学、文学、史学4所学馆，培养人才。南朝时期的几部著名文史传世之作，均成书于建康。如刘义庆《世说新语》、刘勰《文心雕龙》、钟嵘《诗品》、萧统《文选》、范晔《后汉书》、裴松之《三国志注》、沈约《四书》、萧子显《南齐书》等。宋泰始元年（公元465年），在今朝天宫建立了我国第一个科学研究机构——总明观，

南京秦淮河石头城段（江苏省航道局供图）

出现了祖冲之、葛洪、范缜、王羲之、顾恺之、法显等文化名人。分布于南京及其附近计33处六朝墓前石刻，以石兽居多，风格独特，既体现生动优雅的风格，又流露出六朝繁华颓废的气息。

南朝的建康，纸醉金迷，畸形发展。在方圆20公里的区域内，聚居着28万户，若按每户5口计算，竟超过140万人，相当于现在南京人口的一半。

建康是当时佛教中心，梵刹林立，释子成行。钟磬之声，不绝于耳。《南史·郭祖深传》有“都下佛寺500余所，穷极宏丽。僧尼十余万，资产丰沃”的记载。唐杜牧有“南朝四百八十寺，多少楼台烟雨中”的诗句。

南京地区的再度繁荣是在明朝。公元1368年，朱元璋在应天称帝，改称南京。这是南京第一次成为全国的政治中心。明代的南京城，可称为世界古代第一大城。其外廓城周长60公里，18个城门。内城周长33.7公里，城墙平均高14至21米，基宽14米，开13个城门，以聚宝门（今中华门）最大。

明成祖迁都北京后，南京作为明代两京之一，府部犹存，地位重要。南京丝织业、造船业、印刷出版业居

全国首位。郑和下西洋的“宝船”多为今下关三叉河附近“宝船滩”的龙船厂所造。其中长132米、宽54米的平底大沙船，为当时世界上最大的船。设立在鸡笼山南麓的国子监，中外学生多达万人。

清初改应天府为江宁府，设江宁织造。南京云锦名闻中外。

1912年元旦，孙中山在此就任临时大总统，改江宁府为南京府，定都南京。1925年，孙中山逝世，葬于南京紫金山，依山建起气势宏伟的中山陵。

南京历史悠久，名胜古迹遍布城内外。钟山有紫霞洞、黑龙潭、昭明太子读书台、杨梅岩等。山前正中为中山陵，左为明孝陵及廖仲恺、何香凝墓。右为灵谷寺、邓演达墓。还有明开国功臣徐达、常遇春、李文忠等人墓。

城西清凉山上，有清凉寺、扫叶楼、崇正书院。城东北隅栖霞山，有栖霞古寺、舍利塔、千佛岩、禹王碑、大佛阁等，还有曹觉寺、宏觉寺塔、摩崖造像等，为昔日佛教圣地。

燕子矶兀立江边，夫子庙深处闹市，玄武湖、莫愁湖，秀丽婉约，均为金陵胜景。

南京金银线为千年传统工艺品。南京云锦有1500年的历史，以色彩富丽、织工精致驰名中外。南京雨花石光滑剔透，色彩绚丽。

中国古代诗词歌赋中出现最多的地方便是长江与古大运河相约的地方—扬州了。我们可以欣赏到天下闻名的扬州漆器、玉器、盆景；回味到独行古今的“扬州八怪”。

2. 大运河——水工建筑的经典篇章

如果说长江航道是浑然天成的艺术长廊，京杭大运河则是航道和水利建筑工程彪炳千秋的经典史籍。

大运河沿线留存了古代水利工程的卓绝成就。流经的地方地理特征有差异，山东段要通过最高点济宁南旺的“水脊”，而济宁以南穿越众多湖泊。扬州、淮安段同黄河、淮河交叉，成为中国历史上最难治理的一段运河。淮安清河口是整个京杭大运河中黄河、淮河相交的地区，扼守运河之要，唯一保存至今的明代淮安清口船闸和500里堤防，是治黄淮方略的代表。大运河沿线留下的众多水工建筑遗址，河闸、驳岸、码头、水坝都是珍贵的历史文化遗存。

历史时期，我国古代劳动人民为克服自然环境带来的地形差异对大运河的影响，进行过多方探索和尝试，“束水攻沙”、“借黄行运”、“避黄水运”等不同地段的不同措施，展现了中国人民与自然较量的成就和创造的奇迹。其中最有效的措施是增大运河弯曲半径、修闸筑坝和设置水柜。

由于复杂的地势而产生的水位差，是制约大运河修建和发挥作用的一大难题。大运河的建设者们设计出了一个又一个卓越可行的方案。如“三湾顶一闸”，便是杰作之一。大运河的不少河段都是七拐八折、弯弯曲曲的。许多人也许颇为不解地提出这样的问题：古人开挖大运河为什么舍近求远，不走直线呢？其实，这非但不是令人遗憾的败笔，而恰恰是独具匠心的绝妙之作。著名的“人工河曲”——扬州三湾以及德州至临清的一段弯曲运道就是为了消除地面高差、降低运道坡度、滞缓水流面而采取的工程措施。扬州三湾是古运河流经扬州附近的一段航道，起自扬州市东北郊湾头镇，蜿蜒西南流到长江的瓜洲渡而止。尽管直线距离不足23公里，可这段河道却拐成个“S”形的大弯，把河道延长到30公里。这种弯曲的水道不但增加了航行的难度，而且延长了航行的时间。那么，古人为什么干这种“费力不讨好”的事呢？原来，古运河流经的扬州三湾地区，自从金正隆末年（公元1160年前后）黄河改道南侵泗、淮、涡、颍，夺淮河下游入海后，黄河的多次溃决泛滥造成泥沙淤积，改变了这一带原来南高北低的地势，构成了北高南低的三级阶梯，致使短短10公里的河段，高低落差竟达15米。在如此落差悬殊的河段，如果开成直道，很难保证运河水面的平缓。我国古代运河的建设者们为了解决这一难题，经过不懈的探索和努力，终于找到了“截直道使曲”的办法，即顺应地形地势故意开出一条弯曲的河道，通过增加河道的长度，从而达到降低河床坡度以调整水位落差的目的。这同在高山上修筑盘山公路以降低山势坡度是同样的道理。看似十分简单的举措，却解决了调整水位落差的一大难题，堪称是运河水利史上的一大创举。这一办法，后来在开凿德州到临清一段运河时也被采用。即使当今正在实施的南水北调东线工程，也要采取修闸筑坝、分级送水的工程措施，借以解决地形差异的影响。

筑堰挡水，是运河建设者们为保证运河航行充足的水量和稳定的水流而精心构思的另一杰作。邗沟是沟通江、淮的重要河段。如何解决淮河水位低、邗沟水位高的水位差问题，是影响这一段运河通航的关键所在。聪明的古人采取了在邗沟入淮的交汇处筑堰的办法，终于使这一难题得到了圆满解决。这道名之为北神堰的大堰，位于楚州（今江苏淮安）城北五里的邗沟入淮口处，它的功能，就在于拦蓄邗沟之水以防止其过多地泄入淮河。这样，就解决了淮河与邗沟的水位差问题，保证了航道的畅通。除了北神堰以外，较著名的还有位于扬州市北的蜀冈的平津堰。由于蜀冈一带地势较高，为了保证大船的通行，唐代元和5年（公元810年）采取了凿深蜀冈附近运河的办法，结果造成了“河益庳，水下走淮”的不良局面。为了防止河水下泄，当时的水利专家李吉甫率民夫拦河筑堰（称为平津堰），堰成以后，实现了“以泄有余，防不足，漕流遂通”（《新唐书·卷五三》）的目的。此外，在浙东运河上，也设有数道堰埭，解决了浙东运河沿途地势高低不平而在不同河段间存在的水位差问题。

鉴于堰埭过多，常常给航运造成不少困难（堰埭的高度一般仅稍高于水面，且呈人字坡面，小船过堰，须用人力牵挽；而大船过堰，则需用牛马来牵引）的情况，先人在实践中又创造了一种比堰埭更先进、更有效地解决河道水位差的办法——“复闸”，即今天广泛采用的“双船闸”过船方式。在需要建闸的地段，修筑前后两闸，船行至时，闭后闸，开前闸，在两闸间或放水，或充水，以降低或提高水位，使闸中水位与前方河段趋于一致，然后打开前闸，让船只顺利通过。对于这种“复闸”，北宋著名科学家沈括曾记述道：“天圣中，监真州排岸司右侍禁陶鉴始议为复闸节水，以省舟船过埭之劳……自后，北神、召伯、龙舟、茱萸诸埭，相次废革，至今为利。”（《梦溪笔谈·官政》）由此可见，最迟在北宋天圣（公元1023~1032年）年间，大运河上已出现复闸，从而扭转了船只过堰时“粮载烦于剥卸，民力罢（疲）于牵挽”（《宋史·河渠志》）的不利

古运河船过闸（来自百度百科）

状况，大大提高了运河的航运效率。设置堰埭以调节水量、控制水位差，是中国航道水工史上的一项重大创造；而用复闸代替堰埭，则是水工史中一项具有划时代意义的伟大进步，标志着我国航道工程技术已达到了一个相当高的水平。它使用了世界上最早的斜面升船机，其中最大的瓜洲堰，以22头牛作为升船动力，实现长江中的航船进入苏北运河。西方直到12世纪，才在荷兰出现了简单的船闸。

在大运河的开凿过程中，还有一个极大的“拦路虎”——水源不足问题。为了解决这一难题，中国古代水利、水运科学家又一次地显示出非凡的才智和创造力。通惠河是元代大都（北京）至通州间开挖的一条重要运河，是南粮北运抵达大都的关键河段。应该说，以当时的生产力水平开凿这样一条不太长的运河是比较容易的，但如何解决通惠河的水源，并选择一条可以克服自然条件限制而取得丰富水源的路线，从而确保通惠河充分发挥其航运效益，则是一个天大的难题。由于地理和气候的原因，坐落于华北平原北端的北京，地表水一直比较缺乏。本来，从北京城西奔流而下的永定河应该是理想的水源地，但是由于永定河泥沙含量大，水质浑浊（历史上曾称浑河），大量的泥沙淤积极易引起河道淤塞。同时，桀骜不驯的永定河还时常洪水泛滥，是一条殊难控制的河道。因此，必须另觅新的水源。元代杰出的水工专家郭守敬，经过查勘调研，终于在北京西北山麓的昌平一带发现有许多泉水可资利用。但是，在大都和昌平之间有沙河和清河两条河谷低地，对于引水到大都形成了两道难以逾越的障碍。郭守敬经过实地考察和精心勘测设计，终于选定了一条避开障碍的理想路线——从昌平东南白浮村的神山泉（海拔55米）起，开渠引水西行，然后大体沿50米的等高线转西南而下，避开了沙河、清河的河谷低地，并在沿途拦截沙河、清河上源及西山山麓诸泉之水南行，再向东南注入瓮山泊（今昆明湖）。为了保持充沛的水量，沿渠又修筑了著名的白浮堰。水源问题的解决，为通惠河的航运畅通发挥了关键作用。这一引水工程的建设，充分显示了当时高超精密的科学技术水平，直到今天仍令人叹服。

中华人民共和国建立以后，随着经济建设发展的需要，对运河的许多河段进行了疏浚、加深或裁弯取直，并建立了不少新式船闸，还妥善解决了水源等工程问题。邵伯三线船闸项目更是采用了高标准设计，其组成包括邵伯三线船闸、上游远调站、下游远调站、上游待闸锚地、下游待闸锚地、下游泄洪期紧急避风锚地、防洪堤、跨闸室工作桥和公路桥改建工程。湖嘉申线浙江段创新了内河航道勘察设计的新理念，以人为本，方圆数千平方米的和孚锚泊服务区，是浙江省首个水上服务区，其中的设施充分体现人性化、自然化，满足了船民与沿线群众的生产和生活供给以及维修、管理、环保、休闲等方面的需求。倡导科学发展观，体现航道与自然和谐，描绘出船在水上走、人在画中游的意境。

二、人文因素与航道文化的形成

河流是孕育文明的摇篮。祖国大地上千年流淌的一条条江河如同一幅幅百转千回的历史长卷，记载着江河与两岸大地两情依依的故事，积淀着丰厚的历史、人文底蕴。人类自古以来都是

京杭运河淮安船闸（江苏省航道局供图）

“择水而居”，世界的四大文明古国都因江河的哺乳和滋润才有悠久的历史、灿烂的文化，而勤劳、智慧的江河儿女又创造了江河的文明，赋予了江河的灵性。如印度的恒河，用丰沛的河水哺育着两岸的土地，给沿岸人民以舟楫之便和灌溉之利，用肥沃的泥土冲积成辽阔的恒河平原和世界上最大的三角洲，勤劳的恒河流域人民世世代代在这里劳动生息，历史学家、考古学家的足迹遍布恒河两岸，诗人歌手行吟河畔。至今，这里仍是印度、孟加拉国的精粹所在。恒河是印度的圣河，历史悠久，有着浓厚的民俗和文化色彩，即使经过千年的文明洗礼，恒河两岸的人们仍然保持着古老的习俗。许多自古流传的神话，使印度人民对恒河母亲生起无限的怀想，烙下一个不可磨灭的情结：这一生中至少要在恒河中沐浴一次，让圣河洗净生生世世所有的罪孽。

在古老的中国，人们对江河的心态

是复杂的，既崇敬又畏惧，即驯服又征服。据英国旅行者托马斯18世纪末的记载，他曾经历在中国渡黄河前举行的一次祭河神仪式：

“船老大被所有的船员包围着，登上船首。他手里提着祭品——一只公鸡。他割下鸡头扔进河里，把鸡血滴在船的各个部位；他还在舱门口插上几根鸡毛。”为什么要用公鸡呢？同一个“ji”在汉语中既表示“鸡”，也表示“吉祥”的意思。不幸的家禽为用同音词求神而付出了生命的代价。

随后，在甲板上摆上“几碗肉类菜肴；在大碗面前又摆上油、茶、酒、盐各一杯。”船老大叩了三个头，双手高举，口中念念有词，祈祷神灵。

在仪式进行过程中，人们敲着鼓，焚着香，烧纸钱，放鞭炮。船老大然后把油、茶、酒和盐倒入河中。“仪式一结束，船员们拿走肉碗，痛快地吃上一顿，然后就信心百倍地横渡河流。渡过河之后，船老大还要叩3个头表示感谢老天爷。”

这种仪式后，中国人还是要费很大力气才能战胜狂暴的急流。自助者天助！“有些船没有怎么偏航便渡过了河；而有些则被水流冲得很远：必须再费力气把它们纤回来。”

其实，在长江也有这样的仪式。古时，川江航道上过瞿塘峡滟滪堆时也要屠宰牲畜，以祈天佑。

那时的航道纯属天然航道，滩汹水恶，人们视为畏途，视若神明。在对江河敬畏的同时，人们也不甘受江河的摆布，向江河发起挑战的最经典的例子，就是开凿大运河。运河沿线的风土人情古朴淳厚，无不浸润着数千年中华文明的滋养，显得底蕴十足，在运河边，你会掂量到生命的厚度，感觉时空交错般的空间生命力正在这里得到延续；运河文化生态对沿线居民的影响是深刻而久远的。在运河沿岸的古纤道遗址，当地的男女老少都还会哼唱祖祖辈辈流传下来的船夫号子。

不同的号子有着不同的曲调和特点，或凄婉、或高亢、或急、或缓，具有较高的艺术研究和欣赏价值。

赤水河船工号子，是赤水河悠久航运历史的见证，是千百年来赤水河船工艰苦的水上生涯的真实写照。赤水河船工号子内容丰富，格调清新，韵律优美，朗朗上口。

川江号子更是声震寰宇，早在1955年，“川江号子”就在世界青年联欢节上一炮走红，夺得金质大奖，成为我国文艺方面最早取得国际金奖的作品之一。1987年7月，法国阿维尼翁艺术节组织“世界大河相会在塞罗纳河”的民间艺术交流活动，会议主办者通过我国文化部特邀蔡德元等人去会上演唱。当他们将万千长江船工用血和汗凝成的响亮歌声洒向舞台时，来自世界各地的观众和民歌手都惊呆了。他们个个都凝神屏息地用眼睛，用耳朵，用心灵去阅读一个古老而年轻民族的历史，阅读长江曾经发生过的种种悲欢离合。国际友人用“江河音乐”的称谓来赞美蔡德元等人演出的船工号子，说它完完全全“体现了中国对传统民间艺术的重视”。号子具有实用性和表现性两大功用：前者起着组织、指挥劳动，并为劳动者鼓舞情绪、调节体力、减轻疲劳的作用；后者则表现为它以艺术的形式反映了劳动者的力量、态度、志向和审美情趣。川江号子所表现的内容丰富多彩，多是即兴吼唱，信手拈来，表达了自己的壮志、诉说了自已的艰辛，表现了他们的生存状态和身处的艰险环境。川江航道以其滩多、滩险令人望而生畏，众多的险滩和在这些滩上发生的事故，在船工们的心里已刻下了无法磨灭的烙印。于是，对川江上下一个又一个的滩名他们如数家珍：

“朝天门”开船两条江，“大佛寺”落眼打一方；“茅溪桥”落眼“杨八滩”，“黑石子”落眼下“寸滩”；“张幺河”下“朱老滩”，到了“唐家沱”要点关；“大兴场”落眼“黄腊滩”，“猪鸭子”下“礁巴滩”；“野骡子”下“石滩”，“鱼嘴”下有“狮母滩”；“叶桥子”下是“剑滩”，“太洪岗”落眼上“前滩”；“洛碛”落眼“红石滩”，“横板石”下“娃娃滩”；“鲁家溪”下“田家滩”，“肖家石盘”下“王家滩”；“长寿”酞醋溜溜酸，“木鱼碛”下“雷福滩”；“花园石”下“磨盘滩”，“涪陵”有个“荔枝园”；“青滩”“泄滩”不算滩，“崆岭”才是鬼门关。

川江纤夫喊着号子艰难前行（长江航道局供图）

直到现在，这些滩名长江航运行业特别是航道职工都耳熟能详。古往今来，船工们以其高昂而粗犷的号子演绎着川江人的奔放与激情，在涛声如雷的江滩上，正是这此起彼伏、贯穿时空的号子声，构成了川江航道文化中最令人荡气回肠的一

西江桥区航道（殷黎摄）

章。

一个地方有一个地方特殊环境，不同的环境对不同的生命有不同的影响，四川境内的长江浩荡湍急，山势奇崛险峻，那里人们的性格豁达而顽强，有旺盛的生命力，民间音乐也透着机智、勇敢和诙谐；西北黄土高原地区干旱少雨、广漠荒凉。黄色的土地衬着高原上空的蓝天白云，风沙起处，一片苍茫。这里人的性格质朴而深沉，民间音乐也在悠远深长中带有几分苍凉；江南地区河流交错，气候温和，土地肥沃，自然景观秀丽，这里的人聪慧灵秀，民间音乐也细腻委婉，曲调美丽动人。东北地区有寒冷的气候和肥沃的黑土地，这里人的性格爽快粗放，民间音乐也干脆利落，活泼而风趣……

广东人是海洋的族群，充满朝气与活力，头脑灵活，富于冒险性、开创性，长期处于岭南文化浸润中的广东人具有敢为人先、开放兼容、勤勉务实、变革求新的精神品格。在全国的航道系统中广东航道局率先实行了干支合一、条块结合、省与地方双重领导、以省为主的管理体制改革。在法制建设上，也是率先促进航道地方立法。《广东省航标管理办法》是我国第一个关于航标管理的地方规章，《广东省航标管理办法》、《广东省航道管理条例》、《广东省航道养护费征收使用办法》构成比较完善的航道管理地方法规体系，促进广东省航道事业协调可持续发展提供了坚实的法律保障。

三、地域经济与航道文化的形成

（一）航道是地域经济的助推器

地域经济是指人类经济活动与具体时空条件紧密结合而形成的相对完整的经济地理空间。各地的地理条件、社会结构、观念意识和发展水平不一样，经济发展水平就不一样。经济的发展促进了航道的建设和发展，航道的发展反过来又促进了经济的进一步繁荣，地域经济与航道关系紧密，呈互动式发展。比较典型的就是流域经济了。因为流域经济是以江河作通道，以物流为纽带或轴心，通过流域内资源的优化和整合，形成一定分工协作的经济区域。在流域内，航道的辐射和梯度推进作用是很明显的。流域经济曾经在各国历史上扮演过重要角色，如中国的黄河流域、美国的密西西比河流域、南美洲的亚马逊河流域、非洲的尼罗河流域都创造过辉煌的古代文明。只是近代以来，随着国际贸易和海运的兴盛，使得沿海港口迅速繁荣起来，及至后来现代交通工具及网络发展，内河流域经济逐渐衰落，但各大河流域出海口的三角洲区域则往往成长为现代文明的积聚地，流域经济往往仰赖三角洲的拉动，方得以保持持续的发展。长江流域的乌江两岸就经历过这样的兴衰。

在莽莽贵州高原，滔滔乌江之滨，坐落着一个美丽的城市——思南。思南西与历史名城遵义接壤，北经乌江至涪陵达长江。思南人饱享乌江之利。唐代乌江航运有所发展，乌江水道成为当时云、贵通往京畿的重要通道。唐代武德2年（公元619年）又增设了今沿河县的洪渡镇所在地洪杜县。贞观4年（公元630年）于思南复置费州、辖涪州、多田、扶阳、城乐四县。同时在今沿河县置思州。辖务川、思王、思邛三县。这就是乌江航运的兴起和发展，促进了乌江沿岸的城镇的形成和发展，也是因为乌江沿岸城镇的逐渐繁荣，而进一步发展了乌江航道。故乌江航道的发展与沿岸城镇之间的形成发展关系是紧密联系的，也是相互依存的。明代嘉靖年间，思南人田秋，在外做官常往来乌江上，发现乌江多处阻塞，船行缓慢，遇到险滩，还得搬滩易船。这样延缓运输时日，增加了运费。造成官民不利。于是田秋利用他在四川做按察使的机会，倡导川黔两省共同整治乌江，经他多方努力，终于促成川黔合作整治乌江航道。同时，田秋又檄呼商贾大力支助，商贾响应。官商合力，乌江航道很快得到整治，由于乌江航道畅通了，缩短了航运周期，运量加大，运价减少，故官获千百之税、商获大利、民获以食盐为主的各类廉价之物资，官商民共利，众皆乐之。

乌江岸边有一《修河碑》，上记：清末民国初年，思南商民刘维章又名刘云开、吴光廷，开凿乌江，梳理航运。当这次疏道成功，船初通时，沿岸百里之居民争先往看。以酒食花炮祝其成功。自此，印江黄州布、思南雄磺精，由水运至江界河，再陆运至省城。翁安、余庆等县之米粮沿乌江船运至思南，每逢场期，思南河坝码头常有米船三四百号，贸易极盛。《修河碑》还写道：乌江航道疏通后，两岸人民有家者创业非艰，无资者谋食亦易，商务发达，利源充足……老不填沟壑，壮不散四方……，对这次疏理航道工程的功绩和为民造福的义举给予了高度评价。

再看大运河。京杭大运可作为南北的交通大动脉，历史上曾起过巨大作用。运河的通航，促进了沿岸城市的迅速发展。漕运发达时期，从天津到通州的北运河上每年要承载2万艘运粮的漕船，官兵12万人次，连同商船共3万艘。水道的开通使小小的直沽寨很快发展成了远近闻名的“天津卫”。地域经济是个动态的概念，历史的辉煌并不代表现在的辉煌，被郭沫若赞为：“与长城南北相呼应，同为世界之奇观”的灵渠，航运功能就消失了，而大运河仍续写着更辉煌的篇章。

京杭运河江苏段对沿江八市发展及生产力布局发挥了纽带作用，极大地促进了区域间的经济交流，引导并促成了沿河经济带，沿江八市的GDP总量占江苏全省的比重已超过2/3。1997年运河整治以后，改善了沿岸投资环境，并以其运量大、成本低以及铁、公、水联运成网的优势，保证了外向型企业的原材料供应、产品的运输及企业生产用水，一批著名跨国公司纷纷前来投资，成为助推江苏经济发展的重要力量。

1997年整治以前，苏南运河的年货运量不足1亿吨。目前，运河两岸年运量在万吨以上的企业已发展到1300多家，建成了30多个国家级和省级开发区，引进项目1万多个，总投资2500多亿元。苏南运河的年货运量现已为1.5亿吨。运河整治“培育”了苏州的新兴工业区，苏州“一园三区”苏州工业园区、苏州新区、吴中开发区和吴江开发区“应运而生”，荷兰飞利浦、德国西门子、日本松下、美国杜邦等30多家世界500强企业纷纷落户苏州新区，运河两岸密集分布了电力、纺织、建材、医药、物流等诸多行业大中型企业数百家，逐

苏南运河有力地拉动了沿河经济发展（江苏省航道局供图）

步形成了沿河工业经济带。预计2010年，内河运输将为苏州完成货运量1.8亿吨，为周边地区完成货运量达到9000万吨。

位于苏南运河“口门”的镇江市谏壁镇拥有的运河岸线虽然只有1公里，却“高密度”地分布着大小企业435家，其中大型企业10家，出口创汇企业50多家，出口创汇产品近万个。镇江市还充分利用大运河与长江交汇的区位优势，筑巢引凤，在运河腹地内建立起丁卯、大港、化工、丹阳等省级经济开发区，全方位、高起点的发展经济，取得了新的进展。江苏丹化集团与法商合资，傍河建成了中法合资江苏福迈特纤维板有限公司，丰富的水源保证了工业用水，其所需的木材原料85%以上是从通过水路运输的，每年可节省运输费用600万元以上。该市借助“黄金水道”的优势，使各类企业迅速发展，形成了以纺织、丝绸、服装、化工、机械、电子等10多个行业为主导的工业体系。

头脑精明的企业家说，目前，在企业原料成本与销售成本已经无法降低的情况下，控制运输成本，才能给企业带来更大的利润空间。在沿江建厂，就是要充分利用运河的水运优势，材料、生产原料与产品的低成本进出，提升企业

龙江航道促进中俄边贸发展（章婧摄）

在同行业中的市场竞争力。

在市场经济条件下，内地航道对促进区域经济的发展起到独特的作用，而边境航道对两国之间不仅有利于边境贸易，更促进了人民之间的友好往来。随着中俄关系的发展，界河黑龙江日益喧闹起来。在黑龙江主航道中方一侧，有一小岛，中国人把它叫大黑河岛，面积仅0.87平方公里，距俄国的远东城市布拉戈维申斯克（中国名称“海兰泡”）中心江岸750米。全岛四面环水，环境幽雅，风光秀美，地势开阔，具有开展跨国民间互市贸易和建立自由贸易区的良好条件，经国务院批准，在这里成立兴建了各项功能齐全，集旅游、贸易、娱乐等综合功能为一体的中俄边民互贸区。如今，大黑河岛已经成为国内对外开放重要的窗口和经贸载体。到了双休日，黑河市的大街小巷到处徜徉的是金发碧眼的俄罗斯人，恍若间，真有“暖风熏得游人醉，直把杭州作汴州”之感。这时，你站在黑龙江边就像站在长江或珠江边一样，望着对岸，浑然不觉那是一个遥远陌生的国度。让你感到时空错位的就是眼前的这条黄金水道，这条友谊的纽带把过去、现在、将来，把国家、民族、人民联系在一起。

（二）界河航道是边境贸易的纽带

西南方也有一条这样的友谊纽带，即被称为“东方多瑙河”的澜沧江—湄公河，它流经中国、缅甸、老挝、泰国、柬埔寨、越南，是亚洲唯一的一条连接6国的国际河流，全长4880公里。2000年4月20日，中、老、缅、泰4国交通部长在缅甸共同签署了《澜沧江—湄公河商船通航协议》；2001年6月举行了澜沧江—湄公河国际航运通航仪式。湄公河航运的畅通，为沿河各国带来巨大的发展机遇，各国间的经贸往来从过去的民间交易转变为大货贸易，从过去的果蔬交易向能源等领域拓展。同时，交通的便利也带动了区域间的合作，湄公河国际航运已累计进出口运量200多万吨，贸易额达到100亿元人民币以上，为流域国家带来了丰厚的经济效益。

中老泰3国已经在规划治理黄金水道的“瓶颈”——老泰界河宽皮龙滩，届时将实现4国商船可在从中国思茅港至老挝琅勃拉邦间的893公里航道自由航行。

四、疆界因素与航道文化的形成

如果要把内地航道人与界河航道人作一番比较，他们最大的不同在哪里？

美丽的中俄界河航道（章婧摄）

恐怕行业外的人很难回答得出来，即使是航道系统内的人也难以有个标准答案。只有到过边界航道，并走进界河航道人的心灵，你才会被界河航道人深深地震撼，看边守界并不是航道职工的工作职能，在任何一条岗位职责上你都找不到这样一个职能。这是自己赋予的。确切地说，这不是一种职能，而是一种观念、一种境界，是界河航道人拳拳的赤子之心。

边界，尤其是中国近代以来的边界，绝对是众多末梢汇集起来的痛苦神经，这道国家利益与尊严的篱笆，不断在枪炮、诡诈、威胁……的力量下毁损。前苏联称作阿穆尔河的黑龙江，在历史的曲折发展中改变了自己的归属。从它的南源额古纳河和北源石勒喀河的汇合点起，到哈巴罗夫斯克（伯力）的黑龙江与乌苏里江汇合点止，也就是上游和中游段，为中苏界江段（下称界河）。而在这种归属变化之前，黑龙江这条亚洲的大河，养育着两岸各族人民。人们世世代代生产、生活在这里，自由地扬帆其上，进行物资和文化交流，它是一条内河天然商道。因为，从黑龙江变为界河之后，航道由中俄两国共同使用、管理。与此同时，摩擦与争执相继而生，两国人民之间的交往也随之而波澜起伏。从19世纪中叶开始，沙皇政府就曾经派机动船只对黑龙江进行勘查、测量，并设置航标，整治航道。直到公元1858年《瑷珲条约》签订之后，才逐渐控制黑龙江航道，使之处于中俄共同管理之下。但是，当时中国政府无力行使管理之权，航道一直由俄方左右。因而，界河屡起风波，冲突不断。苏联成立后，为解决中苏两国共同航行的问题，于1922年中苏两国成立了华俄航政委员会，其使命是协调、共管界河航行的一切事宜。

黑龙江主航道两侧的浮标，在建国初期全部由苏联方面管理。苏方以中国无技术、无能力管理为借口，强行在主航道中国一侧设置浮标，借以蚕食中国水域。为此，从1970年开始，中国航道管理部门接管了浮标，逐步实现了航标电气化、自动化、标准化，使航标管理达到了国内的先进水平。

“落后就要挨打”，在界河航道生活、工作的人对此有切肤之痛。只有把痛转化为力量，把祖国建设得更强大，才能在千里界河上昂首挺胸，扬眉吐气。1993年，中俄联合勘界工作开始，全国“五一”劳动奖章获得者许长民担任第六水文组副组长。第六水文所承担的勘界段中，有86公里的双方共测河段，包含着几个较大的争议岛屿，涉及几片较大面积的领土划分问题，是勘界水文测量中的重点区段。为了确保测图质量，为中俄双方谈判划界提供可靠依据，工作中，许长民同志总是精益求精，一丝不苟。1993年波波夫岛测区，双方测图水深不符，经许长民严格检查，使俄方及时改正了计算上的错误，达到与我方测图基本一致。1994年，在叶夫拉西哈水道，双方3次施测结果均不一致，经许长民再三坚持，俄方提供原始资料进行检查，及时纠正了俄方在几个关键断面将水深填反、填错的错误，确保了叶夫拉西哈岛群的正确划界。虽然不见硝烟，界河却是神圣的边防，祖国永远在他们心中。因为有了这种信念，界河的航道职工，就有了更严细的作风，更挺拔的脊梁。

第六章　航道的建筑文化

公元前250年，秦朝蜀守李冰在四川成都平原西部的岷江中建起了一座形似鱼嘴的堤坝，把汹涌的岷江分隔成外江和内江，以利防洪和灌溉。公元前246年，在遥远的西方，一座高达135米的灯塔在埃及亚历山大港附近的一块礁岛上崛起，用烟火日夜为进出亚历山大港的船只指引航向。

2003年6月16日上午，2艘游轮和3艘货轮分两组相向而行，通过5级三峡船闸，穿越雄伟的三峡大坝。而此前1200多年前一个阳春，风华初露的李白在长江边的黄鹤楼上送别友人，并写下了“故人西辞黄鹤楼，烟花三月下扬州”的千古佳句。

这一坝、一塔、一闸、一楼穿越时空，与江海为伴流经千年而来，诉说着船帆的往事，企盼着航运的未来。自借舟楫乘水而行开始，人类就在水中，或是水边修建了许许多多的建筑，这些建筑有的与航行直接相关，如灯塔、船闸、水坝、桥梁。有的虽然没有直接的关系，但是因为有了航道，有了航船，有了出行和归来，建筑被赋予了更多、更生动的内涵，如塔楼、江滩、寺庙等修建在河道两岸的人文和宗教景观。航道派生的文化一如航道里流动的水，无声而优雅地蔓延和传承着。从本质上来说，这些建筑无论功能、规模、材质、风格如何都与航道、航船，与人类通江达海、平安出行的愿景紧密关联，它们是航道物质与文化的延伸，是人类认识、改造自然的智慧结晶，每一样建筑中都蕴含着人类造物以致用，借物以传情，话物以言志，修物以审美的人文光辉。

海上大型灯塔（来自百度百科）

一、灯塔与信号台——船舶的守望者

（一）灯塔

这幅图片是一个摄影爱好者拍摄的。一座孤独的灯塔伫立在夕阳的余辉里，守望着那些即将归来的船帆。和他一样，许许多多的摄影爱好者都非常喜欢把灯塔作为拍摄的主要题材。用他们的话来说，一个与水为伴、与船帆为伴的灯塔，除了本身的形式美及与周边自然环境的和谐美之外，其间蕴藏着的简约、忠贞、博爱的情怀能给世间万物以指引。

这里所说的灯塔其实并不仅仅是塔，它更确切的一个身份是设置于重要航道附近的一种固定航标。形式上采用塔的造型，白天通过挺拔而伟岸身躯，晚上用塔尖发出的灯光指引船舶航行。对于航行的人来说，灯塔是无间的伙伴，是前进的坐标，是护佑平安的神灵。

灯塔起源于古埃及的信号烽火。最著名的古代灯塔为亚历山大港外的法罗斯岛（Pharos）灯塔。亚历山大城系横扫欧、亚、非3大洲的马其顿大帝亚历山大所建，曾是世界3大城市之

法罗斯岛（Pharos）灯塔手绘图（来自百度百科）

一，也是地中海中部最大的港口。为了保证夜间行船的安全，当时的国王托勒密二世派人建造了这座灯塔。灯塔于公元前285年动工，历时39年，完成后的塔体高达135米，是当时世界上最高的建筑物。塔顶是日夜不息的熊熊火焰，还有一个反射火光的青铜凹面镜，使得船只在60公里外就能望见。灯塔共分3层，全部用白色大理石砌成。第一层是60多米高的四方形基座；第二层是八角形的塔身，高达40米；塔身上部是由8米高的巨柱顶着的火盘，覆盖着火盘的盖顶之上伫立着海王波塞东的铜像。

后来pharos一词成为英、法、西班牙、意大利等语言中灯塔同义词。法罗斯灯塔也被誉为古代世界七大奇观之一。

此后，最早的离岸较远的海中灯塔为建于9世纪初的法国吉伦特河口外约7海里处科杜昂礁上的灯塔。该塔已两次重建，现存的经过27年的建造，完成于公元1611年。古老的灯塔中至今仍在使用的有公元1304年用石头砌成、高达50米的意大利莱戈恩灯塔。美国第一座灯塔是建于1716年的波士顿灯塔。中国早期的灯塔见于记载的有：明永乐10年（公元1412年）在上海宝山县临海的人工大土山上建立的烽堠，高30余丈，“昼则举烟，夜则明火”。此外，还有公元1760年，由渔民集资在台湾海峡澎湖列岛渔翁岛西南端建造的灯塔，塔身以块石砌成，高9米，上置油灯，灯罩用蚌壳制成，射程1海里。

灯塔分塔身和灯具两部分。塔身用铸铁板、钢架、钢筋混凝土或砖石等多种材料建造，塔身的外形通常有圆形、六角形、八角形和方形，外壁涂不同的颜色或色带以便白天识别。海中灯塔须经受海洋风浪浸蚀，其塔身设计和建筑要求很高。塔身里有楼梯直通塔顶灯笼，笼内灯具有发光器和光学透镜，发光器的发光体中心位于光学聚光透镜的焦点。光源辐射出来呈球面的光通过聚光透镜成为具有一定扩散角的平行光束射向海面。

19世纪初以前的灯塔燃烧煤或木材，发出烟火，以后也曾用过蜡烛和油灯。现代灯塔发光器的能源通常为乙炔、电力或太阳能。灯塔的灯光射程一般为15～25海里，有的超过30海里。射程远近同两个基本条件有关：一是灯光的地理视距或初显距离，主要取决于观测者眼睛和灯光离海面的高度；二是灯光视距，主要取决于光源的发光强度。因此，灯塔灯光除发光强度外，还须具有一定高度才能达到一定射程。灯光视距受地理视距的限制，即使灯光视距大于地理视距，灯塔的实际灯光射程仍等于它的地理视距。目前，光强最大的是法国德·克雷阿克灯塔，达5亿烛光。

灯塔的灯质分为定光、闪光、联闪光、明暗光、互闪光等，相邻灯塔的灯质均不相同。有的灯塔发出红、白或绿、白不同颜色的光弧，通常用红、绿光表明光弧内有沉船、暗礁等危险物。大型灯塔还设有雾警设备和无线电指向标。

从18世纪起，国际海运事业蓬勃发展，促使灯塔技术不断进步。公元1784年出现无烟油灯；公元1791年出现有抛物面反射镜的发光器；公元1823年出现透镜灯塔；公元1858年出现电力灯塔；公元1885年第一次用沉箱法在软地基上建造灯塔；1906年第一座气体闪光灯塔落成。百余年来灯塔数量大增，公元1850年全世界仅有灯塔1570座，1900年增到9400座，到1984年初，包括其他发光航标总共已超过55000座。灯塔通常有人看守，是极其重要的目视航标。随着技术的发展，灯塔的可靠性大大提高，目前很多重要灯塔已改为无人看守。

20世纪后期，随着内河航道建设的不断发展，我国内河航运空前繁荣，以往多出现在沿海航道上的灯塔逐步在内河航道上出现并发展迅猛。以长江为例，随着长江干线航道的大力整治，航道的通过能力不断提高，可折叠桅杆的万吨级海轮在丰水期可以直达武汉。内河航道固定航标的大型化、现代化的要求十分迫切。近几年，承担长江干线航道维护管理的长江航道局在长江中下游两岸建造了许多大型灯塔式航标。

图片中的灯塔是2007年建成的长江下游南京梅子洲灯塔，塔身挺拔高大，颜色鲜艳，塔座进行了景观化造型处理。同时，灯塔采用射程远且环保节能的LED冷光源，配备雷达应答器。梅子洲灯塔在发挥更为强大的助航导航

长江下游的新型灯塔（殷黎摄）

作用的同时，更是与周围的环境和谐相处，相互增辉，代表了当前中国内河灯塔的建设方向。

（二）信号台

峭壁山崖上，悬挂着航行标志的信号杆高高耸立，清晰挺拔。在漫山的红叶中，隐约着青瓦白墙的信号台房。山脚下，一条大江蜿蜒而行，波涛中传来船哥哥雄浑的号子，川江的故事以这样一个场景开篇，生动演绎了近百年。

信号台是山区航道特有的助航建筑物。山区航道滩多水急，蜿蜒曲折，两艘相对而行的船只，因为极度弯曲的河道，往往相距很近也看不到对方。还有些河段能行船的航槽过于狭窄，只能采取单边航行的方式轮流通过。用航道专业术语来讲，这些都属于航道的控制河段。为解决这些问题，就必须进行统一的通航指挥，航道信号台也就应运而生。

目前，国内珠江和长江上游的山区航道都建有信号台。其中以长江上游四川、重庆段（俗称川江）最多也最典型。

川江设立信号台的历史起源于20世纪初。1915年8月17日，当时的川江航道管理部门——海关长江上游巡江工司，在万州附近的狐滩嘴设立起标杆信号，以示意船舶自动采取避让措施，防止两船在河槽内会让碰撞。这是川江有史以来正式设立的第一座信号台。

20世纪50年代的川江信号台（陈宝平摄）

20世纪60年代使用的砖木结构的苏式台房（长江航道局供图）

新中国刚成立后的20世纪50年代，川江航道进行了大规模的系统整治，航道条件大为改善，航运事业飞速发展。航运管理部门对川江信号工作按照“通行”和“雾情”两种不同职能的信号进行了彻底改革，建立了能起指挥控制作用和能揭示雾情的信号设施。将川江狭窄河段划分为49个控制河段，并依照控制河段的长短在每一个控制河段内设立1～3个信号台，信号台数量急剧增加。但由于国家还比较贫穷，所有的信号台基本上都是简陋的活动木房。

20世纪60年代开始，国家经过10年左右的建设，经济全面恢复。川江的100多座信号台基本上全部换成了砖木结构的苏式台房。信号员工作和生活的条件大为改善。其后由于众所周知的原因，国家经济建设基本停滞，川江的苏式信号台也就一直使用到80年代才逐步退出历史舞台。20世纪80年代末期，为顺应川江航运发展的新形势，在川江开始大量出现红白相间的八角亭式信号台。这种信号台由我国航道部门自行设计建造，在其广泛使用的20多年时间，逐步成为长江船员心中神圣的“灯塔”。

由于信号台选址是以洞悉河段全

情为原则，所以一般信号台都建在高山悬崖之上，周围人烟稀少，信号工每日都只能与孤树野草相邻，与莽莽群山为伴，虽然能看尽峡江风光，但精神上却极其孤寂和苦闷。加上信号揭示要求极其细致和准确，所以多年来，川江信号工都以女性为主。然而，正是这些弱女子，担负起了保障川江航运安全的重任。她们甘守清贫和寂寞，默默无闻地为峡江奉献自己的青春韶华，与伫立了千年的川江神女峰一起，忠贞不渝，为过往的行船指引航向，护佑平安。一位多情的诗人曾经这样描写她们：

我的身体接收你的指引
因此我感受到平安

我的灵魂接收你的指引
因此我感受到高尚

20世纪80年代红白相间的八角亭式信号台（陈宝平摄）

你是川江的神女
我愿意接受你的指引
在我剩余的时光
……

也就是从这些在八角亭中工作的女信号员们，走出了全国劳动模范，走出了全国三八红旗手，更走出了党的十六大代表——谷秀全。

2005年6月10日，三峡库区水位到达135米。第二天，随着一声巨响，重庆万州狐滩信号台被爆破拆除。狐滩信号台建于1915年8月，是川江上最古老的信号台。在90年的时光里，这座信号台虽历经3次改建，但始终伫立在一块突入江面的山坡上，忠实地履行着自己神圣的职责，在新中国成立后的半个多世纪里，以险恶著称的狐滩河段未发生任何责任事故。面对渐渐逼近的长江水，这个信号台在一个普通的日子里结束了自己的光辉历程。

一位到现场的记者这样描述当天的情况：爆破当天，在信号台里工作过的5位信号员早早地来到长江边，跟自己工作过的信号台告别，这其中有4位信号员是女性。

36岁的女信号员刘兴玲说，她们昨天还在这个信号台里站着最后一班岗，指挥着过往的船只，直到下午三点零五分才停止工作，因为爆破单位要进驻信号台安放爆破炸药。

长江重庆航道局老专家杨本琪也曾经在狐滩信号台工作过，1965年9月26日，时任中国总理的周恩来、副总理的陈毅与西哈努克亲王一道乘“江津轮”来到三峡，轮船当天就在离狐滩不远的地方抛锚停靠。第二天早上6时，杨本琪发出了“江津轮”前行的信号。

狐滩以前以险恶著称。河道又弯又窄，水流湍急，逆水而行的船只必须借助外力才能通过此处。如今狐滩江面开阔，水流平缓，船只经过此处已如行平湖。

三峡工程的兴建，特别是2003年6月，三峡大坝135米蓄水后，川江航运在新世纪迎来了发展的又一个春天。航道宽阔了，水流平缓了，天堑变成了通途。航道条件的极大改善使得库区某些河段的通航没有必要再进行控制指挥，于是很多信号台将结束自己的历史使命，从长江边消失，狐滩信号台是其中最后被拆除的一个。

当今川江航道上使用的欧式信号台（陈宝平摄）

但是，由于船舶的吨位的大幅提升，库区航道的个别地方还是需要信号台指挥，船舶才能安全通行，川江库区以外的航道信号台也将继续存在。经过反复的科学论证，长江航道部门最后确定在库区航道修建15座新型欧式建筑风格的信号台，库区以上的川江信号台也将按照这一模式逐步进行改建。这些信号台房除继续秉承八角亭台房醒目实用的主要特点外，更加美观大方，成为镶嵌在千里川江玉带边上的一颗颗明珠。尤为值得一提的是，在三峡135米蓄水期间及前后，广大的信号员一方面继续切实担当起为行船保驾护航的神圣使命，另一方面积极响应国家的拆迁号召，在旧台房拆除而新台房还没有建立起来的时候，或在山坡上搭帐篷，或在长江边利用暂时闲置的趸船坚持工作，在长江航运史上，破天荒地出现了帐篷信号台、水上信号台。这些帐篷信号台和水上信号台存在的时间虽然只有短短的两三个月，但他们的功勋却难以磨灭。

二、船闸——船舶上下的楼梯

在当今世界的各大河流上，修建了或正在修建众多的拦水大坝，修建这些大坝的原因是出于人类对水资源的综合利用。然而，大坝造成了坝上坝下巨大的水位落差，这对航行在河流中的船舶来讲，似乎自己的航路被生生截断。为了解决这个问题，人们从楼梯中获得灵感，在坝体上专门为船舶修建了一种的建筑，利用这种建筑，使船舶能从下至上或从上至下仿佛踏着一级级的阶梯翻越大坝，驶向新的航道，这种建筑的名字就叫做船闸（多级船闸或升船机）。

专业一点来说，船闸是用以保证船舶顺利通过航道上集中水位落差的厢形水工建筑物，多建筑在河流和运河上，或为克服较大的潮差，也建筑在入海的河口和海港港池口门处。船闸是航道上应用最广的一种通航建筑物。

中国是建造船闸最早的国家。史载公元前221年，秦始皇在统一中原之后便开始了统一全国的第二阶段——向岭南进军。始皇帝为了解决运输问题，在崇山峻岭间开凿了一条人工运河。

由于运河处在高山之上，而湘江和漓江的水位差又很大，最高处的比降达1/160，也就是说，在160米长的河道中，两端的水位差高达1米，超过了适合于航行的比降（一般为1/3000）的20倍。如果采用像盘山公路那样延长河道的办法来降低比降，那么河道的长度和整个工程量将扩大好多倍，即使地理条件允许这样做，但挖河的时间将长达数10年!这显然是不可能的。在这种情况下，我国古代劳动人民发明了“陡门”（或称斗门），也就是在运河水位比降较大的地方，筑成了一个又一个陡门，陡门上设有陡杠、陡脚、陡编等专用设施，以便放水和堵水。当船进入陡门后，随即把入口堵严；再把前进方向的陡门打开，使水不断流入陡门，于是水位就一样高了。水涨船高，便能顺利地进入到前方的陡门内。如此周而复始，每过一个陡门，船就进入水位较高的河段，这样，就能在水位差很大的河流中航行了。这种陡门便是最初的船闸。

灵渠陡门（来自橡树摄影网）

秦始皇修建的这条弯弯曲曲的运河，因为到处都设有灵巧的陡门，人们便把它称为灵渠，灵渠是世界上第一条船闸式运河。

南朝宋景平年间(公元423～424年)，在扬子津（今江苏省扬州市扬子桥）河段上建造了两座陡门，顺序启闭这两座陡门，控制两陡门间河段的水位，船舶就能克服水位落差上驶或下行。宋代雍熙年间（公元984～987年）在西河(今江苏省淮安至淮阴间的运河)建造两个陡门，间距50步（约合76米），陡门上设有输水设备，这就是中国历史上有名的西河闸，是现代复合式船闸的雏形。

在国外，单闸在12世纪首次出现于荷兰。1481年意大利开始建造船闸。20世纪后，在美国、苏联和西欧各国，由于河流的开发和航运的发展，船闸的数量逐渐增多，技术上也不断改进。目前最大的内河船闸长360米，宽34.5米，槛上水深5米，可通过2万吨级的顶推船队。最大的海船闸长500米，宽65.4米，槛上水深超过15米，可通过30万吨级的船舶。

船闸一般由闸首、闸室、输水系统、闸门、阀门、引航道等部分以及相应的设备组成。

闸首：将闸室同上下游航道隔开的挡水建筑物，分上闸首和下闸首。闸首通常采用整体式钢筋混凝土结构。

闸室：由船闸的上、下闸首和两侧的闸墙围成的空间。闸墙上设有系船柱、浮式系船环等，供船舶在闸室内停泊时系缆用。过闸船舶在闸室中随着闸室内水面升降而升降。

输水系统：供闸室灌水和泄水的设施。

闸门和阀门：包括工作闸门和输水阀门。工作闸门是设在上、下闸首上的活动挡水设备。常用的门型有人字闸门、平板升降闸门、横拉闸门、扇形闸门（又称三角闸门）等，以人字闸门应用最广。输水阀门设在输水廊道上，用来控制灌泄水时的流量。

引航道：连接船闸和主航道的一段过渡性航道，分上游引航道和下游引航道，其平面形状和宽度、水深要能使船舶安全迅速地进出闸室。

船舶过闸程序：船舶过闸下行时，通过输水系统的调节，使闸室水面与上游水位齐平，打开上闸门，船舶由上游引航道驶入闸室，随即关闭上闸门，由输水系统从从闸室泻水，待闸室中的水面下降到与下游水位齐平时，开启下闸门，船舶即由闸室驶出。船舶上驶时的过闸程序则相反。

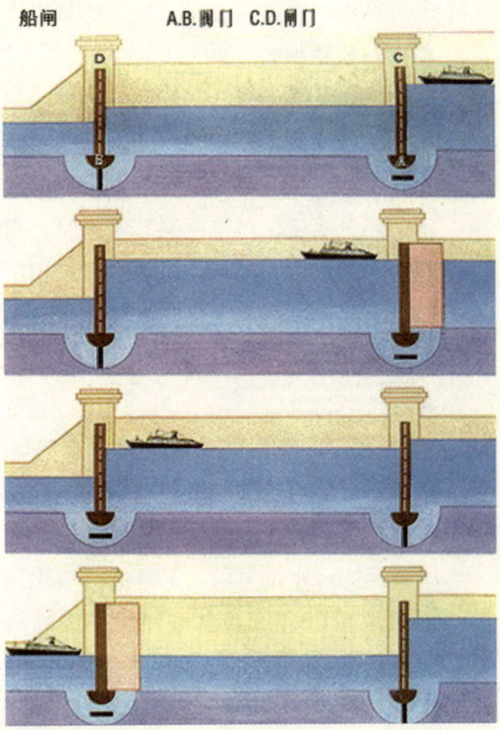

船舶过闸示意图（来自百度百科）

船闸一般由设在闸首边墩上的中心控制室集中管理。通过电气闭塞装置远距离操纵闸门和阀门启闭。在有的船闸上，还将指挥船舶航行的信号装置同闸门、阀门的操纵设备联系在一起，以实现过闸程序的自动化。

船闸按照所处位置可分为海船闸、河船闸和运河船闸；根据沿船闸轴线方向的闸室数目可分为单级船闸、双级船闸和多级船闸（又称单室船闸、双室船闸和多室船闸），以单级船闸使用最广。

水头最大的单级船闸是俄罗斯额尔齐斯河上水头为42米的乌斯季卡缅诺戈尔斯克船闸。级数最多的多级船闸是俄罗斯卡马河上的6级船闸。

法国塞纳河上的船闸（章婧摄）

船闸根据同一枢纽中布置的船闸数目可分为单线船闸、双线船闸和多线船闸。通常情况下一个枢纽一般只布置一个船闸，即单线船闸。过闸运量较大时，可布置双线船闸或多线船闸，通常待运量增加后再陆续增建。目前线数最多的船闸是莱茵河上荷兰境内的福耳克腊克四线船闸。

除普通船闸外，还有一种省水船闸。省水船闸是在船闸闸室的一侧或两侧建有贮水池，暂时贮存闸室泄水时泄出的部分水量，待闸室需要灌水时，再将贮存的水灌入闸室，以节省过闸用水量。省水船闸一般建造在水源不足的地区，目前建造较少，主要为德国所采用。

目前，在某些坝区，还建造有一种名叫升船机的船舶过坝建筑物，它是用机械方法将船舶自一水位河段提升或下降至另一水位河段。最早的机械化升船机是1788年在英国开特里建造的斜面升船机。此后法国、德国和比利时等国也都建造了升船机。世界最大斜面升船机位于俄罗斯叶尼塞河克拉斯诺雅尔斯克，可升降1500吨级船舶，升程101米；最大的垂直升船机位于比利时中央运河的斯特勒比布拉克里，最大可升降2500吨级驳船，升程73.15米。升船机的动力一般是采用燃油和电力。

我国的三峡工程同样设计有升船机这种设施，预计2009年前后投入运行。三峡工程通航设施由永久船闸和升船机构成，船舶通过永久船闸一般需要2小时35分，而通过升船机垂直提升过坝总共只需30分钟。三峡升船机设计长120米、宽18米，承船箱水深3.5米，它将船和水一同提升过坝，一次可通过一艘3000吨级的客货轮或一艘1500吨级驳船，其规模和技术复杂

松花江大顶子山船闸（章婧摄）

运煤船队通过船闸航道（章婧摄）

程度均属世界第一。

升船机与永久船闸相比，虽然过坝耗时短，但是载重量却远远小于永久船闸。3000吨级以上的船队无法通过升船机来过坝，因此，一些干线航道的主要过坝设施还是永久船闸，升船机只是相应的补充。

当今世界上规模最大、水头最高、技术最复杂的船闸——三峡双线五级连续船闸。

三峡双线五级连续船闸，位于三峡大坝右侧的坛子岭外侧，世人称之为“长江第四峡”。每个闸室长280米，宽34米。

三峡船闸的设计年通过量是5000万吨，通过的单体船只最大为3000吨，万吨船队可以直接通过船闸。大坝如果蓄水到175米，船闸工作的水位上游是175米，下游工作的最低水位是62米，水位相差113米，这个落差就是三峡船闸工作的总水头。如果是一艘船从下游通过船闸到上游，就相当于爬了40层楼。连续5级船闸编号从上游开始，上游是第一级船闸，下游是第五级闸室。五级船闸除了五级闸室外，还包括从上游引航道和下游引航道，全长6442米。其中，从第一级船闸上闸首至第五级船闸下闸首长1607米。

三峡船闸的闸门是“人字门”，共有12对闸门，其中最大的单扇尺寸为20.2米×39.5米，如果两扇门合在一起差不多有3个篮球场那么大，是目前世界上罕见的巨型闸门。闸门安装要通过测量、吊装、焊接3道技术难关，涉及声、光、电、力、冶金等10多个学科知识，技术难度之高居当今世界同类工程之首。人字门承担单向水头，越压越紧，最大重量350吨，这么大的门关合之间缝隙只有0.2毫米，从尺寸和重量来说，都可称为“天下第一门”。

三峡船闸为五级船闸，这样船只通过最快也要大约2小时35分钟，为什么要这样设计呢？因为大坝113米的设计总水头，远远超过了目前世界上单级船闸已达到的安全工作水头。三峡船闸的规模和规划运量大，不适合采用带有节水设施的特高水头单级船闸的方案。

因此，必须对船闸进行分级。连续多级船闸的水级划分方式，与枢纽上、下游水位变化的条件，坝址的地形、地质条件，工程的技术难度，船闸运行分期、船闸工程量、造价、船闸运行和管理的条件等因素有关。三峡船闸按照尽可能减小工程的技术难度，节省工程量和造价，船闸的运行和管理方便等原则，经过研究比较，采用将总设计水头分为5级。

三、纤道——人类用肩膀拉动文明前行

三峡五级船闸（林海摄）

船过西陵峡呀，人心寒，

最怕是崆岭呀，鬼门关！

一声的号子，我一身的汗！

一声的号子，我一身的胆！

一条纤绳九丈三，纤夫尸骨埋江底。

父子代代肩上拴，老板年年添新船。

粗旷的纤夫号子伴随着两岸千仞峰峦和汹涌奔腾的江水从远古传来，至今余音不绝，三峡的壮美因此而酣畅淋漓。纤绳在岁月的石壁上刻下深深的痕，纤道上前人和后人的

著名油画家陈可之作品：长江魂——三峡纤夫局部

脚印窝子重叠出一路倔强的灵魂。纤绳拉动的是难行的航船，肩膀背负的却是人类文明的重担。不仅仅是长江三峡，在黄河故道，在大运河两岸，在全世界各个急流险滩，一条条曲折延伸的纤道伴随着一条条航道凝固着人类负重前行的每一个足印。

纤道顾名思义就是供纤夫拉纤时走的道路。在很长一段历史时期，船舶都是木制帆船，一旦航船遭遇急流险滩，就很难依靠自身的力量通过。于是，就有了在岸上通过绳子拉动船舶前行的纤夫，也就有了专供纤夫们拉纤行走所有的纤道。

在我国，几乎所有能通航的大江大河上，都有纤道的存在。其中最为著名的是长江三峡的纤道和大运河古纤道。

（一）长江三峡纤道

古代长江三峡交通，全依赖水路舟楫往来。然而，江水湍急，险滩密布，上水大型船队需依靠纤夫拉纤助航，方可闯越三峡天险。有记载，三峡

长江纤夫（来自百度百科）

黄河纤夫（来自百度百科）

纤道自奉节白帝城起，经巫山县至湖北省交界处的鳊鱼溪，全长97.5公里，号称“二百里纤道”，它是我国最著名、最艰险的一条古纤道。三峡纤道何时开凿的，目前众说纷纭。著名历史学家任乃强先生认为：三峡纤道，汉代已有。证据在《三国志·蜀先主传》：“章武二年(公元222年)，陆逊大破先主军于猇亭……”；《吴陆逊传》：“备升马鞍山，陈兵自卫。逊督促诸军，四面蹙之，土崩瓦解，死者万数。备因夜遁，驿人自担，烧铙铠断后，仅得入白帝城。”他认为，这条步道就是长江三峡北岸的纤道。

清代史书中明确记载了近代三峡纤道开凿改造情况，清代光绪14年（公元1888年），夔州知府汪鉴“尝望夔门险隘，欲疏通以便行旅”，乃筹金数万，奏请开辟三峡纤道，获得四川总督刘秉章的支持，于当年4月正式兴工。由于工程规模浩大，官府采取了分段施工的方法进行。首先修凿了从夔峡口的白帝城到大溪对面状元堆的夔峡纤道，长约30里。由于夔峡都是悬崖峭壁，工匠开始无所凭借，只能够以绳系腰，对着石壁凿孔，在孔中填埋火药炸开，这样边炸边凿，硬是在千仞峭壁的上开凿出一条宽五、六尺，路势平坦的纤道。沿途还修建了跨越沟涧的平桥19座，拱桥4座，整个工程历时2年。同时，汪鉴又于清代光绪15年10月（公元1889年11

长江三峡古纤道上纤绳在岩石上刻下深深的绳槽（来自百度百科）

月），兴工开凿巫山县城到川鄂交界的鳊鱼溪、青莲溪的巫峡纤道。道长75里，建桥4座。夔峡纤道完工后，在状元堆到巫山县城东的90里距离中，又采取同样的施工方法，开凿出宽平的纤道。

由于工程完工后实实在在造福于民，四川总督刘秉璋奏准朝廷降旨嘉奖汪鉴，以表彰他开道为民的功绩。后人在瞿塘峡石壁上刻有“开辟奇功，天梯津隶（立之旁）”8个大字，至今可见。之后，清代光绪31年（1905年），由湖北官府拨款及绅商资助完成了在西陵峡内数段纤道，计100余里的修筑任务。从此，三峡行船拉纤及陆行运输，无不称便。

（二）大运河古纤道

大运河古纤道位于浙江运河绍兴段的河面上，据民国《绍兴县志资料》第一辑载：“自郡城东百里抵曹娥，为四明孔道；西百里抵钱清，为武林孔道。石城一线，绵亘二百里，由来尚矣。”旧时西起钱清江，途经湖塘、阮社、柯桥、东湖、皋埠、陶堰、东关等集镇，东至曹娥江，全长75公里。

据《越绝书》记载，出绍兴东廓门至曹娥江段浙江运河，是古越时期就已形成的“山阴古水道”。到西晋时，会稽时期史贺循又主持开凿了从绍兴西廓山至萧山西兴的浙江运河西段，至唐代元和10年（公元815年），现东观察使孟简又大规模疏浚浙东运河，由于河面宽，舟行方便，河堤早已成为人们行舟背纤的通道。但因土堤纤道并不坚固，“聚雨辄颓”。到了明代弘治年间，山阴知县李良改用坚硬平实的大青石铺砌纤道，“自虹桥达钱江，亘五十余里，塘以永固，田不为患”。清代康熙年间，山阴庠生余国瑞也捐资倡修，数年竣工。此后又多有修缮。民国36年（1947年），为了加强水陆交通建设，曾成立“绍兴县修筑官塘委员会”，对古纤道作了较大整修。经过几代人的努力，始成今貌。

古纤道现存两段，一段长502米，149桥孔；一段长377.4米，112桥孔。

至今保存最完整的在柯桥至钱清一带的运河上。两面临水的古纤道，多在水深河宽处，其路基是用石条砌成的一个个石墩，高出水面0.5米左右，墩间用3块长约3米、宽约0.5米的石板平铺而成桥面，故有“白玉长堤”的美誉。纤道顺着运河，时而一面临水，一面依岸；时而两面临水，平铺水中，俨然一条飘带，蜿蜒伸向水天极目之处，由于古纤道贴水而过，上面可行人背纤，遇大风大浪，又仿佛是中流砥柱，可抵消风浪对船只的撞击。古纤道上，不时会出现一座座横跨运河的石梁桥或石拱桥。但见桥上行人，桥下背纤，舟行画里，人在镜中。多姿多态的数10座石桥，是运河上画龙点睛之处，最著名的有单孔石拱桥荫毓桥、拱桥与高低石梁相结合的多跨桥梁太平桥等。

1988年，运河古纤道被国务院公布为全国重点文物保护单位。保护范围东起柯桥镇上谢桥，西至钱清镇板桥，全长7.5公里。

黄河可通航的某些区段也曾经有过纤道，比较著名的有三门峡纤道和麒麟滩纤道。此外，长江和珠江水系山区的支流航道上，都有过纤道。国外的纤道没能找到详细的记载，但是从俄罗斯的一副名画《伏尔加河上的纤夫》也可以判断出国外也有纤夫这个职业，因而也必定有纤道的存在。

纤道作为一种助航手段存在了几千年，它与河流，与航道一起支撑着人类舟楫往来的活动，河流承载着船舶，纤夫则通过纤道拉动着船舶，于是便有了船来船往，便有了物资的流通、文化的交融，便有了人类社会的发展。但是，跟天然航道不同的是，纤道是人类人工开凿建造起来的，是人类在克服艰难险阻，改造自然过程中打向大自然的深深印记，蕴含着人类特有的智慧和情感。

运河古纤道今貌（来自百度百科）

随着时代的进步，铁壳机动船已经全面取代了过去的木质帆船，强劲的动力和不断改善的航道条件使得从事拉纤这个职业的人越来越少，纤道也随之寂寞起来。20世纪50年代，刚刚成立的中华人民共和国对长江川江段进行了大规模的整治，大大改善了航行条件，并最终实现了川江夜航。从那个时候开始，沿着三峡古老的纤道在峡谷中长途拉纤的景象从此不再，取代的是设在少数地点并拥有助绞设施的固定绞滩站，摄人心魄的川江的号子也就是在那个时代成为绝响。再后来，三峡工程兴建，三峡开始蓄水，绞滩站也退出了历史舞台。到如今，古老的三峡纤道已经大部分沉入江中，但是，它对人类文明发展所作出的伟大贡献必将让它带着满身的荣耀，永远灿烂于历史的天空。

伏尔加河上的纤夫（作者：俄罗斯列宾）

长江纤夫（来自百度百科）

黄河纤夫（来自百度百科）

四、坝和桥——与航道相伴相生

“水坝”通常指的是建在水中，拦截江河渠道水流以抬高水位或调节流量的挡水建筑物。另外，为调整河势、保护岸床而建的航道整治建筑物也称为坝，如丁坝、顺坝和潜坝等。水坝从本质来讲，是人类在认识自然的前提下，以发展灌溉、防洪、发电、航运为主要目的，从而综合利用水资源而建造的一种人工建筑。从规模小、结构简单的挡水堤坝到雄壮、坚固、技术先进的拦水大坝，坝的发展历程充分反映了人类在征服自然过程中的思想进步和技术进步，可以说是人类文明发展的一个缩影。

水坝由于多是建设在江海河流中，因此也跟航道、船舶、航运有着及其紧密的联系，水坝中有一类就是专门为改善航道通航条件而建造。而在为综合利用水资源而兴修的各种大型水利枢纽中，作为主体建筑的拦水大坝往往都在设计和建造中充分考虑到通航的需求，在高大伟岸的坝体上一般都配套建有船闸、升船机等助航设施。这些设施结构复杂，建设难度极大，技术要求极高，是人类智慧的集中体现，同时也是坝区极具观赏性的一道靓丽景观。此外，大坝建成截流后，形成的坝上库区航道通航条件极大改善。所谓高峡出平湖，三峡大坝截流后的川江航道就是典型的一个例子。成库后的三峡航道，由于水位的抬高，昔日的崇山峻岭如今变得妩媚和灵秀，诗曰：“巫山云雨在，峡江接天开，波光存山影，万船镜中来。”三峡大坝造就了全新的航道风景。

（一）用于改善航道的水坝

受不同地理环境的影响，航道存在不同的天然状态。不同地段航道的通航能力各有不同，有些浅险水道成为制约航运大发展的“瓶颈”。因此，必须通过人为的整治行动来改善这些“瓶颈”航道的航道条件。航道整治行为自古有之，古代虽然整治河道的主要目的是治理水患，但是都在不同程度上派生出改善船舶航行条件的功效。近代以来，世界各国都高度重视对河流航运的开发利用，几乎所有能够通航的河流都留下了人类人工整治的印记，这些印记就是散布在各个河道中的航道整治建筑物。这些建筑物大小不一，或精致或粗拙，或位于水上，或位于水下，但都忠实记载着人类认识、改造大自然的高超智慧和莫大勇气。

航道整治是河道治理的一个部分。中国的航道整治有着悠久的历史。相传大禹治水时就遵循顺水之性，因势利导的方法。公元1565年，潘季驯提出了

"以堤束水，以水攻沙"的整治原则。1949年后，随着水运事业的发展，中国从东北到西南在数量众多的河流上都进行了航道整治工程。长江上游的川江（宜昌至宜宾）通过整治改善了航道条件，结束了川江不能夜航的历史。沿海的闽江、甬江、瓯江和黄浦江等河口，通过整治均取得了明显的效果。欧洲的莱茵河、美国的密西西比河以及俄罗斯的伏尔加河也都进行了大规模的航道整治工程。

航道整治就是用整治建筑物调整和控制水流，稳定有利河势，以改善航道航行条件的工程措施。航道整治的主要任务包括稳定航槽，刷深浅滩；增加航道水深，拓宽航道宽度，增大弯曲半径；降低急流滩的流速，改善险滩的流态等。而这些整治建筑物中的绝大部分就是各种各样的水坝。常见的整治水坝有丁坝、顺坝、锁坝和潜坝。它们分别有着不同的构造、外形、材质和功效，有的坝建在水面，有的坝建在水下。

随着时代的发展，有些整治水坝的外观和建造工艺发生了巨大的变化，而有相当一部分则传自先人，一直沿用至今，古代劳动人民的博大智慧由此可见一斑。

目前国内内河整治水坝较多的集中在长江航道上，这是因为随着国民经济的不断发展，国家对长江黄金水道的建设越来越重视。"九五"以来，国家投入大量资金对长江进行系统整治。交通部提出了"深下游、畅中游、延上游"的长江航道建设的总体思路，在交通部的领导下，具体承担长江航道建设发展任务的长江航道局近年来陆续对长江上许多个碍航的"瓶颈"水道进行了大规模整治，其中就兴修了大量的整治水坝。

这些水坝有的常年暴露在水面，有的则在丰水期淹于江中，枯水期才能让世人一睹风采。2006年的冬季，一位在长江下游东流水道采访的新闻工作者登上了一架低空滑翔机，俯瞰东流水道的通航情况，当飞机升到东流水道江心洲上空时，一副壮观的景象跃入眼帘。东流水道江中心的沙洲边缘被人工建造的护滩带紧紧围住，从洲尾伸出一道极长的一纵多横类似鱼骨的巨大坝体。后来据了解，这就是航道整治中常见的锁坝，目的是牢牢地锁住江中心的这块巨大的沙洲，让它不至于继续发展淤积而影响航运。由于锁坝独特的外形，因此人们就形象地称之为"鱼骨坝"。在鱼骨坝的保护下，无数的船舶从江心洲的两侧安然行驶着。

还有在长江中游的碾子湾水道，一道道"丁"字形的水坝从江岸伸向江中，组成了一排整齐的丁坝群，场面也是蔚为壮观。

由于建筑这些水坝必须是在江水

变浅的枯水季节，也就是一年中的秋冬季节。因此，航道工人往往是冒着寒冷的江风，忍受着刺骨的江水，在艰苦的环境中施工作业。为了在有限的时间里尽可能地加快工程进度，航道人往往是“舍小家顾大家”，放弃元旦、春节等与家人团聚的机会，坚持奋战在工程一线。因此这些江中的水坝不仅发挥着改善航道的功效，更是凸显着代代航道人艰苦奋斗、无私奉献的人文精神。

（二）水利枢纽的脊梁——拦水坝

堤坝式水电站中的主体建筑物是拦水大坝，又称拦河坝。其作用是通过阻挡并存蓄上游来水形成上游调节水库。一方面可以通过水库自由调节河流水量，以利于灌溉和防洪；一方面可以抬高河流水位，运用水流下落的势能发电；还有就是对局部河段的航道给予较大的改善，使之更利于通航。此外，水库还有许多其他方面的派生用途。

长江下游东流水道整治中建成的鱼骨坝（陈宝平摄）

世界上最早的拦河水坝是公元前2900年埃及人为向首都孟菲斯供水，在尼罗河上建造的一座高15米的砌石坝。目前仍在使用的最古老的水坝现存于伊拉克，它建于公元前1300年。公元前700年至公元前250年，亚述人、巴比伦人、波斯人修筑了多座供灌溉用的水坝。同一时期，在也门、斯里兰卡、印度、中国也修筑了各种水坝，如中国的都江堰。古罗马人在西班牙普洛色皮纳修筑了一座高12米，用混凝土做芯的水坝，可以看作现代填土坝的先驱。在科纳尔市修筑的另一座水坝采用了倾斜的迎水面，代表了一种更完善的设计，这两座水坝至今还在。公元550年，拜占庭人在今土耳其与叙利亚边界的德拉建造一座弯曲结构的水坝，为现代重力拱坝的前身。14世纪初伊朗人在一狭窄的石灰岩峡谷上修筑了一座拱坝，高26米，而坝身的厚度还不到5米，中间弯曲部分的长度和半径均为38米，由两座直线坝支撑。公元1579年至1589年在西班牙蒂维建造的一座重力拱坝，高42米，在后来近3个世纪中，始终是欧洲最高的水坝。

在第二次世界大战结束前的100年中，设计和建造水坝的经验在许多方面取得了进展。如1936年美国建造的胡佛水坝是一座采用先进理论设计的重力拱坝。1940年竣工的佩克堡水坝，土方量9600万立方米，是当时世界最大的水利工程。

水坝的规模有大有小，现在学界规定水坝高度（从地基处算起）大于或等于15米，或高度在5米至15米之间，且总储水量超过300万立方米的水坝属于大型水坝。坝的高度取决于枢纽地形、地质条件，淹没范围，人口迁移，上、下游梯级水电站的关系以及动能指标等。

三峡大坝鸟瞰（三峡通航管理局提供）

自20世纪50年代以来，各国建造水坝的数量一直呈上涨趋势，目前全球至少已建成45000个大型水坝。

全世界有一半的河流至少建有一座大型大坝；全世界有三分之一国家的一半以上的供电是依靠水力发电，而大型水坝的供电占去了世界总供电量的近五分之一；全球百分之五十的大型水坝是专门为提供灌溉服务而建造的，在全世界27100万公顷的水浇地中有30%～40%的面积是依靠水坝提供灌溉的。

三峡工程全称为长江三峡水利枢纽工程，坝址在湖北省宜昌县三斗坪镇，距宜昌市40多公里。整个工程包括一座混凝重力式大坝，泄水闸，一座堤后式水电站，一座永久性通航船闸和一架升船机。三峡工程建筑由大坝。水电站厂房和通航建筑物三大部分组成。大坝坝顶总长3035米，坝高185米，水电站左岸设14台，左岸12台，共装机26台，前排容量为70万千瓦的水轮发电机组，总装机容量为1820千瓦时，年发电量847亿千瓦时。通航建筑物位于左岸，永久通航建筑物为双线五级连续船闸及单线一级垂直升船机。

1992年4月3日，七届全国人大五次会议审议并通过了《关于兴建长江三峡工程决议》。1994年12月14日，三峡工程在前期准备的基础上正式开工。三峡工程分三期，总工期17年（1992～2009年）。2006年5月20日下午14时，三峡大坝全线到顶185米高程，这标志着世界上最大的水利枢纽工程中国长江三峡水利枢纽主体工程完工。整个三峡工程预计于2009年全部竣工。工程竣工后，再经过三年时间，即到2012年，最终坝上水位海拔高度将达175米，水位实际提升110米，回水将上溯650公里，直至重庆境内。

长江三峡水利枢纽，是当今世界上最大的水利枢纽工程。1994年6月，由美国发展理事会（WDC）主持，在西班牙第二大城市巴塞罗那召开的全球超级工程会议上，它被列为全球超级工程之一。放眼世界，从大海深处到茫茫太空，人类征服自然、改造自然的壮举中有许多规模宏大技术高超的工程杰作。三峡工程在工程规模、科学技术和综合利用效益等许多方面都堪为世界级工程的前列。它不仅将为我国带来巨大的经济效益，还将为世界水利水电技术和有关科技的发展作出有益的贡献。

也正因为三峡是一个巨大的水资源宝库，它的开发对国家的建设具有重大的战略意义，所以从孙中山到毛泽东、周恩来、邓小平和江泽民，凡是涉及长江治理开发和我国经济建设问题时，都对三峡工程表现了浓厚的兴趣，给予积极支持。

由于三峡工程涉及面广、规模浩大，又有许多复杂的技术问题，因而引起了社会各界广泛的关注。在全国上下一片支持声中，也有表示反对的；有的则对大坝的安全问题、社会环境与生态环境的影响问题等还有种种疑虑。对于这一关系到国家民族和子孙后代的重大工程建设，提出不同的看法和意见，这对三峡工程研究的深入和优化，无疑是有益的。

三峡工程是当今世界最大的水利水电枢纽工程，具有巨大的综合效益。

1. 防洪效益

洪涝灾害历来是中华民族的心腹大患。在长江防洪体系中，三峡工程的战略地位和作用极为重要。

万里长江，险在荆江。荆江流经的江汉平原和洞庭湖平原，沃野千里，是粮库、棉山、油海、鱼米之乡，是长江流域最为富饶的地区之一，属国家重要商品粮棉和水产品基地。荆江防洪问题，是长江中下游防洪中最严重和最突出的问题。三峡水库正常蓄水位175米，有防洪库容221.5亿立方米。荆江河段防洪标准从10年一遇提高到百年一遇，对荆江的防洪提供了有效的保障，对长江中下游地区也具有巨大的防洪作用。

当然，长江防洪是一个系统工程，为了稳定长江河势，发挥防洪和航运效益，除了兴建三峡工程，营造长江中下游防护林工程，在金沙江河段及嘉陵江、乌江等支流修建水利枢纽外，还应坚持上下游、左右岸统一规划，并贯彻“蓄泄兼筹”的原则，加强堤防、分蓄洪和水库工程建设，走综合治理之路，才能最终实现长江流域防洪的“标本兼治”。

2. 发电效益

三峡水电站装机总容量为1820万千瓦，年均发电量847亿度，将产生巨大的电力效益。三峡水电站发出的电力，主要供电地区为华中电网（湖北、河南、湖南）、华东电网（上海、江苏、浙江、安徽）、广东和重庆。

三峡水电站将和华中、华东地区已建、在建和拟建的电站群相结合，使西电东送和北煤南运相结合，将有力地解决华中、华东地区的缺电问题，极大地提高电网的经济性和可靠性。

三峡水电站规模巨大，地理位置适中，将成为我国迄今为止发电效益最大的水电站。三峡水电站巨大的发电效益具体体现在以下4个方面：

（1）支持华中、华东和广东地区的发展

三峡水电站装机总容量、平均年发电量相当于建设13座140万千瓦级的大型火力发电厂，发电效益十分可观。兴建三峡工程对解决21世纪初期一段时间内华中、华东和广东地区用电增长的需要，对促进华中、华东和广东地区经济发展将起到重要作用。

（2）有利于全国电力联网

三峡水电站地处我国中西结合部，它所供电的华中、华东和广东地区，供电距离都在400～1000公里的经济输电范围以内。

三峡水电站全部投入后，可以把华中、华东、西南电网联成跨区域的大型电力系统，可取得地区之间的错峰效益、水电站群的补偿调节效益和水火电厂容量交换效益。仅华中、华东两大电网联网，就可取得300万～400万千瓦的错峰效益，从而具备了北联华北、西北，南联华南，西电东送，南北互供，组成全国联合电力系统的条件。

（3）能创造可观的经济效益

三峡水电站若电价暂按0.18～0.21／度计算，每年售电收入可达181亿～219亿元，除可偿还贷款本息外，还可以向国家缴纳大量所得税。

（4）具有重大的环境效益

清洁、价廉、可再生的水电替代火电后，每年可少排放形成全球温室效应的二氧化碳1.3亿吨，造成酸雨的二氧化硫约300万吨和一氧化碳1.5万吨，以及氮氧化合物等。可见，三峡工程也是一项改善长江乃至全球生态环境的工程。

3. 航运效益

长江干流流经七省二市，历来就是沟通我国西南腹地和东南沿海的交通运输大动脉，在国民经济中占有十分重要的地位。

三峡工程位于长江上游与中游的交界处，地理位置得天独厚，对上可以渠化三斗坪至重庆河段，对下可以增加葛洲坝水利枢纽以下长江中游航道枯水季节流量，能够较为充分地改善重庆至武汉间通航条件，满足长江上中游航运事业远景发展的需要。三峡工程与葛洲坝工程联合运行，对长江上中游显著的航运效益体现在以下几个方面：

（1）万吨级船队可以直达重庆，年通航能力能够从现在的1000万吨提高到5000万吨，同时有效解决了“中游水浅，上游滩险”的问题，扩大了重庆至武汉间航道通过能力，可满足长江上中游航运事业远景发展的需要，对促进西南地区国民经济快速发展有着重要意义。

此外，三峡工程建成后，由于长江上中游航道和水域条件的改善，将促进船型、船队向标准化、大型化方向发展。

（2）在自然情况下，重庆至宜昌间航道在一年内洪、枯水位最大变幅达60米以上（巫山断面），给港口、航道建设和航标管理带来很大困难。三峡工程建成后，年水位变幅在30米以内，水深增加、水域扩大、险滩的整治、疏浚、维护费用大大减少，并为系统地进行库区港口、航道建设和航标管理创造了有利条件。

（3）三峡工程可与重庆市境内长江干流及支流乌江、嘉陵江的水利枢纽工程相衔接，使长江干流及几大支流的航运事业进一步发展；还可使香溪、神农溪、大宁河、龙河、黎香溪等中小支流的通航里程增加约500公里。

4. 其他效益

（1）三峡库区经济落后，人均收入较低，基础设施严重不足，亟待开发。兴建三峡工程将巨额资金投入库区，必然给库区经济发展带来生机，对库区的工农业生产，第二、三产业的发展，科学文化教育的振兴，城镇的建设，均将起到积极的促进作用。

（2）三峡水库能蓄洪水，经水库调节后，可提高下游枯水季节流量，这将对解决华北缺水的南水北调中线引水工程产生积极的作用。

（3）三峡工程是特大型的综合性系统工程，它涉及多方面的重大科技问题，如大型设备制造、专业人才的培训、重大工程项目的技术经济决策方法、三峡工程中关键问题的应用基础研究等。可以预期，通过三峡工程的建设实践，必将促进我国科学技术的发展。

（三）桥，水梁也

《说文》里面对桥的解释非常形象直观：桥，水梁也。也就是说，桥是架在水面上空的供人和陆地交通工具通行的人造通道。当然，随着时代和技术的发展，如今桥的内涵被大大扩充，不光有建在水面上的桥，还有架在两山之间的桥，以及城市里常见的立交桥等。世界上建桥的历史相当悠久，开始的桥就是为了人们跨越河流而专门建造的。因此，从桥诞生的第一天开始，就与河流接下了不解之缘。河流载船，桥梁载人载车。和航道一样，桥梁一样背负着沟通四方的重要使命，可以说航道和桥梁是人类发展的经络，通过他们，人类文明的血液流动不息，滋养万物。

桥由上部结构和下部结构两部分组成。上部结构包括桥身和桥面；下部结构包括桥墩、桥台和基础。它们高悬低卧，形态万千，有的雄居山岙野岭，古朴雅致；有的跨越岩壑溪间，山川增辉；有的坐落闹市通衢，造型奇巧；有的一桥多用，巧夺天工。不管风吹雨淋，无论酷暑严冬，它们总是默默无闻地为广大的行人、车马跨江过河，飞津济度。

中国山川众多、江河纵横，是个桥梁大国，在古代无论是建桥技术，还是桥梁数量都处于世界领先地位。千百年来，桥梁早已成为人们社会生活中不可缺少的组成部分。在著名的《清明上河图》中，就描绘了桥上人流如织，桥下船来船往的繁华场景。

清明上河图局部（来自百度百科）

我国的桥梁，大致经历了4个发展阶段。

第一阶段以西周、春秋为主，包括此前的历史时代，这是古桥的创始时期。此时的桥梁除原始的独木桥和汀步桥外，主要有梁桥和浮桥2种形式。当时由于生产力水平落后，多数只能建在地势平坦，河身不宽、水流平缓的地段，桥梁也只能是写木梁式小桥，技术问题较易解决。而在水面较宽、水流较急的河道上，则多采用浮桥。

第二阶段以秦、汉为主，包括战国和三国，是古代桥梁的创建发展时期。秦汉是我国建筑史上一个璀璨夺目的发展阶段，这时不仅发明了人造建筑材料的砖，而且还创造了以砖石结构体系为主题的拱券结构，从而为后来拱桥的出现创造了先决条件。战国时铁器的出现，也促进了建筑方面对石料的多方面利用，从而使桥梁在原木构梁桥的基础上，增添了石柱、石梁、石桥面等新构件。不仅如此，它的重大意义，还在于由此而使石拱桥应运而生。石拱桥的创建，在中国古代建桥史上无论是实用方面，还是经济、美观方面都起到了划时代的作用。石梁石拱桥的大发展，不仅减少了维修费用、延长了桥的使用时间，还提高了结构理论和施工技术的科学水平。因此，秦汉建筑石料的使用和拱券技术的出现，实际上是桥梁建筑史上的一次重大革命。故从一些文献和考古资料来看，大约在东汉时，梁桥、浮桥、索桥和拱桥这四大基本桥型已全部形成。

第三阶段是以唐宋为主的，包括两晋、南北朝和隋、五代时期，这是古代桥梁发展的鼎盛时期。隋唐国力较之秦汉更为强盛，唐宋两代又取得了较长时间的安定统一，工商业、运输交通业以及科学技术水平等十分发达，是当时世界上最先进的国家。东晋以后，由于大量汉人贵族官宦南迁，经济中心自黄河流域移往长江流域，使东南水网地区的经济得到大发展，经济和技术的大发展，又反过来刺激桥梁的大发展。因此，这时创造出许多举世瞩目的桥梁，如隋代石匠李春首创的敞肩式石拱桥——赵州桥；北宋发明的叠梁式木拱桥——虹桥、用筏形基础、植蛎固墩的泉州万安桥；南宋的石梁桥与开合式浮桥相结合的广东潮州的湘子桥等。这些桥在世界桥梁史上都享有盛誉。尤其是赵州桥，类似的桥在国外晚了7个世纪方才出现。

第四阶段为元、明、清3代，这是桥梁发展的饱和期，几乎没有什么大的创造和技术突破。这时的主要成就是对一些古桥进行了修缮和改造，并留下了许多修建桥梁的施工说明文献，为后人提供了大量文字资料。此外，也建造完

赵州桥（橡树摄影网.yong826摄）

成了一些像明代江西南城的万年桥、贵州的盘江桥等。同时，在川滇地区兴建了不少索桥，索桥建造技术也有所提高。

桥梁横跨水面，必然会对航道通航造成一定的影响。为此，我们的先人也采取了诸多的办法来解决这个问题，比如著名的赵州桥。

赵州桥，又名安济桥，也叫大石拱桥，坐落在河北省赵县城南五里的清水河上。它不仅是中国第一座石拱桥，也是当今世界上第一座石拱桥。唐代文学家张鹜在《朝野佥载》中赞美桥如“初云出月，长虹饮涧”。

这座桥建于隋代公元605年至618年，由一名普通的石匠李春所建，距今已有1350多年的历史。在漫长的岁月中，虽然经过无数次洪水冲击、风吹雨打、冰雪风霜的侵蚀和8次地震的考验，却安然无恙，巍然挺立在清水河上。李春设计的赵州桥，桥身长50.82米，宽9. 60米，大拱的净跨度长37.37米，拱高7.23米。他考虑，为使桥面坡度小，将桥高与跨度呈1∶5的比例，这样既便于行人来往，也便于车辆通行；拱顶高，又便于桥下行船。

随着时代的发展，陆上交通以其便捷快速和网络化的优势日益发展壮大，因此桥梁的规模、数量迅猛增长，桥梁建造技术也飞速提高。一座座功能强大，造型美观的桥梁在各大河流上陆续建成，然而建桥与航运的矛盾也渐渐显山露水。

第一座跨越长江的大桥是建成于1957年10月的武汉长江大桥，它横跨于武昌蛇山和汉阳龟山之间，是一座铁路、公路两用桥。其中主桥1156米，北岸引桥303米，南岸引桥211米。从基底至公路桥面高80米，下层为铁路桥，宽14.5米，两列火车可同时对开。上层为公路桥，宽约20米，为4车道。桥身为3联连续桥梁，每联3孔，共8墩9孔。每孔跨度为128米，终年巨轮航行无阻。大桥将武汉三镇联成一体，形成了“一桥飞架南北，天堑变通途”的立体交通格局。

此后一直到1995年，长江上的铁路、公路和公铁两用桥加起来不过8座。然而从1995年开始，随着国家和地方经济实力的不断增强，长江兴起了一股建桥热。到2007年，长江上已经有46座桥梁建成，并且还有19座桥梁在建。预计到2010年，长江上将有65座特大桥。其中重庆辖区23座，湖北18座，长江下游的江苏8座，重庆、湖北、江苏成为长江干线建桥密度最高的3个区段。

知名学者吴季松在他写的《新循环经济学》一书中指出：届时，万里长江平均不到50公里就有1座特大桥，其桥梁数量、密度在世界上任何一条大江大河上都是绝无仅有的。吴季松还说，长江两岸过多建桥，短期内促进了有限区域内的经济发展，但在进行系统分析后会发现存在许多问题：第一是影响航运。长江沿岸建有数10座5000吨级外贸码头，但受桥梁高度影响，这些码头投产后基本无大型外轮靠泊。一些对外轮开放的港口绝大部分时间闲置，严重影响外贸往来。第二是影响防洪。桥墩过多、过密不仅导致泥沙淤积和河床变浅，还使得洪水期间其附近水位至少提高0.03米左右，从而形成一方面加高加固长江大堤，一方面大量修桥抵消其部分作用的怪现象。

随着对桥梁和航运矛盾认识的不断提高，目前国家对桥梁建造已经采取了严格的审批制度，各个桥梁设计建造单位也高度重视这一问题，采用了大量先进技术来缓和建桥对航运的影响。

于2007年6月26日全线贯通的杭州湾跨海大桥，全长36公里，其中海上部分桥梁长32公里，双向6车道高速公路，设计时速100公里。总投资约107亿元，设计使用寿命100年以上。是目前世界上最长、工程量最大的世界第一跨海大桥。

大桥专门建造了南、北两个航道桥，其中北航道桥为主跨448米的钻石型双塔双索面钢箱梁斜拉桥，通航标准为3.5万吨级轮船；南航道桥为主跨318米的A型单塔双索面钢箱梁斜拉桥，通航标准为3000吨级轮船。

此外，杭州湾跨海大桥在设计中首次引入了景观设计的概念。景观设计师们借助西湖苏堤的美学理念，兼顾杭州湾复杂的水文环境特点，结合行车时驾驶员和乘客的心理因素，确定了大桥总体布置原则。“长桥卧波”最终被确定为宁波杭州湾大桥的最终桥型。根据设计方案，大桥在海面上有4个转折点，从空中鸟瞰，平面上呈“S”形蜿蜒跨越杭州湾，线形优美，生动活泼。从立面上看，大桥也并不是一条水平线，而是上下起伏，在南北航道的通航孔桥处各呈一拱形，使大桥具有了起伏跌宕的立面形状。

杭州湾跨海大桥

杭州湾跨海大桥在设计时考虑到了两个安全因素：一是高速公路车辆通行安全因素，通常直段不能太长；二是桥下船舶航行安全因素，减少建桥对水流的影响，保证桥梁各段的桥轴线与涨潮和落潮的主流垂直。这些也是桥形呈“S”形的主要原因，同时也使得跨越杭州湾天堑的这条东方巨龙更加迷人。

2007年6月合龙的苏通长江公路大桥位于江苏省东南部，连接南通、苏州两市，为黑龙江至福建干线公路的组成部分，也是江苏省公路主骨架网中赣榆至吴江高速公路的重要组成部分，是我国建桥史上工程规模最大、综合建设条件最复杂的特大型桥梁工程。

大桥全长32.4公里，主桥采用双塔双索面钢箱梁斜拉桥，主跨径达1088米，列世界第一；主塔高300.4米，为世界第一高桥塔；斜拉索长577米，居世界第一。全线采用双向六车道高速公路标准；主桥通航净空高度62米，宽891米，可通航5万吨级集装箱货轮和4.8万吨船队。建设苏通大桥对完善国家和江苏省干线公路网、促进区域均衡发展以及沿江整体开发，改善长江安全航运条件、缓解过江交通压力、保证航运安全等具有十分重要的意义。

因此，建桥与航运的矛盾并不是绝对的，从整体交通格局来讲，桥梁和航道是构建高效快速立体交通的重要基础，两者都不可偏废。我们要做的就是充分考虑到车船的不同需要，用先进的设计理念和先进的技术来规划和建造桥梁，从杭州湾跨海大桥以及苏通大桥的实践来看，我们完全可以做到这一点。

五、周边建筑——航道的另一道风景

（一）镇江塔

在我国很多地方，都有这么一类塔，它们临河而建，有的紧挨着开阔的河口，有的则耸立于分叉河口间的高地，它们的形状和高度各有不同，但都有一个共同的名字叫做镇江（河）塔。其中比较著名的有坐落于成都市的邛崃市城东南的镇江塔。它是成都市境内最高的古塔，亦是中国现存最高的风水古塔。这座高达75.48m的雄伟古塔，修建在南河河心的沙碛上，经历了无数次风、洪、地震灾害的严峻考验，至今仍然巍然屹立。此外还有湖北荆州万寿宝塔、安徽芜湖镇江塔、河北的涞水镇江塔、湖南沅江镇江塔等。

塔这种建筑形式是随着佛教传入而出现在中国的，塔本来的用意是用来存放圆寂高僧的骨灰（舍利子）。明代中叶以后，有的塔与佛教脱离，选址以风水为据，或耸立闹市，或雄踞寒山，或镇守江畔。镇江塔就是其中一类以表达保护风水，镇锁水患，指示航路为目的而修建的古塔。高大的塔体使之天然地成为指向性建筑，许多临海而建的佛塔也都成为航海的地标，而建于山顶的塔对水陆交通也起到一定的指向作用，指示津梁、标明驿道。在平川旷野之中，桥头高塔可以指示道路，不致绕道。福建泉州洛阳轿、晋江安平桥、江苏苏州宝带桥等著名的古桥，桥头都有非常古朴秀美的古塔。

灯塔是专门为船只航行指示航线，标示航道的专用助航建筑物，而修筑这些镇江（河）塔的本意则是希望借助神佛无边的法力，降伏桀骜的河妖，保护周围的民居田地，保护河中行驶的船只。当然临水而建和高大的塔身也派生出引航导航的功能。

万寿宝塔矗立于万里长江第一矶——荆江大堤观音矶头之上，系明代第7代辽王朱宪火藩封荆州时，于嘉靖27年（公元1548年）遵嫡母毛太妃之命，为嘉靖皇帝祈寿而建，历时4载。2006年，万寿宝塔作为明代古建筑，被国务院批准列入第6批全国重点文物保护单位名单。万寿宝塔通高40.76米，八面七层，楼阁式砖石仿木结构。塔基八角各有一汉白玉力士为砥柱。塔内一层正中有接引佛一尊，身高8米，肃然威严，塔体内外壁嵌佛龛，共有汉白玉坐佛87尊，神态各异，造型超绝逼真。部分塔砖烧制独特，成正方形，图文并茂，品类繁多，计有花卉砖、浮雕佛像砖、满藏回蒙汉5种文字砖共2347块。塔砖来自全国8省16个州府县，均为各地信士所敬献。塔身中空，内建石阶，可盘旋而上至各层，每层向外洞开四门；依门俯瞰远眺江流城廓美不胜收。塔顶为葫芦形铜铸鎏金，其上刻有《金刚经》全文，是不可多得的珍稀文物。

万寿宝塔与我国众多宝塔相比，特色独具的是塔身深陷大堤堤面以下7.29米。这一奇特景象的形成，主要源于长

湖南沅江镇江塔（来自百度百科）

江河床、水位在漫长岁月中逐渐抬高、荆州大堤随之不断加高所致。万寿宝塔建于荆江大堤之上，除了为皇帝祈寿的主旨外，另还有镇锁江流、降伏洪魔，保一方平安的寓意。数百年来，万寿宝塔既是荆江两岸饱经水患的历史见证，又承载寄托了人们治理江流的美好愿望。

（二）妈祖庙

妈祖庙是妈祖的信民为他们信奉的神灵妈祖建造的寺庙的总称。妈祖庙还有很多其他的名字，比如天后宫、圣后宫等。

相传妈祖本名林默，是福建望族林氏子孙，生于宋建隆元年（公元960年）3月23日。因为她出生至弥月间都不啼哭，父母便给她取名林默。

林默8岁从塾师启蒙读书，能过目成诵，能理解文字的义旨。长大后，她决心终生以行善济人为事，矢志不嫁，父母顺从她的意愿。她专心致志地做善事，平素精研医理，为人治病，教人防疫消灾，人们都感谢她。林默性情和顺，热心助人。只要能为乡亲排忧解难，她都乐意去做，还经常引导人们避凶趋吉。人们遇到困难，也都愿意跟她商量，请她帮助。

生长在大海之滨的林默，还洞晓天文气象，熟习水性。湄洲岛与大陆之间的海峡有少礁石，在这海域里遇难的渔舟、商船，常得到林默的救助，因而人们传说她能“乘席渡海”。她还会预测天气变化，事前告知船户可否出航，所以又传说她能“预知休咎事”，称她为“神女”、“龙女”。

历史上最早兴建的妈祖庙——湄州妈祖庙（来自百度百科）

林默16岁那年，有一次父兄出海未返，天气突变，飓风大作，狂涛怒威。她预感这次父兄航海必然凶多吉少，急得痛哭流涕。不久，风浪稍息，她便驾舟出海寻觅父兄。父亲果然被她救了回来，但其兄尸体尚未找到。于是，她安慰了父亲后，自己又奋勇驾舟出海寻找兄尸，终于在茫茫大海中，把其兄尸捞回安葬。乡亲们对林默这次救父寻兄的行动，无不啧啧称赞。

宋太宗雍熙4年（公元987年）9月初9，是年仅28岁林默与世长辞之日。从此以后，航海的人又传说常见林默身着红装飞翔在海上，救助遇难呼救的人。因此，海船上就逐渐地普遍供奉妈祖神像，以祈求航行平安顺利。

妈祖一生在大海中奔驰，救急扶危，在惊涛骇浪中拯救过许多渔舟商船；她立志不嫁慈悲为怀，专以行善济世为己任。

明朝谢肇淛著《五什俎》载：“海上有天妃神，甚威灵，航海者多深信不疑。若在风涛之中，忽见蝴蝶双飞，或者夜半忽见红灯闪烁，此乃危险的象征，但终然可履险如夷，安然无恙。盖天妃德配天地，泽庇万民。”

我国从东北至华南，许多著名的港口城市的开发史几乎都跟妈祖庙息息相关。“先有娘娘庙，后有天津卫。”这句谚语是对天津港口起源的形象化说明。宋代华亭（即上海）、杭州、泉州、广州4大市舶司均与妈祖庙建在一起。还有营口、烟台、青岛、连云港等都是以妈祖庙的兴建为标志，使荒凉的渔村变为繁荣的港口城市。1988年统计，当年全世界有妈祖庙上千座，妈祖庙宇各地名称不一，主要有天妃宫、天后宫、妈祖庙、天后寺、圣母坛、文元堂、朝天宫、天后祠、安澜厅、双慈

坐落于广州南沙大角山东南麓，面对烟波浩淼的伶仃洋（殷黎摄）

亭、纷丽殿等名称。

有很多的妈祖庙依山面水而建，地处通江达海的航道要冲，为过往行船指引航向，护佑平安。

在妈祖的故乡福建湄州，建有一座并被称为所有妈祖庙的“祖庙”——湄州妈祖庙，相传是女神妈祖升仙的地方，也是历史上最早兴建的妈祖庙。据考证，湄州妈祖庙初建于宋代雍熙4年，仅平屋数间。扩建于天圣年间（公元1023~1032年），规模日益壮大。明代永乐年间（公元1403~1424年）郑和曾两次奉旨至湄州岛主持御祭仪式并扩建宇宙。清代康熙时，有建筑群5组。湄州妈祖庙建在湄州城市的高处，庙后崖石上，有“观澜”题刻，还存有妈祖升天处石刻“升天石”。大殿建筑巍峨，供奉石雕妈祖神像。

现存庙宇有几年前投资上亿元建有的正殿偏殿5大座，雕梁画栋，金碧辉煌。每年农历3月23日，传为妈祖圣诞之时节，民间盛况，如同过大节。东南亚、南北美、日本等海外善男信女，奉斋献香，朝拜不已。据统计，全球有超过2亿信徒信仰海上女神——妈祖。

（三）南海神庙

南海神庙是我国古代对外海上交通贸易的重要遗址，建于隋代开皇14年（公元594年），至今已有1400余年历史。它是我国古代海神庙中惟一遗存下来的最完整、规模最大的建筑群，也是西汉以来海上丝绸之路发源于广州的重要见证。

从唐代开始，南海神庙便香火日盛，各朝代政府也派人前往管理庙事。事实上它已成为四海神庙中香客最多、

南海神庙（来自百度百科）

地位最高的一个，这主要是由广州海上贸易日益发达的地位决定的。

中国古代海上丝绸之路从西汉时就已经开始形成，到了隋唐时期达到了鼎盛阶段。尤其是唐代，从广州出发的贸易船队，经过南亚各国，越印度洋，抵达西亚及波斯湾，最西可到达非洲的东海岸。明清之后更远至欧美了。这条航线长达1万多公里，沟通了东、西方政治、经济和文化的交流，扩大了中国在世界上的影响力。

处于这条航线重要位置上的南海神庙，在古代有码头，码头外面又是茫茫的大海——南海，南海实际是太平洋靠近东南亚大陆部分，大海又紧连着太平洋，通往印度洋。出海航船或来自远方的航船，都须经过坐落在南海神庙的这个古码头。于是众多的商船顺路经过这里均停下来上庙祭祀，以祈求航路平安、生意顺利。于是，神庙附近的扶胥镇便商旅云集，民间庙会交易频繁。南海神庙之兴旺，成为广州海上贸易繁荣的历史见证，遗留下许许多多珍贵历史文物，包括皇帝御赐的碑文、题字等，是一点也不奇怪的。当然百姓们更多的还是感恩于庇佑他们一帆风顺、平安大吉的南海神的。

南海神庙规模宏大，占地面积3万平方米，深五进，中轴线上由南而北分别有牌坊、头门、仪门、礼亭、大殿、后殿，两侧有廊庑、西南小岗上有浴日亭。牌坊为3间4进柱冲天式，花岗岩石打制，正面石刻“海不扬波”4字。头门建于清代，面阔为3间，进深2间，分心墙用两柱，梁加雕刻鳌鱼等纹饰，前后两侧均设垫台，硬山顶，二龙争珠陶塑瓦脊。门前置一对红砂岩石狮，两侧为八字墙影壁。仪门面宽3间、进深4间，硬山顶、两侧与复廊相通。该庙因珍藏历代皇帝御祭碑甚多，及存韩愈、苏轼等名人碑刻而被誉为“南方碑林”。

庙西侧有古名章丘的小山丘，昔为观海上日出之地，建有浴日亭，单檐歇山顶，梁架简洁。亭内有重刻嘉定年间广州知府留病摹勒苏轼诗碑一方，紧跟其后，有明代陈白沙步苏轼韵诗碑一方。“扶胥浴日”是宋、元、清3代羊城8景之一。林则徐在销鸦片前曾到庙祭海，孙中山与同僚亦曾来此参观。

该庙于1962年7月由广东省人民委员会公布为文物保护单位。

（四）乐山大佛

乐山大佛位于峨眉山东31公里的乐山市，依凌云山栖霞峰临江峭壁凿造而成，又名凌云大佛，为弥勒坐像，是东山最著名的景观。

乐山大佛开凿于唐玄宗开元初年（公元713年）。传说当时凌云山上有一座凌云寺，凌云寺里有一个老和尚，叫海通。当时凌云山下，岷江、青衣江、大渡河三江汇流处，水深流急，波涌浪翻，经常吞没行船，危害百姓。海通和尚眼看船毁人亡，心中十分不忍。他想三江水势这样猖獗，水中必有水怪。要是在这岩石上刻造佛像，借着菩萨的法力，定能降服水怪，使来往船只不再受害。

于是他请了两个有名的石匠来

乐山大佛（来自百度百科）

商量刻佛像的事。其中一个石匠说："三江水怪，十分凶狠，我看只有造千尊佛像才能把它镇住。"而另一个则认为应该刻一尊像山岩一样高大的佛像，才能能经受风吹雨打，才能镇住三江妖魔。老和尚见二人争持不下，就说："你们二人不要再争了，干脆一个刻大佛，一个刻千佛吧。"

老和尚化缘回来，请了许多凿石造像的能工巧匠，让他们一起雕琢大佛，附近的老百姓听说老和尚请人雕琢大佛镇压三江水怪，也纷纷赶来帮忙。有的烧茶，有的送饭，一时之间，凌云岩上人来人往，锤声如雷，岩片似雨。

这时，嘉州有个官吏，爱财如命。他听说老和尚从外地化了许多银两，便打起了坏主意。有一天，他带着几个官兵来到凌云寺，对老和尚说："胆大的和尚，你修建大佛，不先报官立案，目无王法，罚你银两1万两，限3天交齐。"老和尚说："大人，修建大佛是为了镇压三江水怪，解除百姓苦难，这银子是我化缘来修建大佛的，不能动啊！"那官吏见老和尚不答应，就恐吓说："要是不交钱，就剜去你的眼睛。"他以为老和尚怕剜去眼睛，就交银子。谁知话刚说完，老和尚面不改色地说："我宁愿把眼睛剜去，也不能动修建大佛的钱！"说完，就自己剜去双眼，端在盘子里向那官吏走去。那官吏见老和尚真的剜去双眼，吓得不停后退。谁知一时忘了身后是悬崖，一下子摔死了。那些贪官污吏见了，再也不敢去敲诈老和尚的钱了。

后来，老和尚生病快要死了，但大佛还没有完工。他把几个弟子和石工们叫到床前："我可能看不到大佛完工了。我死以后，你们一定要继续造大佛。"说完，他就咽气了。老和尚死后，他的徒弟就领着大家继续建造大佛。就这样一代接着一代，经过了90年，大佛终于建成。

这座巨大的弥勒坐像建成后，江中的水流也确实平缓了许多，沉船事故也少多了。原来，开凿佛像时打下了大量的石头，施工者将这些石头直接倒入江中，填平了河道，使石壁前的水势得以减缓，进而改善了航运。建成后的乐山大佛高71米，是世界最高的大佛。大佛头长14.7米，头宽10米，肩宽24米，耳长7米，耳内可并立2人，脚背宽8.5米，可坐百余人，素有"佛是一座山，山是一尊佛"之称。大佛造像庄严，虽经千年风雨，至今仍安坐于滔滔岷江之畔，护佑船舶平安往返。

（五）望江楼

"孤帆远影碧空尽，唯见长江天际流"，这是唐朝著名诗人李白的送好友孟浩然出行时，在黄鹤楼上看到的美景。那个时候乃至其后很长一段时间，乘船是人们外出云游的主要交通方式。买舟东下，孤帆点点，此情此景在多少文人墨客的反复吟唱中成为一副凝固在时空中的经典画面。临行一碗酒，归来一掬泪，就在这一来一往之间，沿着河道，人们修建了大量的楼阁来承载这种离别和盼归之情。走的时候登高楼观江畅饮、再看一眼这故乡的水土；回的时候远远望见，便知故土亲人就在眼前，情怯而泪涌。几百上千年来，这些楼阁虽历经多次重建，但始终屹立不倒，与长河相依，与船帆为伴，看惯人家万象，见证沧桑巨变。如今，这些楼阁不仅成为各地人文荟萃之地，更是各地标志性的景观建筑。其中最具代表性的就是久负盛名的四大名楼——武昌的黄鹤楼、岳阳的岳阳楼、南昌的滕王阁、烟台的蓬莱阁。

1. 黄鹤楼

黄鹤楼原址在湖北武昌蛇山黄鹤

四大名楼邮票（来自百度百科）

楼矶头，相传它始建于三国吴黄武2年（公元223年），在历史的长河中，黄鹤楼历经沧桑，屡毁屡建，不绝于世，可考证的就达30余次之多。黄鹤楼最后的一次被毁是清末光绪10年(公元1884年)8月，因汉阳门外董家坡居民房屋起火，风大火猛，殃及城楼，很快将这千古名楼化为灰烬，仅存数千斤宝盖铜楼鼎一架。

1984年底，黄鹤楼再一次重建，这时离最后一座黄鹤楼被毁的时间恰好是整整100年。重建的黄鹤楼在蛇山西端的高观山西坡上，正对武昌旧城区司门口，处于穿过长江大桥的京广铁路和分路引桥之间的三角形地带内。新楼5层，高51.4米，钢筋混凝土仿古结构。虽较黄鹤楼故址离江远了些，但因山高楼耸，气势雄伟，视野开阔。登楼望远，但见一桥飞架南北，大江浩荡东去，车船如龙，往来不绝。

据《极恩录》记载，黄鹤楼原为辛氏开设的酒店，一道士为了感谢她千杯之恩，临行前在壁上画了一只鹤，告知它能下来起舞助兴。从此宾客盈门，生意兴隆。过了10年，道士复来，笙笛吹奏，道士跨上黄鹤直上云天。辛氏为纪念这位帮她致富的仙翁，便在其地起楼，取名“黄鹤楼”。以上当然是神话传说。三国时在这临江的山巅建楼，首先还是出于

湖北武汉黄鹤楼（来自百度百科）

军事上的需要，但后来逐渐成为文人荟萃，宴客、会友、吟诗、赏景的游览胜地。历代的名人如崔灏、李白、白居易、贾岛、夏竦、陆游等都曾先后到这里游览，吟诗、作赋。唐代诗人崔灏登上黄鹤楼赏景写下了一首千古流传的名作：

昔人已乘黄鹤去，
此地空余黄鹤楼。
黄鹤一去不复返，
白云千载空悠悠。
晴川历历汉阳树，
芳草萋萋鹦鹉洲。
日暮乡关何处是，
烟波江上使人愁。

后来李白也登上黄鹤楼，放眼楚天，胸襟开阔，诗兴大发，正要提笔写诗时，却见崔灏的诗，自愧不如只好说：

"眼前有景道不得，崔灏提诗在上头"。

崔灏提诗，李白搁笔，从此崔灏名气大振。

黄鹤楼的建筑特色，是各层大小屋顶，交错重叠，翘角飞举，仿佛是展翅欲飞的鹤翼。楼层内外绘有仙鹤为主体，云纹、花草、龙凤为陪衬的图案。走出五层大厅的外走廊，举目四望，视野开阔。这里高出江面近90米，大江两岸的景色，历历在望，令人心旷神怡。黄鹤楼所在的蛇山一带辟为黄鹤楼公园。种植了许多花草树木，还有一些牌坊、轩、亭、廊等建筑。有一个诗碑廊，收藏着许多刻有历代著名诗人作品的石刻，蛇山一带的古代景点都在陆续修复。

2. 岳阳楼

岳阳楼为位于历史悠久的文化古城岳阳，岳阳古称"巴陵"，位于湖南省北部，烟波浩渺的洞庭湖与绵延万里的长江在这里交汇，名冠江南三大名楼之首的岳阳楼就座落在傍水而生的一古城西门城头。岳阳，山、水、楼兼备，风景如画，名胜古迹众多。岳阳风光之美，集中在洞庭湖而钟于岳阳一楼。以岳阳楼、君山为中心而构成的巴陵胜景，闻名遐迩，素以“洞庭天下水，岳阳天下楼”而享誉天下，不愧为“洞庭天下水，岳阳天下楼”。岳阳楼矗立于洞庭湖东岸，岳阳市西门城墙上，西临烟波浩渺的洞庭湖、北望滚滚东去的万里长江，水光楼影，相映成趣，素有“洞庭天下水，岳阳天下楼”的盛誉，是我国著名的旅游胜地之一。

岳阳楼始建于公元220年前后，距今已有1700多年历史，历史上的诗人如杜甫、韩愈、刘禹锡、白居易、李商隐等均前来登临览胜，留下了不少名篇佳作，使岳阳楼名扬天下。比如，杜甫的《登岳阳楼》：

昔闻洞庭水，今上岳阳楼。
吴楚东南坼，乾坤日夜浮。
亲朋无一字，老病有孤舟。
戎马关山北，凭轩涕泗流。

又如，李白的《与夏十二登阳楼》：

岳阳楼（来自百度百科）

楼观岳阳尽，川迥洞庭开。

雁引愁心去，山衔好月来。

云间连下榻，天上接行杯。

醉后凉风去，吹人舞袖回。

北宋庆历年间，滕子京谪守巴陵郡，重修岳阳楼，并请好友范仲淹作文《岳阳楼记》，文中显示“古仁人”阔大胸襟和道德情操的名句“先天下之忧而忧，后天下之乐而乐”，为世人所传颂，岳阳楼也为之闻名遐迩。

岳阳楼久经沧桑，屡毁屡修。现在看到的岳阳楼，是清代同治6年（公元1867年）重修的。1988年岳阳楼被国务院公布为国家重点文物保护单位。

缘于历史悠久、地位重要，岳阳楼工艺精巧，而且历代人文荟萃，因此，岳阳和洞庭湖畔流传着许多关于岳阳楼的传说故事，具有多方面的社会价值。其中关于修建岳阳楼的就分别有鲁班、吕洞宾、张果老等名匠、仙人；关于讲述岳阳楼渊源的，则有《鲁肃阅兵台》、《岳阳楼三个字》等；关于岳阳楼雕屏的，又有《张照题屏》、《真假雕屏》；关于岳阳楼风情的，最出名的自然是《吕洞宾三醉岳阳楼》，此外还有《朗吟亭》。如果把岳阳楼附近有关风物的传说故事也算进去的话，那么，就还有《梅溪桥》、《金鹊山》、《柳毅井》、《七十二仙螺造君山》、《二妃墓和君山》、《慈氏塔的故事》等。可见岳阳楼及有关的传说故事何其多也、展现的风采又是怎样的丰美绮丽。

3. 滕王阁

滕王阁巍然耸立于赣江之滨，是一座声贯古今，誉播海内外的千古名阁。

滕王阁因滕王李元婴始建而得名。李元缨，唐高祖李渊的第22子，唐太宗李世民之弟，唐代贞观13年（公元639年）6月受封为滕王，后迁到洪州（南昌）任都督。在南昌他别无建树。唯在唐永徽4年（公元653年）于城西赣江之滨建起一座楼台为别居，此楼便是“滕王阁”。

滕王阁为历代封建士大夫们迎送和宴请宾客之处。明代开国皇帝朱元璋也曾设宴阁上，命诸臣、文人赋诗填词，观看万家灯火，看船帆远航。滕王阁建立1300多年来，历经兴废28次，明代景泰年间（公元1450～1456年），巡抚都御使韩雍重修，其规模为3层，高27米，宽约14米。1926年军阀混战时，被北洋军阀邓如琢部纵火烧毁。建国后，江西省政府重建滕王阁。如今的滕王阁，连地下室共9层，高57.5米，占地达47000平方米，明3层暗7层，加上2层底座一共9层，琉璃绿瓦，鎏金重檐，雕花屏阁，朱漆廊柱，古朴高雅，蔚为壮观，是江西省的一处重要的旅游景点。

滕王阁（来自百度百科）

滕王阁之所以享有巨大名声，很大程度上归功于一篇脍炙人口的散文《滕王阁序》。传说当时诗人王勃探亲路过南昌，正赶上阎都督重修滕王阁后，在阁上大宴宾客，王勃当场一气写下这篇令在座宾客赞服的《秋日登洪府滕王阁饯别序》（即《滕王阁序》），王勃作序后，又有王仲舒作记，王绪作赋，历史上称为“三王文章”。从此，序以阁而闻名，阁以序而著称。《滕王阁序》中最著名的两句是“落霞与孤鹜齐飞，秋水共长天一色!”，这已作为主阁正门的巨联。

4. 蓬莱阁

蓬莱阁位于烟台市西，坐落在蓬莱城北面的丹崖山上，自古就有“仙境”之称。据文献记载，唐代这里便建过龙王宫和弥陀寺；宋代时的1061年，由郡守朱处约建蓬莱阁供人游览；明万历17年，也就是1589年，巡抚李戴在蓬莱阁附近操办增建了一批建筑物；1819年，情知府志杨丰昌和总兵刘清和又主持扩建，才使蓬莱阁具有了现在的规模。传说汉武帝多次驾临山东半岛，登上突入渤海的丹崖山，寻求“蓬莱仙境”，后人就把这座丹

蓬莱水城（来自百度百科）

崖山唤作蓬莱。恍如仙境丹崖山立在海边，临海的一面是陡峭的绝壁，山岩纹理是暗红色，故有此名。

蓬莱阁建于山顶。远远望去，楼亭殿阁掩映在绿树丛中，高居山崖之上，恍如神话中的仙宫。

蓬莱阁下方有结构精美、造型奇特的仙人桥，那是神话中八仙过海的地方；东侧有上清宫、吕祖殿、普照楼和观澜亭等；西厢为避风亭、天后宫、戏楼和龙王宫。这些楼阁高低错落有致，与蓬莱阁浑然一体，统称“蓬莱阁”。“蓬莱阁”是占地32800平方米、建筑面积达18960平方米的庞大古建筑群（共有100多间），楼亭殿阁分布得宜，建筑园林交相辉映，各因地势，协调壮观，山丹海碧，清风宜人，遂成为名扬四海的游览名区。1982年国务院公布水城及蓬莱阁为国家重点文物保护单位。

蓬莱阁每个建筑单体由多种风格的楼亭殿阁所簇拥，犹如众星拱月。阁内布局奇巧，浑然成体；层层叠叠，错落有致。各亭殿内楹联碑文琳琅满目。蓬莱阁主阁是一座双层木结构建筑，丹窗朱户，飞檐列瓦，雕梁画栋，古朴壮观。登上主阁，凭栏四顾，轻纱般的云雾缠绕阁下，亭楼殿阁在掩映中时映时现，使人超凡出世之感油然而生。

建于明代的水城蓬莱阁游览区还包括“水城”在内。蓬莱水城又名备倭城，在丹崖山下，沿着丹崖绝壁向南筑起，周围约3华里，中间是一个人工湖。水城的南门与陆路相通，北门叫水门，是出海口。水门设有巨大的闸门，平时闸门高悬，大小航船进出无阻；有事则放下闸门，切断海上通道。水门外东西两侧，各有炮台一座，互为

南京阅江楼（来自百度百科）

犄角，控制着附近海面。水城初建于明代洪武9年(公元1376年)，后经多次整修扩建，形成了一个完整严密的海上防御体系。明代明将戚继光曾在这里训练水军，指挥沿海的抗倭斗争，肃清了倭患。现时还有两艘仿制的古代战船停于城内，接待游人在水城中航行，饱览水城雄姿。

此外，还有充分利用江畔、江面等自然条件，创造出雄伟而又秀拔风格的江苏南京阅江楼、江西九江浔阳楼。登楼凭栏远眺，滚滚长江尽收眼底令人心旷神怡，雅趣无穷。山西永济的鹳雀楼因为王之涣《登鹳雀楼》诗：

“白日依山尽，黄河入海流。
欲穷千里目，更上一层楼。”

的千古绝唱，蜚声于海内外。

（六）江滩建筑

历史告诉我们，很多沿江、沿海的城市都是因便利的航运地理位置而开埠、而兴盛。船码头构成城市蔓延扩张的源发地，也是这些城市品格和文化形成的基石。江河流经城市，除了带来巨大的航运价值外，更是为城市带来流水般灵动的气质和丰富的旅游资源。近年来，随着国家对水运事业的高度关注，随着管理者对环境资源综合开发利用意识的觉醒，一些城市在进行航道整治和防洪治理的同时，对城市河流的两岸也进行了大规模的以美化环境、恢复生态、发展旅游为目的的开发建设，使得城市江滩地带更加绚丽辉煌。江滩广场为市民提供了新的休闲娱乐场所，进一步美化了城市景观，提升了整个城市的品味，更成为这些拥有得天独厚水资源环境城市新的名片。

1. 上海外滩

百余年来，外滩一直作为上海的象征出现在世人面前。

外滩又名中山东一路，全长约1.5公里。东面西临黄浦江，西面为哥特式、罗马式、巴洛克式、中西合璧式等52幢风情各异的大楼，被称为“万国建筑博览”的建筑群。

上海外滩（来自百度百科）

解放前，外滩曾是西方列强在上海的政治、金融、商务和文化中心。外滩原指旧上海县城至苏州河南岸的黄浦江西岸的滩地，公元1845年被辟为英租界，以后外国的洋行、银行等相继在此建立，至20世纪初，由于外国银行大量进驻上海，上海遂成为旧中国的金融中心。不少银行或财团在外滩大兴土木，营建豪华大厦。20世纪90年代以来，上海外滩又陆续兴建了一批现代风格的高楼大厦。这新老建筑的融合，也恰恰是现代化大都市上海风貌的真实写照。在短短的一个多世纪中，上海从一个海滨渔村一跃成为远东最大的都市。

外滩的建筑，出自许多位建筑设计师之手，也并非建于同一时期，但它们的建筑色调却基本统一、整体轮廓线条的处理也是惊人的协调。无论是极目远眺、或是徜徉其间，都能感受到一种雍容华贵的气势。著名建筑有东风饭店、外滩12号圆顶建筑、海关大楼、和平饭店、中国银行大楼、上海大厦等。夜幕中，巍峨的大厦在彩灯辉映下，更显得璀璨夺目。

外滩是上海这座东方大都会最著名的景观，它东起中山东一路，北起外白渡桥，南至金陵东路，面对开阔的母亲河——黄浦江，背倚造型严谨、风格迥异的建筑群。由于其独特的地理位置及近百年来在经济活动领域对上海乃至中国的影响，使其具有十分丰富的文化内涵。外滩的江面、长堤、绿化带及美仑美奂的建筑群所构成的街景，是最具有特征的上海景观。

2. 中国最大的江滩建筑——武汉江滩

“两江四堤八林带，火树银花不夜天”，这是一位诗人对武汉江滩美景的赞颂。在武汉三镇的水景中，武汉江滩可谓是这座滨江城市中一道最美丽的风景。三三两两的市民或游人悠闲地走在绿树繁花之中，穿行于鹅卵石铺就的小径，享受着忙碌生活中难得的闲适。

如此的美景，让人们很难想到在汉口新江滩建成之前，这片土地还是常受水患侵扰、直接影响武汉防汛的一大险滩。

20世纪70年代以来，武汉市江滩被抢占了184万平方米，堆着许多垃圾、瓦砾和违章建筑物，大量建筑物阻水，抬高了长江水位。“挤占水的空间，水就会将你逼进尴尬的境地。”由于防汛意识的淡漠，武汉江滩在很长一段时间里起不到防御水患的作用。

近年来，武汉市着力加快城市建设步伐，改善城市环境，提升城市功能。从21世纪初开始，武汉市对武汉江滩进行了防洪及环境的综合整治。汉口江滩仅第1期工程就搬迁了58家企事业单位，

武汉江滩（来自百度百科）

拆除各类阻水建筑物9.6万平方米，使往日一片芜杂的景象得到了改观，并清除了江滩的垃圾，疏浚了河道，培育了自然生长的植被。一旦遇到洪水，江水可以直接从上面流走，被淹没的植被能够进行再次种植。

在防洪设施方面，武汉客运港至粤汉码头原有的10座闸口，整治后封闭了5座，其余闸口高程也由28米左右抬升到了29.2米。另外，还取消了叠梁黄土的封闸方式，在汛期高水位时采取临时封堵措施。在排水方面，雨水大部分采用地面径流的方式直排入江。

在清除阻水建筑物和垃圾，增强防洪设施的同时，他们又依不同季节的水位，建起了三级亲水平台：一级为20米高程，宽10米；二级为25米高程，宽30米至50米；三级为28.8米高程，宽10米。分别针对冬季、春秋季和夏季的水位而建，一方面清除了江滩的违章建筑和阻水物体，使河道畅通、利于防洪，另一方面使市民和游客无论在旱季还是在汛期，都能享受滨江城市特有的美景。

新建起的武汉江滩不仅拥有大面积的立体绿化带，还为市民提供了具有滨江特色的公共休闲活动空间。新江滩同时发挥了城市景观环境绿化生态、群众健身娱乐和亲水休闲活动等三大功能。

武汉人对长江情有独钟，与江水结下了不解之缘。在过去，由于抗洪的需要，一堵高高的防水墙阻隔了市民的亲水情结。现在，江滩的防洪工程建设与环境的综合整治有机地结合起来，江滩的面貌焕然一新，成为武汉市靓丽的

"名片"。

3. 重庆朝天门广场

位于重庆城东北长江、嘉陵江交汇处，襟带两江，壁垒三面，地势中高，两侧渐次向下倾斜。明初扩建重庆旧城，按九宫八卦之数造城门17座，其中最大的一座即朝天门。门上原题"古渝雄关"。因此门随东流长江，面朝天子帝都南京，于此迎御差，接圣旨，故名"朝天门"。1949年"九二"大火，将朝天门附近2公里的区域化为一片废墟。新建的朝天门广场，是俯看两江汇流，纵览沿江风光的绝佳去处。朝天门码头是川江水运的重要枢纽，又是重庆市区一个著名景点，左侧嘉陵江纳细流汇小川，纵流1119公里，于此注入长江。每当初夏仲秋，清澈的嘉陵江水与混浊的长江水激流撞击，漩涡滚滚，泾渭分明，形成"夹马水"风景，其势如野马分鬃，十分壮观。右侧长江容嘉陵江水后，声势益发浩荡，穿三峡，通江汉，一泻千里，成为长江上的"黄金江段"。附近商业极为发达，山水相依，楼宇相连。入夜，万家灯火与满江波光相映增辉，壮丽非凡。

重庆朝天门夜景（橡树摄影网和风摄）

第七章　航道文化的人文内涵

航道文化作为以航道为基础、以历史为主线、以景物为载体、以现实为表象，在社会进程中发挥基础性的作用以及人文精神的人类文化成果。它集自然景观、人文景观以及运输、旅游功能为一体，不仅满足了人们生产活动以及出行的需要，也极大地丰富了人们徜徉山水、净化心灵的精神生活，欧阳修的千古名句“醉翁之意不在酒，在乎山水之间也。山水之乐，得之心而寓之酒也”，就是这种精神追求的真实写照。航道文化源远流长，从上古先民“刳木为舟”算起，7000年前的河姆渡人已经掌握了制造舟楫的技术，舟楫始终与航道辅车相依，如影随形。有了航道，人类便开始了迈向文明社会的伟大航程。在这一漫长的航程中，航道积淀了厚德载物的深厚的历史、人文内涵。

一、航道人的生存状态

汉魏时期著名文学家曹植的诗歌《名都篇》有句五言诗“名都多妖女，京落出少年”，说的是环境与人有某种对应关系，这种环境既是自然的又是社会的，人的生存离不开自然也离不开社会，存在决定意识是马克思主义的基本原理。美国心理学家马斯洛认为，人生有5个层次的追求：“第一，即最低的层次是生理上的需求”，如温饱之类，我们可以把这看作是人是自然的人；其他的什么“爱人与被爱的需求、受到尊重的需求、自我实现的需求”，则都是靠社会环境才能得以实现。社会有大社会、小社会之分，人的生活、工作、学习环境以及与人接触、联系较紧密的人群、行业是小社会，人就自觉不自觉地会打上社会的烙印。这就是为什么南北不同水系的航道，在精神风貌上却并未显示出南人北人的差异。因为航道行业是公益性事业，价值取向十分明确，讲的就是社会效益，无论是计划经济还是市场经济年代，它从不染指企业及企业家所容易犯下的“原罪”。航道并非世外桃源意境中的一方净土，航道人也不是什么超然物外的特殊群体，而这一行业总体上却呈现出较好的时代风貌。以长江航道局为例，继2005年10月，长江航道局荣获“全国文明单位”称号后，其下辖的四川宜宾至江苏浏河口2687.6公里干线航道上的12个县处级单位中有11个获得省级和省级最佳“文明单位”称号。这正吻合了长江哺育的伟大诗人屈原行吟泽畔的“沧浪之水清兮，可以濯吾缨。沧浪之水浊兮，可以濯吾足”的人格宣言。经社会主义新时期长江之水洗涤的长江航道人，以崭新的面貌，意气风发地在长江航道上开拓奋进。

（一）早期航道人的生存状态

我们还是先从人的最低层次需求——生理上的需求开始，来窥探一下航道人的生存状态。

环境不同，人们的生存状态自然不同。南宋诗人范成大在《吴船录》中记载：“每一舟入峡数里，后舟方敢续发，水势怒急，恐猝遇不可解拆也。帅司遣卒执旗以召后船。”即为了避免下水船只发生碰撞，由政府派兵丁各持旗帜依次站在山的下方，指挥船舶行驶。这可能就是川江早期的航道信号工人。《吴船录》还记载：“新滩石乱水汹，瞬息覆溺，上下欲脱免者，必盘博陆行，以虚舟过之。两岸多居民，号滩子，专以盘博为业。”通过这段文字让我们清楚地了解到，早在南宋，川江上就出现了专业的航道绞滩人了。从陆游的《入蜀记》“滩上居民，皆利于败舟，贩卖板木及滞留买卖”的描述来看，除了航道绞滩外，绞滩人还得从事多种经营方能维持生计。“靠山吃山，靠水吃水”，穷山恶水之地在地里刨食显然是不明智的，为行船服务的信号、绞滩、修造船行业便应运而生。促进航运业的发展，航道要先行。在宋代，四川还出了一位陈尧佐，在整治疏通航道方面，有开创性的贡献。《续资治通鉴长编》卷35记载：“天禧四年，陈尧佐知滑州，时滑州方庀徒筑堤，尧佐创木龙以杀水怒。”又《宋史·本传》也有同样记载。至于木龙的形状，《隆平集》卷5记载“如编齿，置于湍流，随水而下”，就能刹住水势。自陈氏创造了木龙之后，宋代熙宁初选人李公义又把陈的木龙改为铁铸，并更名为川耙或铁龙，来疏通河道。迄于清代，这一治水工具，仍为识者所采用。《清朝野史大观》卷12记载：“木龙用以治河，见于宋史，曾巩为陈尧佐作传，尝详悉其事。然久已失传矣。汉阳李晒双士任太州通判，偶读南丰文，匠心独运，竟与古合。遂上其议于高文定公斌，适清口遇御坝之险，高公用之，遂庆安澜。后河东定韵司空仿行之，效更大著。盖木龙能排水护此岸之堤，而水排即可刷彼岸之沙，较之下刷开河，事半功倍。”陈尧佐等航道老前辈如生活在今天，一定是享受国务院政府津贴的航道专家。这些史料也说明早期航道人的生存状态，客观上形成了现代航道的雏形。

（二）现代航道人的生存状态

在现代综合交通运输体系中，我国水运一度在社会经济生活的节奏中显得落后了。譬如，20世纪80年代中期，湖北境内的汉宜高速公路开通后，曾经“一票难求”在长江上辉煌过一个多世纪的客班轮渐呈颓势，终在历史的巨手刚刚翻开21世纪第一页时，客运便悄然退出长江。作为水运基础设施的“无名英雄”的航道，更是“长在深山未人识”。有位乌江的航道员工坦陈道：“很多朋友都问过我的职业，我几乎都未予以正面回答。因为，作为一名航道人，我们的职业从一开始就注定是默默无闻，一代一代生老病死后，我已经是承接这一“衣钵”的第三代航道人了，对此，我依然如前人一样选择了对职业的沉默”。他的这一番表白，几乎是很多航道人的心迹流露。社会知名度不高，与社会的“离散”度就高，加之有的航道属国家航道，与地方关系较为松散，工作和生活很少得到地方的关注，社会上普遍存在的“就业难”、“住房难”、“上学难”等问题，落到航道人头上就更难，特别是偏远地区的航道站、信号台职工，处于人迹罕至、生活不便的环境，现代人生活所具有的基本条件，在他们那里也成了问题，饮水难、用电难、吃菜难、团聚难，个中甘苦，唯有自知了。20世纪50年代的川江上有一位叫来世元的年轻航道职工，结婚时没有房子，好在女方的父亲也是驾船的，理解航道人的难处，他们就在航道站附近的一个山洞里举行了婚礼，新娘子有点委屈，新郎打趣地说，多少年以后的考古学家来我们家考古发掘，把我们当作“山顶洞人”，我们就身价百倍了。

航道的维护、管理、建设资金短缺始终是困扰航道发展的一个问题，随着国家和地方对水运重视的程度，新世纪以来情况有所好转，但总体来看，航道资金是窘迫的。从改革开放初期，许多航道单位都提出了“确保一线，搞活二线，一业为主，多种经营”的方针，调整力量到市场“找米下锅”，以弥补维护资金的不足。我国最北边的黑龙江航道局就派出了两艘大型挖泥船，乘着改革的大潮到南方两广地区承揽航道施工业务，一去数年，带着久远的落寞和无尽的思念。俗话说，“在家千日好，出门一时难”，背井离乡“君问归期未有期”的离愁别绪，时时都在咬噬着游子的心。为了航道的生存和发展，航道职工们承受了生命难以承受之重。

地理和社会环境影响了人的生活方式，决定了人们的生活状态，也熏染了人的性格气质，不同地区、不同职业的人有不同的性格倾向。作家沈丛文曾说：“云有云的地方性：中国北部的云厚重，人也同样那么厚重。南部的云活泼，人也同样那么活泼”（《云南看云》），我们不必太拘泥云和人之间的某种联系，我们应思索的是，不同流域的航道如何塑造了航道人具有共性的文化性格。

1. 航道人的开放意识

航道是具有开放性的。各地的航道都有“线长、点多、流动、分散”的特点，支流流向干流，干流流向海洋(除了内陆河新疆的塔里木河之外)，特别是长江干流航道，从云南水富算起，到江苏浏河口，流经7省2市。在这块流动的土地上，工作的配合协调，员工的往来沟通，文化的交融和传递，使各具不同自然特点的上、中、下游航段有机地联结在一起，古时的巴人、楚人、吴人在这里都成了航道人，同饮一江水，共保航道通；古代的京杭运河北起北京，南迄杭州，纵贯北京、天津、河北、山东、江苏、浙江4省2市，像一条巨大的纽带连通南北，促进人际交流，商贸繁荣，社会发展；还有界河黑龙江，更是与俄罗斯的航道人共同维护和管理；海上的航道通往五洲四海……工作性质和地理特点，形成了航道人的开放意识，开阔视野，博大胸襟。

航道是公益性的，其建设和维护

主要靠国家和地方政府投入。20世纪80年代，在计划经济向市场经济探索变型的过程中，国家鼓励航道部门引入市场机制，用市场的办法解决资金不足的问题，在这种时代背景下，许多航道部门实行事业单位企业化管理，制定了发展战略，纷纷提出“立足北方，走向海洋”、“立足长江，走向沿海”等振奋人心的口号。努力克服“内河意识”、“盆地意识”、“守业意识”等狭碍封闭的旧观念，狠抓两个效益（社会效益、自身经济效益），积极投身到市场经济的大潮中。

长江武汉航道工程局主要负责长江中游760公里航道疏浚、维护和管理工作，但国家只拨给部分设备，人员工资和维护经费必须面向市场靠经营创收来弥补。“当初，谁也不相信我们这个小小的工程局可以从江跨向海，而且在海外疏浚市场越干活越多。”长江武汉航道工程局局长语气中透出骄傲。

为尽快打开沿海南方市场，该局在珠海成立分公司，透过这个窗口使该局的挖泥船在南方各港口大显身手。厦门环岛路围海造地工程，是厦门市政府重点工程，工程造价2.3亿元。在招投标过程中，业主对入围的9家疏浚企业进行了实地考察，最终选定长江武汉航道工程局，一个重要原因是看重该局重质量、讲诚信。在厦门环岛路围海造地施工中，一流的工程质量赢得了厦门市各界的赞扬，也为该局带来丰厚回报。之后，该局又成功开始承接码头工程。

当众多企业涌向南方沿海时，该局又把目光瞄准振兴东北老工业基地和建立渤海湾经济工业走廊的北方市场，在天津、大连、日照、烟台等地承接了大量疏浚工程。做大做强、跻身世界疏浚主流市场是他们的又一个目标。为此，他们不断磨砺抢占市场制高点的利器，用积累购买先进的船舶，配备高亮角雷达、GPS助航仪、卫星船站等设备，通过ISO9000资格认证，从而拿到闯荡海外市场的“金钥匙”。

东南亚河湖海纵横，他们把那里作为第一个海外“战场”。从1999年年底接到第一份泰国沙吨航道疏浚工程开始，他们的挖泥船就辗转东南亚各国，一干就是8年，先后承建了泰国索拉他尼航道、北大年航道疏浚工程，缅甸集装箱码头吹填工程，文莱国首都海岸防护工程等。这些工程不仅为工程局赢得了丰厚的经济效益，而且为中国的疏浚事业在海外市场赢得了声誉。永不停歇的脚步，高起点、高目标的追求，终于铸就了武航工程局“通江达海”的辉煌。在非洲、亚洲疏浚市场被荷兰、西班牙等疏浚强国以大吨位、现代化的挖泥船几近垄断的情况下，武汉航道工程局取得的成绩实属不易。

2. 航道人的开拓进取精神

“筚路蓝缕，开启山林”。从古邗沟到大运河的开凿，从建成于秦始皇33年的灵渠到古代川江蜀道的整治，无不见证了航道开发和建设筚路蓝缕的创业精神。及至今日，从长江“深下游、畅中游、延上游”蓝图的实施，到西江航运干线贵港至梧州航道、松花江三姓浅滩、长江口深水航道的治理，神州大地茫茫九派漫漫航道上，无不闪耀着航道人性格中骨子里透出的那种吃苦耐劳，顽强拼搏，顾全大局，乐于奉献的开拓进取的精神。

让我们把历史的镜头摇到黑山白水之间。1997年，经过6年的整治，卡住松花江航道卡脖子的“三姓险滩”，终于治理竣工了。

松花江水系跨越黑龙江、吉林、内蒙古三省区，以松花江为主通道，西与嫩江、第二松花江，东与黑龙江组成的“工”字形水运网络，是东北乃至全国对俄贸易运输的主要通道。特别是1992年1月16日，中俄两国交通部《关于为中国商船通航开放共青城港至河口的黑龙江河段的协议》在北京正式签订后，松花江水系作为黑龙江对外开放、建设国际水运贸易的大通道，开展对日、韩和东南亚各国的江海联运的地位日益重要。

然而，位于松花江中游古城依兰境内全长41公里的三姓浅滩，却成为严重制约水上运输的碍航河段。1983年，国家投资1000万元进行一期整治，经过3年奋战，航道水深由原来的1.1米提高到1.5米，600吨级驳船枯水期可以满载航行，1000吨级驳船可减载航行，结束了三姓浅滩枯水期断航的历史。

1992年交通部批准了松花江三姓浅滩二期整治工程。然而，重重困难犹如三姓浅滩中的块块巨石，挡在承担整治工程任务的黑龙江航道局建设者面前。这项总投资达9288万元的工程，共需建设整治建筑物92座，其中丁坝79座、锁坝6座、分流坝两座、顺坝3座、护岸两处；整治建筑物总长19.2万米；完成抛石量32万立方米、护床排12.66万平方米；疏浚挖槽18处，挖槽长度达1.56万延米，爆破区长度5900多延米。如此大规模的航道整治工程，这在黑龙江航运史上尚属首次。而更重要的是，这条重要的水上通道，在夏航生产中不能割断，要一边通航，一边整治，更增加了施工的难度。

6年，2000多个日日夜夜，航道整治工程的建设者，随着冰排出港，顶着雪花归来，爬冰卧雪，历尽艰险，先后投入33万个工作日，平均每天有30艘船舶参战，保证了工程的完工日期，也将全国著名的三姓浅滩，在枯水期

1000吨级驳船不能满载航行的历史掀去。如今，一条航深1.8米、航宽60米、弯曲半径大于500米的优质三级航道，经过建设者的辛勤劳动，已展示在世人面前。

如果把参加三姓浅滩二期整治工程的职工队伍比作一支无往不胜、无坚不摧、敢打硬仗的钢铁之师，那么建设者那种顽强拼搏、无私奉献的敬业精神就是他们战胜各种艰难险阻的胜利保证。

建设者自豪地用艰辛和汗水写着自己生命中辉煌的篇章。

赵中华，这位黑龙江水系最大的链斗式挖泥船之一的“龙浚13”船队长，曾参加过三姓浅滩一期整治工程，是一位航道建设老兵。工作中，无论上级领导安排给他的船队多么艰巨的任务，他都能带领着他的战友去完成。可是，就是这样一位春天随着第一块流冰驾船出征，秋天顶着满天雪花归来的老兵，在工作中却要承担着来自家庭的巨大压力。17岁的独生女儿患有重病，生活不能自理。然而，夏季对挖泥船队又是抢施工进度的最佳季节，在亲情与事业的天平上，他把砝码压向了事业。既是指挥员又是战斗员的“龙钻01”船队指导员王德尧，在整治工程进入最紧张阶段，正赶上爱人因病做手术，家中多次来电催他回家，他却偷偷地将电报藏入口袋。大队领导发现后，再三催促，他才匆忙赶回家中。可是，几天后，紧张火热的施工工地又出现了他的身影。轮机长管道尊由于长期在外，三十好几仍顾不上成家。徐顺荣，工作中有着使不完力气的典型东北壮汉，接到哈尔滨家中打来的父亲病危的电报。当他连夜赶到家时，却再也看不到苦苦思念着自己的父亲。他趴在父亲的灵前悲痛地大哭，但他也深深地懂得，在他的事业中，忠孝不能两全。

三姓浅滩整治工地的建设者，就是以这种忘我的奉献精神，奋战在41公里长的大江上。他们把对生命价值的追求、对航道事业的热爱，汇集成心血和汗水，倾洒在整治工地上，树立起航道建设的精神丰碑。

3. 航道人的艰苦奋斗作风

“与天奋斗其乐无穷，与地奋斗其乐无穷，与人奋斗其乐无穷”。在长期与大自然的挑战并和谐共处中，艰苦的自然环境，简陋的工作条件，锤炼了航道人乐观放达、坚韧执著的性格和艰苦奋斗的精神。

不管是北方的还是南方的航道人，在他们身上都有着“艰难困苦，玉汝欲成”的闪光点。在中俄联合勘界测量工作中，黑龙江上游十分荒凉，方圆百公里没有人烟，生活条件很是艰苦，测量队员经常吃不到蔬菜，更难以在碗里找到一点荤腥，测量船的轮机长看在眼里，急在心里，

就默默地拿着镰刀上山去挖野菜，采山蘑菇给大家换口味。测量船的机座在共振中破碎，为不影响测量进度，轮机部的同志扛起几十斤重的机座，翻山越岭，步行几十公里，找到一个小山村拖拉机修配点铆焊，当天又赶回船上，连夜调试，保证了第二天勘界工作的正常进行。

在风景如画的峡江，航道职工的生活却并非旁人想象的那样诗情画意。近年来工作条件有所改善，过去住的是草棚、岩洞，好一点的是租用农村的破旧民房。后来在江边建了一些活动木房，周围杂草丛生，地面湿漉漉的，白天烈日暴晒，夜间蚊虫叮咬，山区有一种叫麦蚊的小黑点儿，密密麻麻，铺天盖地，充满了匪气，吸起血来远比文明之地——城市的蚊虫厉害，赶也赶不走，躲也躲不掉，往往弄得满身疙瘩，奇痒难忍。炊具呢？也很简单，三块石头架只锅就成了一个柴灶。当时的航标艇也很小，睡不了几个人，有首航道工人作的打油诗，是航道人艰苦而又乐观生活的真实写照：一只梢划八米长，航标工人宿船上，三个铺位五人睡，两人睡在地板上。废寝忘食护航道，一心扑在工作上，有米没有时间煮，买来柿子当主粮。

4. 航道人的乐于奉献品质

航道工人长期默默无闻地战斗在江河之中，社会上许多人对他们缺乏认识和理解，但他们从不抱怨，从不懈怠，心中始终装着国家和人民，在基层平凡的岗位上奋斗不息，表现了航道人乐于奉献的高尚品质。

优秀共产党员、广东省西江航道局都城航道站站长李绍雄就是一位杰出的代表。都城航道站担负着西江干流蟠龙口至暗罗冲的27公里航道、33座标志维护管理任务。辖区内有西江著名的“三滩”（蟠龙滩、新滩、都乐滩），浅滩、石坝、礁石多，管理难度大。1990年2月16日，从凌晨到18：30分，新滩入口香炉石等5座浮标接连被过往船只碰撞移位，有的锚缆流失，有的航标灯支架、灯器被撞毁。李昭维带领职工驾驶船只来往于各标位之间抢修，使航标迅速恢复正常。一年到头，这种情况的发生很频繁，甚至有时一天出现五六次。航道职工干的，大量是这种艰苦而又恼人的工作，李昭维从不抱怨，总是身先士卒，重活、险活抢着干。1990年春节前的一天夜晚，旺村石侧面浮标被船舶撞断锚链，漂流到新滩3号坝坝田，为了及时恢复航标，保障船只安全，李昭维与副站长等人跳进冷得刺骨的江水，硬是用人力把流失的灯艇从浅水区拖出，恢复到原标位。航标灯亮了，而李昭维和他的同伴却度过了一个不眠之夜。春节期间，他患了重感冒，段领导劝他好好休息，可他硬撑着坚持不离开工作岗位，他说："共产党员应该比大家多干点，一天看不到航标灯，我心都不舒服"。航道工人不仅要和江水打交道，还要经受恶劣气候的考验。1988年8月，西江出现特大洪水，航道站房水深达2米多，辖区内大部分岸标受浸，李昭维的家也泡在洪水之中。紧急关头，他不顾自己家人的安危，而是冲向抗洪抢险第一线，他带领职工通宵达旦，抢救充电房和重要物资，任务完成，他又马不停蹄地驾驶船艇奔向各受淹被损标位，迅速恢复被损岸标，奋力抗洪保通航。

二、航道人群体文化的形成

美国著名管理学家彼得·德鲁克指出："管理是以文化为转移的，并且受其社会的价值观、传统与习俗的支配。"因此，任何企业组织形式和管理模式都是建立在特有的文化背景上，都打上了文化的烙印。一个行业的文化既植根于地域文化，是区域整体人群的文化心理素质的反映，又是跨越空间的行业系统，是在人类文化、社会文化和经济文化背景中逐步形成的与本行业相关的基本信念、价值观念、道德规范，以及由此产生的思维方式、行为方式、示范效应的综合体现。它是多元复合、有机互动的结果。不过，航道人群体文化的形成还受航道行业与生俱来的"基因"条件所影响，与传统文化、地域文化、家族文化、军队文化等等文化形态有着千丝万缕的联系。

（一）传统的传承

航道这一行业在农业文明时期没有专门的机构和专职从业人员，在中国传统的"三十六行"里还没有这一行当，直到现在，社会对它的认知度还不是很高。改革开放以前，无论是国家航道还是地方航道，都附属于航运企业，而且在航运系统内排名总在最后。如此默默无闻，单位的成长和发展就面临问题，对外招聘少有问津。在长江，人们只知长航局（交通部长江航运管理局，现已政企事分开），招聘就打着长航的旗号。直到知青返城的政策出现了松动，知青为了跳出"农门"，对职业的选择有点身不由己，航道才输入了大批新鲜血液。加之国家在20世纪90年代中期之前实行"顶职"的就业政策，而在航道沿线的小城镇就业面窄，子承父业就成了顺理成章的事。

由于在过去相当长的一段时间内子承父业的现象比较普遍，职工人员结构较为单一，同时也呈现出"你中有我，我中有你"的家族关系的复杂形态。直到20世纪90年代以后，这种情况慢慢得以改变。子承父业使得“家文化”渗透、浸淫了航道文化，航道文化中故而也有了“家文化”的因子。“家文化”体现了中国传统文化的突出特征，是中国传统文化的核心。中国人十分注重“家”，把“家”看作是生活的中心和精神堡垒。“家族至上”的群体意识观要求个人为家族的兴旺、发达和荣耀而出力。这种为了家族的利益，为了光宗耀祖，可以产生强烈的成就动机，促使人们去追求事业的成功。“家文化”特别注重家族之间的亲情，强调家族成员要相亲相爱、相互帮助、相互扶持、同舟共济，强调“以和为贵”、“和气生财”，因此，“家文化”影响到航道行业，就使行业有了凝聚力和向心力。在构建和谐航道的今天，“家文化”应该说还是有它一定的积极作用。航道文化中有工会组织开展的“建家活动”，有党团组织的“共建美好家园，共育文明之花”的行动，也有“以船为家”、“以站为家”、“以航道为家”的倡导，这些以家为寓意的活动方式折射出“家文化”的闪光点。

航道职工中有不少世世代代以航道为家的，宁波海监局白节灯塔的叶中央是航标世家，叶的祖父、父亲都是干了一辈子的灯塔工。他5岁时，父亲在一次台风中在灯塔旁遇难。19岁那年他继承父业，上了灯塔。一年除夕，他不能离开灯塔，便写信叫妻子携同两个孩子前来岛上团聚，谁知途中遇到风浪，大海吞噬了他的妻子和大女儿。当时他悲痛欲绝，曾想撒手人寰，但看到灯塔，就像远航归来的航海者见到射破海天的光柱一样，感到温暖、亲切，有了回家的感觉，他心中就升腾起一种责任感，下定决心，要和大海斗一辈子，保障更多的人平安航行。后来，他又把自己的儿子送上灯塔，做了叶家的第四代灯塔工。叶中央曾荣获全国“五一”劳动奖章，后又被评为全国劳模。

长江上也有这样的航道世家。长江南京航道局安庆航道处的江友才，父亲是老海关（长江航道部门的前身）的灯守，他1964年接了父亲的班。父亲维护的灯在传说是东海龙王三太子化身的太子礁（现为太子矶）上，江友才回忆道，“父亲点的灯是明亮的，大风吹不熄，但是父亲仍不放心，为防止意外，每晚都要几次去查灯。每次出门都是轻手轻脚，怕吵醒我。但有时我还是醒了，在我的要求下陪他去查灯。查灯时，他除了带火柴、电筒外，还戴上一根木棍，用来驱赶江边路上出没的毒蛇。有一次雨夜查灯回来，父亲对我说，将来这导标灯用上电就好了……”。从那时起，江友才暗暗下定决心要实现父亲这一代人的愿望。20世纪80年代中后期，长江上实行了自新中国成立以来的第二次大规模的航标制式改革，江友才成了父亲单位的领导，他负责航标攻关小组的工作，在大家锲而不舍的努力下，太子礁上的油灯终于换上了电器标灯。江友才按规定签发了《太子矶水道拦江矶后导标由原油灯定光改为导标专用电灯自定光》的通电。电波在长江上传递着航道世家为实现航道现代化前赴后继共同奋斗的佳话。

当然，新老航道两代人之间也存在代沟，但老一代的航道人会用今昔对比的方法，用航道的历史和发展循循善诱，引导自己的孩子，忠诚党，忠诚航道事业。在这里摘录一段一位老职工写给儿子的信，其望子成龙的拳拳之心跃然纸上："而今的航道是日趋现代化，高峡平湖、电气化已成历史。取而代之的将是数字化航道，电子海图，遥测遥控，卫星GPS定位；趸船景观化、站房宾馆化、码头标准化、基地园林化，各种生活设施齐备，应有尽有，收入水平逐年上涨，是航道实实在在通过改革发展了，形象地位提高了。作为新一代的航道人，你们应该是无比的幸福。这都是党的恩泽，要归功于中国共产党。孩子，仔细想想，你为党又实实在在做了多少努力，拿出了什么样的成绩来回报，还是少一点怨言，多一份努力吧。对此，作为一名航道老职工，作为父亲，我要告诉你们：是党，给予了我们终身的享用，为党的事业做一点事，我将无怨无悔直到天命归西……"

毋庸讳言，"家文化"也有不少负面的东西，航道文化在制度安排上对其有一个历史的扬弃过程。譬如，进人制度的改进、近亲回避制度的实施、干部选拔任用机制和监督管理机制的健全等。

航道文化中还有军队文化的成分。这一是因为它的工作性质，二是航道职工队伍中有不少的复员、退伍军人和转业干部所决定。在现代综合交通运输体系形成之前，水运毫不夸张地称得上是独步天下的运输方式。抗日战争期间，国民政府迁都重庆，要将沿海特别是上海的工厂和战略物资紧急搬往大后方，于是一场悲壮的长江物资抢运工程便告开始。仅撤往后方的兵工厂物资，就达20多万吨。当年中国军工业十分薄弱，保存这些战略物资对中国十分重要。长江航运在这场关乎民族存亡，关乎中华民族能否长期抗战的大撤退中，发挥了当时任何交通方式都无可替代的重要作用。此后，长江战时运输体制的问题就备受关注和重视。社会主义建设时期，长江航道作为交通战备的一个重要内容，被视为"打不断、炸不烂的钢铁运输线"，组建了长江航道交通战备专业保障队伍。交通战备工作经常受到上级和军队领导机构的表彰。在平时，航道全线处于全天候的工作中，为了确保航道的安全畅通，生产一线和机关生产指挥部门24小时值班，时时处于军人的“战备”状态。所以航道被自己、也被社会定位为“半军事化”单位。许多复员退伍军人和转业干部把部队的良好作风带到航道系统里来，军队文化在航道这块沃土上，得以嫁接孳乳，薪火相传。由于这些因素的相互交织，航道文化里就有了使命意识和责任意识、集体主义思想、荣誉观念、奉献牺牲精神、职业道德观念和纪律观念。

（二）教育熏陶

航道文化是多元文化的复合，也就是说，它有一个扬弃的过程，有一个新陈代谢的过程，自我调节的过程，自我完善的过程。在这一过程中教育起着十分重要的作用。过去有一段时间由于就业缺乏竞争机制，存在“近亲繁殖”现象，使得航道队伍文化结构偏低。马克思明确地指出，人的全面发展的核心内容是人的素质或者能力的全面发展。各级航道组织按照：一是航道的发展、二是员工的发展的“双元原则”，为促进航道人的全面发展，作了坚持不懈地努力。特别是党的十一届三中全会以后将职工的在职教育和脱产教育结合，各级成立了教育管理机构和培训队，分期分批组织35岁以下的职工脱产轮训，学文化，学业务，学技术。同时，选送一批职工经过考试到大专院校深造，大大改变了职工队伍的知识文化结构。此外，长期以来开展了职工思想政治教育和素质培养，开展多种形式的职工素质教育实践活动。主要有建功立业活动、读书活动、职工群众性经济技术创新活动以及“创争”活动等，形成争创一流队伍、一流作风、一流服务、一流业绩的文化氛围。许多航道单位都举办了“读一本好书，写一篇书评，搞一次交流”的“三个一”专题读书活动。黑龙江航道局以站、船、科室为单位，从基层到机关都开展了读书活动，他们任何一条船上的小会议室里都张贴着船员们的读书心得、体会。在长江航道，职工求知欲的不断增强，使得学历教育不得不对报考专业作出一些引导和限制。

进入21世纪，以科学发展观为指导，全面建设社会主义小康社会的新形势，对新一代的航道人的知识结构、劳动技能、创新能力等等提出了新的要求。面对新的形势，广大航道职工的思想观念、职业道德素质、科学文化知识水平、专业技术能力等等还需要一个相当长的提升转化过程。党的十六大站在历史的制高点上，提出全面建设小康社会的一个目标是：“形成全民学习、终身学习的学习型社会，促进人的全面发展”。“好雨知时节，当春乃发生”。党的十七大以后航道系统更是掀起了“创建学习型单位，争做知识型职工”

的热潮。

许多航道单位将制定航道中长期发展规划与制定职工教育规划，制定整体工作目标与制定职工教育工作目标同步，落实单位工作计划与落实职工教育计划同步，业务技术培训同思想政治教育和其他各类培训同步。

创建学习型组织为航道人更好地施展才华搭建了广阔的舞台。

被评为黑龙江省学习型先进单位的黑龙江航道局测量大队，明确提出2009年“精一门，会两门，学三门”的复合型职工数量要达到40%，掌握现代化信息技术和计算机应用能力的比例达到80%，职工大专以上文化程度达到50%。“打铁还须自身硬”，大队长许长民是个典型的学习型先进个人。他原来只有小学文化程度，但通过自学和培训学完了高中全部课程，接着又自学了大学测量专业，在专业技术理论方面达到了大学水平。被破格评为高级工程师，后又成为了省测量行业学会理事，被聘为黑龙江省自然科学基金委员会专家。

仅有初中文化程度的长江航道局职工郑启湘，从部队转业到航道部门从事基层仪修工作。30年来，郑启湘对长江上的航标灯共进行了19项技术攻关，其中3项获得国家专利，6项获国家优秀奖，5项获得交通部优秀奖。因此，长江航道局将55岁的郑启湘由一名普通仪修工破格晋升为工程师，交通部将其评为“全国交通技术能手”。

马克思说：“整个历史也无非是人类本性的不断改变而已”。经过各种教育培训对人的塑造，经过职工们的思维的反馈、转换、过滤、筛选……航道与航道人之间的精神文化和行为文化的相互传承，“春风化雨”，航道人在思想素质上，实现向“能力本位”转变；在能力素质上，实现向“思想型”、“管理型”、“技术型”的人才转变；在道德素质上，实现向以个人独立自主并承担社会责任的道德转变；在交往素质上，实现由封闭短视的狭隘性交往向开放性交往转变；在心理素质上，实现由注重“人情关系”向恪守制度规范转变。“四有”职工队伍正在发展壮大，是航道文化建设中最重要的成果。

（三）习惯养成

美国有一位心理学家说：“行为就是一种习惯”，在这个意义上说，文化是一种熏陶，一种养成，文化只是一群人的“习惯”。习惯与人的日常行为有密切的关系。

在长期战滩斗水的实践中，航道人总结了丰富的经验，养成了终生受益的好习惯。譬如，在“行船走水三分险”的不断告诫中，在许多天灾人祸海损的事故中，吸取教训，引起警觉，树立起强烈的安全防范意识，形成了“以人为本”的安全生产理念；攀悬崖、走峭壁、冒严寒、顶烈日、战枯水、斗洪魔，在恶劣的自然环境、艰苦的工作条件下，培养了艰苦奋斗、英勇顽强的精神；在半军事化的工作氛围里，养成了遵守纪律、服从指挥的军事化作风；在“宁可自己千般苦，不让行轮一分难”的服务工作中，铸就了默默无闻、甘于奉献的无名英雄精神。

为了每一座航标，航道上的点灯人，付出了自己的青春年华，付出了自己的劳动汗水，有时还要透支自己的血肉之躯。

那是1996年冬天，长江中游螺山站“1258”号艇冒着严寒出航，行至一处江心滩，发现上游其他站辖区的一座浮标流失到了洲头，搁浅后水位下退，浮标离江水有100多米远，与浮标相隔的距离是一片淤泥滩，站艇无法靠近，需要有人趟过淤泥滩将牵引绳挂在浮标上，再用站艇拖到水里。时值隆冬，江面上北风呼啸，滴水成冰，站长何亨艮倒提酒瓶猛灌了半瓶烧酒，要往滩上跳，被他的同事拦腰抱住，坚决不让。副站长陈平安脱下棉裤，抢先跳下船。那片淤泥滩看似平坦，经老北风一刮，结起了一层薄薄的冰，人一踏上去，陷及大腿，每趟一步，冰层便“咔嚓、咔嚓”一片碎裂，冰面裂化成无数把冰刀，扎进皮肉，疼及骨里，陈平安艰难跋涉100多米，返回站艇时，腿上青一块，紫一块，血迹斑斑，伤痕累累。浑身冻得直打哆嗦的陈平安，接过同事们递过来的烧酒时，他没有忘记一句严寒下的幽默：“要是伏天就好了。”

伏天也不好，1998年夏天，螺山站的点灯人是这样度过的。那一年，长江中下游出现百年一遇的洪水泛滥，从上游方向漂流下来大量树枝、芦苇、草渣，铺天盖地席卷辖区内的所有浮标。为了维护洪泛期间的航标，保证行轮的安全，螺山站付出了双倍的劳动，每天出航清除浮标上的树枝，杂草，工作在12小时以上。那一座座浮标船被伏天的骄阳晒得滚烫滚烫，船甲板上绝对可以烤熟鸡蛋，站长何亨艮身着短裤背心、套上厚重的救生衣，率领7名点灯人，挨个儿登上每一座浮标，清除铺天盖地而来的树枝和杂草。上午刚刚清除完毕，中午杂草又至，缠绕在一座浮标上的杂草，往往可以装满一车。手拉不动，用碗口粗的楠竹来撬，他们把楠竹扛在肩上，众人合一，猛一发力，那楠竹经不起如此重负，“咔嚓”一声破裂成几股，尖利的竹片在人的肩膀处连肉带皮撕扯开来，钻心地疼，血水渗合着汗水从伤口处流淌下来，点点滴滴洒落在脚下的浮标甲板上，瞬间蒸发成白的汗迹，紫的血斑……

在航道“无名英雄”的光荣队伍中，武汉航道局黄石大桥航道站站长李汉成是他们的杰出代表。

李汉成带领黄桥站的一班人，在平凡的岗位上做出了不平凡的业绩。他所管理的辖区，做到了标正灯明，白天做到了一标见一标，晚上一灯见一灯。从1990年到他退休，共维护航标9万多座天，航标维护正常率达到1000‰，他驾驶的站艇安全航行12万多公里，主机运转8千多小时无故障。

李汉成憨厚老实，平时话很少，但“我很爱船，船艇就是我的家”，是从他18岁当兵起就常挂在嘴边的一句口头禅。他在部队当兵的6年就是在舰艇上度过的，1974年到长江航道局工作，又分在了航标艇上。这位农民出身，军营里成长的共产党员，将农民勤劳的品质和军人刚毅的作风带到航道工作岗位上。他的口头禅不仅挂在嘴上，也落实在行动上。他工作生活的站艇只有20多米长，虽说天地不大，但他总是把小艇擦洗得干干净净。他每天都比别人早起30多分钟，从站艇的前头擦洗到后头，哪怕是不显眼的地方，也见不到一点灰尘。擦洗过的船甲板就像一面镜子，光亮照人。在他的言传身教下，每天早晚抹船，工作之后及时洗船，已成为全站职工的自觉行动。机舱是油污最集中的地方，难免有“跑、冒、滴、漏”现象，但在黄桥站的机舱里，不用说机器干干净净，就连舱底也见不到半点油污，真正做到了木不发黑，铁不生锈，铜不发绿。有一次，长航局一位老领导到站里检查工作时感慨地说：“这才是长江上的华铜海轮!”

李汉成不只是口头上爱站艇这个家，为了这个家，他倾注了全部的心血和全部的爱。为了长江航道的畅通，他多次放弃去外地疗养、休假的机会。每逢节假日，他总是与航道为伴，以站艇为家。冬季长江水枯，是航道人最忙的季节，他在航道站工作20多年，只回家过了两次春节，而且是大年三十到家，正月初一赶回航道站。每当合家团圆的时候，他们家总是妻子将团圆饭做好，安顿几个儿女吃年夜饭，老李不在，妻子心里不是滋味，总是吃了一半就吃不下去了。即便这样，妻子对丈夫仍然非常理解，从来没有抱怨过他，不要以为除夕夜值班的李汉成离家有多么遥远，其实距航道站仅10分钟路程，但他决不离开岗位去与家人团聚。为了保证其他职工休假，他每年休假不到20天。职工们感动地说“李站长总是把方便让给别人，把困难留给自己。”

黄石大桥桥区航道每到洪水期航标维护量特别大，顺江而下的草渣在浮标船前堆积如山，如不及时清除，航标随时都有流失的可能。李汉成总

全国劳模李汉成在维护航标（隗传学摄）

是第一个趴在被烈日晒得发烫的浮标船甲板上，用刀砍，用钩子钩，用手拉，一点一点将草渣清除。有时一趴就是一个多小时，胸前烫得发红。每年维护航标刷油漆，在岸标上施工难度最大，位于顶端13米多高处的八面块油漆最难刷，人的脸仰向天，刷油漆的同时风一吹，满脸溅的都是油漆，眼睛都睁不开。每次刷岸标顶端的油漆，李汉成都是抢着上，把施工难度小的岸标下端留给青工。每次涂刷浮标的油漆，需人下水作业，李汉成也是抢在他人之先。

李汉成并不是当了站长之后才抢在先干在前的，早在1983年他还在鄂州航道站当航标工时就奋不顾身地抢救国家财产。那年元月份，在更换航标灯电池的工作中，一艘大船从站艇侧面驶过，大浪陡起，将放在站艇甲板上的30多只电池全部掀到了江底，李汉成毫不犹豫地跳进3米多深的江底，将电池全部捞起，使价值一万多元的国家财产免遭损失。

李汉成作为黄桥站这个家的家长，爱家更会理家，说到李汉成当家理财，在一些人眼里，会觉得他十分吝啬。站里的青年职工王春华则敬佩不已，他说："平时我们绑扎锚链多一小截铁丝他都会留下来，留着下次用在合适的地方。有时外单位将一些报废的旧铅丝绳丢了，他却如获至宝，带着站里职工去抬回来，拆成许多股，作浮标定位用。拆废铅丝非常费劲，他的手经常被扎出血，但李站长全然不顾"。在生产经费比较紧张的情况下，他把废铅丝绳连接起来，拴上石头，固定浮标船。他把旧灯座、旧灯罩修理组合后重新派上用场。抛设浮标使用铁锚成本高，他想方设法制作水泥锚以降低生产成本……这一切的一切，体现了李汉成所具有的工人阶级主人翁精神。

李汉成对青年职工的关怀，除了生活上无微不至之外，传授业务技术从不保守，耐心教，放手练。在这个14个人的班组里，近10年间调进调出的职工就有30多人次，所有人都受到了他的关心和培养。这些年来，他为航道部门输送了3名站长、6名副站长、3名优秀团干、1名技术能手。黄桥站被上级领导誉为培养和锻炼人才的水上培训队。

李汉成在完成航道维护本职工作的同时，他还经常见义勇为，主动施救长江上的遇险人员。1985年，黄石棉纺厂的一名青年职工在江中游泳，不幸被江流冲到了九码头水域，面临被江水吞没的危险，站在岸上的人不停地呼喊救命。当时李汉成和全站职工正在吃晚饭，听到呼救声他立即丢掉手中的饭碗，紧急出航，将落水者救起。1987年，一艘湖南籍木船在黄石下游的西塞山附近翻沉，船上的一位老汉和他的女儿落水，正在开航检查航标的李汉成发现了他们，当即加大航速，赶赴出事地点，将父女俩救起。20多年来，李汉成从长江上救起遇险人员不少于10人，许多被救者为了报答救命之恩，送给他礼金、礼品，都被他一一婉言谢绝。他说，从他第一次救人起，就没想图个什么回报。

李汉成30年如一日，以坚韧不拔的毅力，无私奉献的精神，高尚的道德情操，超凡的人格魅力在平凡的工作岗位上做出了不平凡的业绩。他无愧于“全国劳动模范”的光荣称号。

中国有句古话“慎之于始”，航道人养成的这些好习惯，真实地反映了他们对崇高道德的认知，对完美人格的追求，对人生价值的探究，对真善美的渴望……浸润和潜移默化地丰富了航道文化的人文内涵。

三、航道人的精神追求

毛泽东同志曾经指出：“人是要有一点精神的。”这个精神，对于航道人来讲，就是具有共性的“点亮自己，照亮别人”的航标灯精神。航标灯精神为航道事业的发展与建设提供了强大的精神支撑和动力源泉，在航标灯精神的激励下，一代代航道人不断地砥砺自己、鞭策自己，以自己赤诚的奉献和执著的追求，弹奏着一曲曲“服务、畅通”的和谐乐章，树立起“负责任的行业，负责任的航道人”的时代形象。

对于航道精神，各流域的航道会有不同的诠释。

长江航道因其横贯东西，辐辏南北的重要地位，负有“开辟美好生活新航道”的历史使命。20世纪80年代，经过企业整顿以后，长江航道职工中培养的职业道德：“热爱航道，忠于职守；讲求信誉，提高质量；为行轮服务，对人民负责”，充分体现了在航道转轨变型中的职业承诺和精神追求，新时期“团结、诚信、奉献、卓越”的航道精神与之一脉相承。

江苏地处“长三角”的重要一

翼，是新时期小康社会建设的龙头地区，在江苏省“两个率先”目标的激励下，江苏航道人形成了“通畅、和谐、创新、共享”的航道精神。

大运河航船如过江之鲫，船闸相连，在江苏航道精神的孕育下，运河航道人追求“五种精神”：立足运河的敬业精神、廉政勤政的自律精神、方便船员的服务精神、团结实干的拼搏精神、求实创新的开拓精神;广东则是海洋文化的代表地区，海洋文化是开放的文化，与其他国家和地区海上航行交流的机会很多，这样就形成了广东航道人容易包容和接受外来文化和新鲜事物的心理特征，所以广东航道人求真务实，讲究效率，体现了自强开拓、奋发进取的精神；黑龙江流域航道地处高寒地区，气候恶劣，环境艰苦，龙江航道人能从国家利益出发，全面做好界江航道的维护、管理工作，保证了我国领土领水的完整，他们表现的是坚忍不拔、克难奋进、顾全大局、威武不屈的“看边守界”精神和拼搏、创业、求实、服务、奉献的“三姓精神”。特别是在边界关系紧张的时候，这种精神激励着他们：活着就是为了争口气，活着就是为了达到精神的最高境界。

追求是一种精神，是一种不朽的意

志，是前进的动力、心灵的灯塔。每个人都有着自己的追求，中国的传统文化驱动文人官绅“立德、立功、立言”，这就有了“居庙堂之高，忧江湖之远”的达者追求，热血男儿有“生当作人杰，死亦为鬼雄”的阳刚之气，所以就有“天下兴亡，匹夫有责”的雄心抱负，诗人骚客的骨子里透着雅，追求意境的深邃和语言的完美，“为人性僻耽佳句，语不惊人死不休”……

航道精神是时代精神在航道人群体中的具体体现，航道人追求的是富有时代精神的奉献。长江上有为抢救落水儿童英勇献身的烈士唐泽薏、李泓卫，有勤奋钻研、追求卓越的航道科技工作者刘怀汉；界河上有“敢与霸权争高下”，驾着航标艇奋不顾身撞向侵略领江炮艇的龙江航道工人刘发；大运河上有撑着双拐十几年，一心扑在工作上，将邵伯船闸建设为首批全国文明单位的船闸领头雁——秦振中。放眼神州，像他们这样充满拼搏精神、实干精神、创新精神和敬业精神，献身航道事业，报效祖国和人民的航道人还有很多，很多，我们不可能将他们的名字一一道来，请记住他们的一个共同名字：奉献!

第八章　当代航道人文化建设探索

一、长江航道文化建设的实践

文化作为一种潜移默化的精神力量，所产生的对人的凝聚、导向、激励、规范的作用，影响着一个民族的繁荣和昌盛，影响着一个单位的兴旺和发展。多年来，长江航道局十分重视行业文化的建设，坚持在实践中进行探索、在探索中不断总结，通过萌芽起步、培育提炼、总结完善，正在朝着建立一个较为系统、规范的航道文化体系的方向发展。

（一）长江航道文化建设经历的实践过程

长江航道文化是长江航道人在几十年治理维护长江航道的奋斗历程中形成的共同价值观念、道德信仰、行为规范和理想追求的总和。它是一根无形的纽带，将全局的职工紧紧地凝聚和联结在一起；它是一种不竭的动力，激励着一代又一代航道职工开拓奋进。回顾长江航道文化的建设，大致经历了以下实践过程：

1. 艰苦实践，催生航道文化元素萌芽

半个世纪以来，长江航道因其行业的特殊性，一直处于一种“战天斗水”之中，生产条件恶劣、生活设施简陋。为了确保长江大动脉的畅通、行轮航行安全，一代代长江航道人献了青春献终身、献了终身献子孙。在几十年治理维护长江航道的奋斗历程中，航道职工日守孤洲，夜伴长灯，以荒山野岭为家，与汹滩恶浪为伴。恶劣的工作环境、特殊的工作职责培育和磨炼出了长江航道人淳朴的品质、勤劳的精神和奉献的作风，也积累了航道厚重的文化底蕴。

1958年，毛泽东主席视察长江，对航道人表现出的爱岗敬业、服务行轮、乐于奉献的职业品质；坚忍不拔、吃苦耐劳、昂扬向上的精神风貌；不畏艰险、勇于拼搏的进取意识给予了高度地评价，称赞航道工人是“无名英雄”。“无名英雄”这是党和人民对航道工人的肯定，也是对航道职工共同价值观念、道德信仰、行为规范和理想追求的定位。从此，领袖这一褒奖激励着一代又一代航道职工锐意进取，革故鼎新，艰苦拼搏，开拓奋进。从今天的角度看，这种定位便是长江航道行业文化的萌芽。那时，虽然没有对“无名英雄”精神冠以“航道行业文化”的概念，但实际上它作为一种自强不息的标志、灵魂，体现了行业文化的价值功能和导向功能，不仅被视为老一代航道人留下的宝贵精神财富，争当“无名英雄”也成为全体长江航道人共同的价值观和追求。

2. 继承传统，发掘提炼“航道精神”

20世纪的八九十年代，企业文化建设在中国掀起高潮，长江航道与时代同步，也开始了行业文化建设的探索，对几十年发展历程中积累的深厚文化底蕴进行发掘、提炼，着力于建设富有航道特色的行业文化。长江航道局为此组织专门班子对航道的传统文化进行了梳理，广泛收集整理蕴藏在职工群众中的闪光的思想、经验、格言，经过反复听取意见和修改，终于在1997年建局40周年的时候初步地概括形成了航道独具特色的行业文化框架，在全线确立了“服务行轮、奉献社会”的行业理念和“为行轮服务、对人民负责”的核心价值观，提炼了以“团结、敬业、服务、畅通”为核心的航道精神，倡导了航道人忠于职守、乐于奉献的职业道德风尚，设计、创作了局旗、局徽、局歌，用以塑造、展示、传播、强化长江航道的形象，营造了有航道特色的行业文化活动环境和氛围，把握了社会进步的脉搏，高扬了时代的主旋律。

3. 彰显特色，逐步建立航道文化体系

“十五”期，长江航道局力求彰显航道行业文化建设的独特性和时代性，围绕着“彰显特色、构筑体系”进行了深入思考和大胆探索，抓住航道部门公益性、服务性、基础性、艰苦性的特点，进一步拓展长江航道文化的内涵和外延，不断丰富具有深厚底蕴和鲜明个性的航道行业文化。长江航道局以建设学习型组织、知识型班组为载体，对职工进行价值理念的认同及文明礼仪教育，扎扎实实开展了“三优一满意”的实践活动；推行质量承诺，倡导和强化“诚信高于一切、质量证明一切”的经营理念；树立“建一项工程、树一座丰碑”的精品意识；进一步规范了局旗、局徽、局歌的制作、悬挂及佩带、奏（唱）要求；在局属各基层处、站（台）、船、艇上设置明显的航道形象标志；积极筹建荣誉室，开辟长江航道传统文化教育阵地，展示航道的历史变迁与发展，弘扬和讴歌长江航道精神；组织汇编了《长江航道职工道德建设读本》、《长江航道局文明标准》、《长江航道局管理工作标准》等，建立了较为规范严谨的职工行为准则。

同时，长江航道局还十分注重文化活动的组织策划，每逢重大节日、单位庆典，都要严密策划，精心安排，组织开展内容丰富、形式多样的系列文化实践活动，提高职工参与文化建设的积极性，提高职工对文化建设的认知度。如：改善办公环境和条件、统一着装、挂牌上岗等，激发职工对航道的自豪感和责任感；开展技术比武、“双增双节”、科研双革、

"五小"成果评选，激发了员工的创造性，促进了职工科技文化业务素质的提高。而且通过各种载体让全局职工牢记了"团结、敬业、服务、畅通"的航道精神，并逐步认识到航道利益是大家共存共荣的根本利益，从而以航道的生存和发展为己任，愿与航道同甘苦、共命运。可以说，通过抓航道文化建设，全方位营造航道文化氛围，有效地发挥了先进文化内聚人心、外树形象的作用，不仅使长江航道的发展理念和倡导的行为方式逐步在职工中达成普遍的共识，并被职工遵守，而且随着航道精神的弘扬光大，有力地促进了职工队伍综合素质的提高，单位的凝聚力、向心力也得到极大地增强，职工工作的积极性、主动性、创造性明显高涨。

4. 拓展创新，着力于航道文化体系的升华再造

随着对行业文化建设认识和探索的逐步深化，长江航道局党政班子达成了一个共识：要有计划、有步骤地推进文化建设，打造航道文化品牌，构建与文化传统相承接、与时代发展相适应、与航道特色相吻合的完整的长江航道文化体系，用文化的力量促进长江航道事业又好又快地发展。

从"十一五"期开局伊始，长江航道局着眼于建设一个具有鲜明时代精神和浓郁航道特色、科学规范的行业文化体系，强化领导，加大投入，引进社会资源，组织制定了《长江航道行业文化建设纲要》，提出了行业文化的长远规划和近期目标。依据该纲要的精神，广泛发动职工参与航道行业文化建设，在文化咨询专家指导下，抽调骨干组建了航道文化建设项目组，分调研访谈、分析诊断、梳理提炼、征求意见、研讨审定等阶段，紧紧围绕"培育先进价值观念、弘扬优秀行业精神、确立科学的工作理念、培养高尚的职业道德、建立完善的制度体系、塑造良好的行业形象"，扎扎实实地抓长江航道行业文化的升华、再造工作，推进了长江航道局行业文化理念、行为、视觉三大识别系统日益规范化、系统化、标准化。

通过对职业精神的深刻把握和前进方向的不懈探求，长江航道人确定将"开辟美好生活新航道"作为自己的使命追求；着眼于未来机会和挑战，把"当负责任护航使者，做可信赖水工专家"作为长江航道人的共同愿景；长江航道人牢记服务长江水运的天职、服务沿江经济的责任、服务流域百姓的根本，以"一切为了畅通"作为长江航道人的核心价值观，决心矢志不渝地为船舶奉献便捷顺畅、高效安全的通航环境和更人性化、更优质的服务；长江航道局响亮地提出了要用"团结、诚信、奉献、卓越"这一具有时代特征和鲜明个性的新的航道精神，引导和激励职工乐业、敬业、勤业、精业、成业，打造一支诚信敬业、超越自我、精益求精、甘于奉献的优秀团队，将长江航道建设成为畅通安全、文明诚信、管理科学、内外协调、充满活力、职工生活殷实安康的“四个”航道。在全线干部职工的积极参与、支持下，经过一年多的梳理总结、提炼升华，长江航道局制定了文化手册和员工规范，编撰了航道文化案例集，基本形成了符合社会主义先进文化方向、具有鲜明时代特征、体现交通水运行业特点、继承优秀文化传统、符合现代管理要求的文化体系。

（二）长江航道文化建设实践的认识

战略管目标，制度管行为，文化管心灵。长江航道行业文化是和谐航道建设的重要保障，是和谐航道的灵魂。

（1）加强长江航道行业文化建设，丰富和发展先进的行业文化，是解放和发展文化生产力，坚持以邓小平理论和“三个代表”重要思想为指导，贯彻落实科学发展观的有力举措；是实现行业诚信体系建设要求的重要支撑；是加强干部、职工理想信念教育、思想政治工作和加强党的建设、发挥党的先进性作用的重要途径。

（2）加强长江航道文化建设，有利于更新全局上下思想理念，营造团结奋进、昂扬向上的氛围，促进单位的稳定和发展，提升长江航道综合竞争实力；有利于树立与弘扬以爱国主义为核心的民族精神和以改革创新为特征的时代精神，有效地激发职工构建和谐航道，促进社会主义和谐社会建设的积极性和创造性；有利于提升全局职工的道德水准和综合素质，促进学习型组织的建设；有利于增强全局职工艰苦奋斗精神，形成节约习惯和“节约为荣”的风尚，从而促进长江航道健康协调、可持续发展。

（3）长江航道文化建设与航道发展紧密联系，相辅相成。一方面，航道生产对文化建设有助推作用。因为只有航道畅通了，经济发展了，效益提高了，才有加强文化建设的思想基础，才有可能加大对文化建设的物质投入。另一方面，文化建设搞得好，可以在职工中形成强大的精神动力和长江航道和谐发展的人文环境。

（4）推进长江航道文化建设要坚持以人为本，善于运用和创造职工喜爱的文化载体开展活动，增强对职工的亲和力。人是生产要素中最重要、最活跃的因素。文化建设要紧紧围绕人的素质的全面提高，强化人文关怀，注重尊重人、理解人、关心人，爱护人、帮助人，通过人文精神的倡导、人文环境的营造和人格的尊重，调动职工的积极性、挖掘职工的潜力，促进人的全面发展。

（三）长江航道文化建设的发展方向

胡锦涛总书记讲：我们必须更加自觉、更加主动地推动文化大发展大繁荣，更好地保障人民群众的文化权益。要大力建设社会主义核心价值体系，巩固全党全国各族人民团结奋斗的共同思想基础。要大力推进文化创新，使全社会的文化创造活力充分释放、文化创新成果不断涌现，使当代中华文化更加多姿多彩、更具吸引力和感染力。长江航道局以此作为推进行业文化建设的方向。

（1）进一步深化认识，加强对文化建设工作的领导

按照“十一五”期长江航道文化建设纲要和实施办法，继续推进长江航道物质文化、行为文化、制度文化与精神文化有序健康发展。将文化建设列入重要日程，建立健全相关工作制度和工作机制，积极给予人员、经费等方面的支持，确保航道文化建设与经济政治社会建设全面发展。

（2）切实做好航道文化手册和员工规范的宣贯工作，增强航道文化的吸引力、感染力

认真抓好先进文化的传播，加大航道文化手册、员工规范的宣贯力度，让全局上下知晓、认同长江航道的使命追求、共同愿景、核心价值观等价值理念，并据此校正自己的思维习惯和观念，树立与时俱进的服务、经营、安全、竞争、人才等理念，用先进的理念指导工作，不断增强忧患意识、竞争意识和效率意识，提高开拓创新能力和市场应变能力，增强长江航道的核心竞争能力。

（3）大力开展行业文化建设实践

广泛运用演讲、征文、竞赛等各种有效载体，加大宣传力度，营造浓厚的文化建设氛围，引导全局职工提高对文化建设重要意义的认识，让每个职工关心航道的文化建设，形成上下互动、积极推进航道文化建设的局面。

（4）注重发挥先进单位的示范作用，促进全局文化建设工作的平衡发展

学习先进单位的经验，同时，还要加强航道基层文化建设示范点的建设，注重文化建设理论研究。通过撰写论文、总结经验、交流成果等形式，推广行业文化建设方面好的做法和经验，不断巩固、发展符合社会主义先进文化前进方向、具有鲜明时代特征和丰富行业内涵的航道文化，促进长江航道科学发展、和谐发展。

（四）长江航道精神文化建设的核心成果

（1）使命追求：开辟美好生活新航道。

（2）共同愿景：当负责任护航使

者，做可信赖水工专家。

（3）核心价值观：一切为了畅通。

（4）长江航道精神：团结、诚信、奉献、卓越。

（5）服务宗旨：服务长江水运，服务沿江经济，服务流域百姓。

（6）战略目标：建设畅通航道，数字航道，文明航道，和谐航道。

（7）管理主义：

①简约文化：简约=简单+精益+集约

②决策文化：决策=理性+感性，效果源于责任。

③执行文化：一流的竞争力源于一流的执行力。

④创新文化：创新为事业奠基，为发展强本，为活力拓源。

⑤安全文化：以人为本，安全发展。

⑥廉政文化：慎始，慎独，慎微。

（8）经营方略：以发展促和谐，以和谐促发展，在又好又快的发展中，建设和谐的长江航道。

①经营方针：公益为先，效益为本。

②资源运作：统合综效，延伸价值。

③市场经营：创市场美誉，赢客户放心。

（9）成长之道：乐业、敬业、勤业、精业、成业。

①学习观：立身之本，发展之源。

②人才观：事业孕育人才，人才成就事业。

③领导观：胸怀全局，以人为本。

④职工观：爱岗敬业，追求卓越。

⑤岗位观：人岗匹配，有为有位。

⑥健康观：阳光生活，身心健康。

（10）文化品格：和而不同。

释义：在和谐发展、共同进步的同时，承认发展上的先后，正视区域上的不同，尊重岗位上的差异，欣赏多样化的奉献；在弘扬主旋律、彰显主流文化的基础上，鼓励亚文化的多姿多彩，提倡亚文化对主流文化的有益补充。坚信多元文化的存在是长江航道事业活力的来源。

主张行为一致的同时，允许（包容）个性思维的存在；主张职工全面发展的同时，鼓励学有所专、学有所长；主张自主工作的同时，要求遵守规章制度；主张人人平等的同时，承认个体能力、机会上的差异；主张和衷共济的同时，尊重不同意见；主张民主决策的同时，奉行不折不扣的执行。

（五）长江航道文学艺术代表作品

1. 水之韵

水性仁，沐浴群生；水性义，扬清涤浊；水性智，疏江导河；水性韧，劈山穿石。

江水浩渺，源远流长，百折不回，浩浩荡荡。一如长江航道人：

居善地：善于自处，甘居清苦，务本追远

心善渊：有容乃大，倾心奉献，臻于至善

与善仁：惠泽万物，为而不争，和而不同

言善信：言真行实，立诚守信，善始善终

治善正：容清荡浊，正道正业，恪守本性

事善能：百折不挠，以柔克刚，圆融汇通

动善势：蓄势待发，顺势而为，乘势而上

为善时：传承历史，把握现在，掌控未来

……

让我们秉承水的精神，如水一样向进!

让我们乘着澎湃的春潮，扬起奋进的风帆，沿着时代的航向，驶向和谐的未来。

2. 长江航道之歌

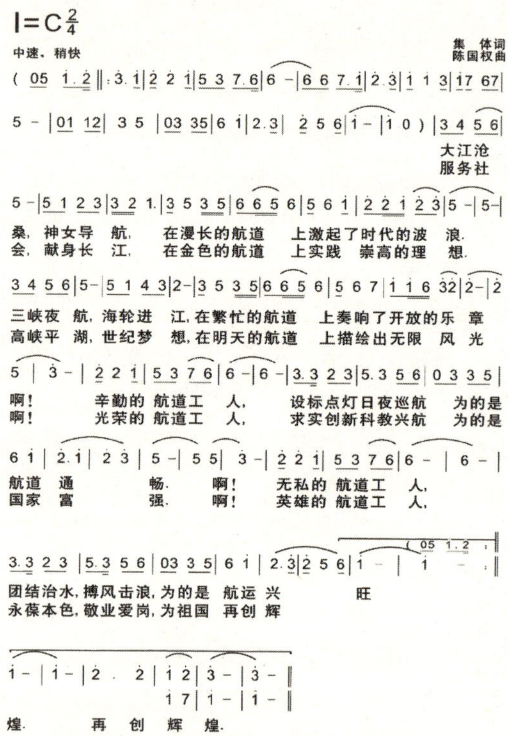

3. 长江航道局旗、局徽

长江航道局局徽

局徽由曲线、三角、椭圆和长江航道局英文缩写“CWB”构成。横贯的曲线象征绵延弯曲的长江航道，自西向东，高度概括了上游狭窄、中游弯曲、下游宽阔的特点；三角象征航标，并且体现出面向下游，航标颜色左白右红的技术特征。封闭的椭圆结构稳重大方，并象征着广大长江航道职工团结一心，无私奉献的优良传统和讲求诚信，追求卓越的精神风貌。

长江航道之歌、徽、旗

二、新时期江苏航道精神展示

深入学习贯彻科学发展观，引发了新时期江苏航道精神研究与思考，江苏省航道系统各级党组织和广大干部职工，自下而上、广泛发动，建言献策、集思广益，总结提炼了反映航道事业本质——服务，体现航道事业发展方向——和谐的新时期江苏航道精神——和谐领航 服务有道。

（一）江苏航道精神形成的时代背景

21世纪，人类进入了一个新的发展时期。当今世界的发展和竞争，已经由过去的政治、军事、财力、科技等物质力量，过渡到包括思想文化领域力量的全面发展和竞争。也就是说，国家的发展，不仅依赖于经济力量和国防力量等硬实力，更需要植根于本土的独特民族文化、思想意识、价值观念，特别是民族精神等软实力。以独特文化资源为主体的软实力，日益成为国家可持续发展的重要动力和支撑。中国古代不但创造了包括四大发明在内的无数灿烂辉煌的物质财富，而且也创造了丰富的思想文化，留存了大量的优秀人文遗产，今天已经成为民族复兴、国家强盛的不竭源泉。随着经济全球化和信息技术的高速发展和普及，世界各国各地区间多元文化交流更加便利，外来文化特别是西方文化的大量传入，对中国传统文化、思想观念产生了深刻而又复杂的影响。“有没有高昂的民族精神，是衡量一个国家综合国力强弱的重要尺度。”在贯彻党的十七大精神，落实科学发展观，建设中国特色社会主义，构建和谐社会伟大目标进程中，传承、弘扬中华民族优秀文化，兼容世界多元文化之精华，着力构建社会主义核心价值体系刻不容缓。

改革开放以来，江苏的经济社会发展长期处于全国前列，其中一个重要的原因，在于江苏不仅拥有浓厚的历史文化底蕴和优秀的人文精神传统，而且能够根据时代发展的要求不断赋予人文精神以新的内涵。实现“全面达小康、建设新江苏”的战略目标，既需要有清明的政治、发达的经济、繁荣的科教、和谐的社会、良好的生态，还需要有先进的思想文化以及蕴含其中的强大精神动力。“创业、创新、创优”已经成为引领江苏发展的时代精神，全省各地区、各行业都在积极顺应这一主流，把人民群众在社会实践中形成的各具特色的行业精神凝聚提升，使之成为“创业、创新、创优”精神的有机体，不断丰富新时期江苏精神的内涵。

（二）新时期江苏航道精神的形成

精神，是人的心理、气质、秉性等内在素质的外化表现，反映了人的身体状态、思想意识和道德修养。精神是区分人与自然界的本质差异，一般说的精神多指人文精神，即一种重视人的价值、需要、个性和发展的价值观念。人文精神是一个发展的概念，早期特指欧洲文艺复兴时期反对封建专制和宗教蒙昧与禁欲主义，追求人的解放与弘扬人的个性的精神；新时期人文精神则是指在尊重自然和客观世界的前提下，重视人的价值和人的全面发展的文化精神。人是一切文化的创造者，文化的发展首先是人的发展，人在改造主观世界和客观世界的过程中将自身发展所体现出来的精神面貌和气质品格，不断物化到自己所创造的物质和精神文化财富之中，由此构成一个民族、一个地区、一个行业文化个性的核心内容。行业精神是特定区域和行业人们行为方式、思维方式所体现出来的知识体系、价值观念、理想信念、精神面貌与性格特征的复合体，体现了区域或行业文化的整体特征和价值取向。

当前，江苏正在加快实施经济发展方式由资源消耗型逐步过渡到资源节约型，努力构建资源节约型、环境友好型社会，以实现全面协调可持续发展。在肩负江苏经济社会发展先行军使命的交通行业中，水运作为综合运输体系中不可替代的重要运输方式，其资源节约型特征越来越凸显，作为全国航道资源第一大省，各级党委、政府和社会各界对水运给予了前所未有的关注，水运发展迎来了空前的大好机遇。为了抢抓机遇，充分发挥江苏内河水运资源优势，加快构筑水陆并进、优势互补、适应全省经济社会发展需求的现代化综合运输体系，根据交通部和江苏省政府联合批复的《江苏省干线航道网规划》的要求，江苏省要在2020年之前建成以长江、京杭运河为主轴，以三级航道为主体，形成“两纵四横”3455公里高等级航道组成的标准统一、网络畅通、运转高效的通江达海干线航道网，实现航道基本现代化。

江苏航道系统承担着全省内河航道建设、管理与养护的重任，完成上述艰巨的建设目标，把航道打造成交通发展的新亮点，实现江苏由航道大省到航道强省的历史性跨越，迫切需要大力弘扬以“三创”精神为核心的新时期江苏精神，迫切需要在此基础上不断培育和发展具有江苏航道特色的行业精神。

江苏省航道系统有着自身的发展历史和文化特点。在航道事业发展中，逐步形成了吃苦耐劳、艰苦奋斗、包容共济、默默奉献的传统行业文化。在建设江苏新航道的实践中，迫切需要把这种行业文化传统提升为行业精神，以统一思想，鼓舞士气，推进江苏航道事业又好又快发展。新时期江苏航道精神，既要有人文精神的普遍价值理念，又要符合航道行业的职业特点；既可作为江苏航道事业发展的重要成果，也应该是航道人所必须具有的思想理念，同时更应当成为江苏航道“四个文明”建设高度统一、有机结合的载体。经认真研究与精心提炼，江苏航道人将新时期江苏航道精神概括为：“和谐领航，服务有道”。

和谐领航：“航”既是指航道，也是指航道事业发展的方向。构建江苏和谐航道，加快发展是前提，不断创新是保障，相互包容是基础。“和谐领航”就是要使航道发展与需求相和谐；航道设施与自然环境相和谐；航道建设与管理相和谐；航道部门与其他内河执法单位相和谐；航道机关与基层、干部与职工相和谐，只有和谐发展，才能实现又好又快。

服务有道：“道”既是指航道，也是指航道人的行为规范。服务是航道部门的神圣职责，航道从本质属性来说，是为全社会服务的公共产品，服务综合交通运输体系、服务水运企业和广大船民，才是航道又好又快发展的根本大“道”。只有做足、做好服务这篇文章，才能最大限度地发挥航道在经济、社会发展中的作用；只有把“服务”作为航道人第一理念和第一追求，江苏航道事业才能蒸蒸日上、不断前进。

（三）新时期江苏航道精神的弘扬

“和谐领航、服务有道”作为新时期的江苏航道精神，是一种观念和责任，也是一种追求和境界，更是一种精神和气度。近年来，江苏航道建设投资的高幅增长，航道基础设施的不断改善，航道规费征收的连创新高，航道发展环境的日益好转，都离不开航道精神的强力支撑和推动。今后更需要把“和谐领航、服务有道”锻造成全省航道系统崇高的精神力量，精心培育，大力弘扬，创新拓展，不断升华，使之成为江苏航道人的精神支柱，以应对挑战，战胜困难，实现航道强省的愿景。

（1）弘扬“和谐领航、服务有道”新时期的江苏航道精神，要紧紧围绕构建和谐航道的基本要求，努力实现5个方面和谐：

第一，航道发展与经济社会发展相和谐。内河水运具有运量大、运价低、耗能省、占地少、污染轻、安全好等独特优势，也是江苏煤炭、矿石、建材等能源和原材料物资运输的主渠道。作为水运的基础性设施，目前江苏省的航道网络结构还不尽合理，高等级航道比例明显偏低，航道设施失养失修比较严重，京杭运河等重要干线航道通而不畅，内河基础设施供给水平远远不能适应社会经济发展对水运的需求。针对水运发展滞后的现状，从党中央、国务院到省委、省政府，从交通部到省交通厅，都给予了高度重视：2007年4月温家宝总理专门作出重要批示，要求把京杭运河综合治理特别是航道、港口等基础设施建设列入议事议程，进一步发挥京杭运河的水运作用；2007年7月初交通部召开了建国以来的第一次全国水运工作会议，明确要求加快航道建设，大力发展内河航运；江苏省更是采取了一系列有力措施，2006年11月省政府召开了改革开放以来的第一次加快水运发展工作会议，2007年3月1日《江苏省航道管理条例》正式施行，2007年8月省政府出台了加快水运发展的意见。面对千载难逢的历史机遇，全省航道系统必须进一步解放思想、牢固确立加快科学发展是航道事业第一要务的理念，增强历史责任感与使命感，竭尽全力为全省经济社会发展提供更多数量、更高质量的航道基础设施。

第二，航道设施与自然生态环境相和谐。江苏省是全国人口密度最大、人均矿产性资源和环境容量全国最少，但航道资源最为丰富的经济大省。这就决定了交通必须因地制宜，大力发展最具能源资源节约型、土地资源节省型、环境资源友好型的水路运输方式，把“环保优先”与“节约优先”方针落到实处。要坚持把工程建设与生态保护和节能降耗相结合，将生态航道、绿色航道、人文航道的理念贯穿到航道建设的全过程，在满足功能、确保质量、保证安全的前提下，既要减少资源消耗，又要通过建设生态护坡、构筑生态景观等方式，尽力保护和修复沿线生态环境和历史文化遗产，特别是要坚持以人为本的原则大力开展水环境的综合整治，全力打造亲水型、生态型、景观型的航道，最大限度地促进航道设施与生态环境的相互和谐，实现人与自然的和谐相处。

第三，航道建设与管理相和谐。

建设是发展，科学管理也是发展，而且是可持续发展。一手抓建设、一手抓管理是航道发展永恒的主题，只有建设与管理两手齐抓共促，才能不断提高建管效能，避免盲目投资、重复建设和低水平发展。要用科学的制度、严谨的操作严把建设市场准入关，按照公开、公正、公平的要求进行招投标，实现航道建设源头的规范化。要按照做精、做细、做优、做美的原则，全面遵循“优质的工程=科学的设计×优质的材料×精细的施工×严格的监管×科技创新”的建设质量管理公式，优化航道建设与管理资源的配置，争创更多的航道精品工程。要在加快建设的同时，狠抓现有航道设施的管理与养护，通过科技创新、管理创新和信息化建设，提高航道基础设施的适用性和耐久性，使航道基础设施的使用效率、服务功能和综合效益最大化。

第四，航道部门与其他水上执法部门相和谐。江苏水上执法部门众多，海事、船检、港政、运政、公安、渔政、水利等部门根据不同的法律分工，也都拥有各自的执法权。《江苏省航道管理条例》明确了航道部门在航道管理中的执法主体地位，航道管理部门一要唱好主角，二要相互配合，三要联合执法，共同打造安全、有序、和谐的水上执法环境。

第五，航道机关与基层、干部与职工相和谐。航道部门作风建设，特别是领导干部的作风情况，是航道系统能否赢得社会信赖和认可的重要依据。各级航道机关要面向基层和群众，大兴调查研究之风，多解基层困难之实，把为发展、为群众、为基层办实事，作为实现航道系统和谐的具体行动。要加强领导干部队伍建设，在思想作风上坚持把为民服务作为第一追求；在学风上坚持不断学习、终身学习，不断拓宽新视野，开拓新局面；在工作作风上多听民意、多访实情，把最大精力投入到抓落实、促发展上；在领导作风上充分发扬民主，大力推行政务公开，做到秉公用权、阳光用权；在生活作风上，旗帜鲜明地反对奢侈浪费、享受攀比之风，树立航道干部艰苦奋斗、勤俭节约的廉洁从政好形象。

（2）弘扬“和谐领航、服务有道”新时期的江苏航道精神，要坚持把服务作为江苏航道的立身之本，展现负责任的江苏新航道。

第一，服务综合运输体系。通过对各种运输方式的有机整合，形成分工协作、优势互补、衔接顺畅的现代综合运输体系，是交通运输发展的客观规律。加快发展现代综合运输体系，必须进一步优化各种运输方式的比例结构，尽快形成“宜水则水、宜路则路、宜铁则铁、宜空则空”的良好格局，使各种资源能够在更大的范围内合理地、自由地、便捷地流动。目前，航道基础设施发展水平远远滞后于公路等优势项目，导致大量“宜水”货物被迫弃水登陆，大大增加了物流成本和社会成本。对此，航道必须要奋起直追、迎头赶上，必须加快振兴、迅速崛起，必须充分利用江苏得水独厚的资源优势以及江苏经济发展对水运的较高依存度，更好地发挥水运“半壁江山”的作用，为实现江苏交通资源的最优化配置而努力。

第二，服务社会全局。紧紧围绕服务社会发展全局、服务水运事业、服务广大船民及航道沿线人民群众的要求，积极营造“便捷、通畅、高效、安全”的通航环境，最大限度地优化通航管理，让船舶快航行、过好闸，提高运输效率，降低水运成本，尤其要把广大航运企业和船民当作江苏航道的“衣食父母”，让他们共享经济社会发展和航道事业发展的成果。通过提供让社会公众满意的服务，取得社会各界对航道发展的认同和支持；通过信息公开和政务公开，提高社会各界对航道发展的知情度和参与度；通过树立和巩固亲民、负责、为民、务实的行业形象，不断增强航道系统在社会中的亲和力和影响力，把江苏航道打造成一个船民满意、社会支持、政府信任的负责任行业。

（四）新时期江苏航道精神的建设要求

航道精神具有鲜明的行业特色，建设新时期航道精神要探索符合航道发展规律的路径，以适应科学发展给江苏航道人提出的更高要求，达到“和谐领航，服务有道”的崇高境界。

第一，航道精神的培育、灌输和养成需要示范和榜样的力量，这就要求从省局到市、县各级航道管理机构，特别是主要领导要起表率作用。

第二，航道精神既需要全体航道人精心培育、细心呵护，更需要各级党组织有计划、有目标的教育灌输。要通过形式多样、生动活泼的宣传教育，营造积极向上的文化氛围，使之凝聚民心，成为航道人统一的价值观念和行为准则，化航道精神为航道发展的物质力量，不断提高核心竞争力。

第三，航道精神具有历史传承性和与时俱进的时代特征，建设新时期航道精神要通过对几代航道人涌现的先进单位、先进人物的事迹颂扬，使“服务人民、奉献社会”的光荣传统不断得到升华。

第四，航道精神具有天然的“乡土亲情”。航道单位大多地处农村，远离繁华城市，水上工作和生活条件都比较艰苦，待遇相对较低，通过航道文化建设，进一步营造和谐温馨的精神家园。

当前，江苏省航道人在科学发展观指引下，正齐声高唱着弘扬江苏航道精神的正气之歌，以上下互动、左右激荡的合力，使江苏航道发展之船乘风破浪，驶向胜利的彼岸!

三、邵伯船闸文化建设的实践经验

江苏省邵伯船闸管理所隶属江苏省交通厅苏北航务管理处，承担着京杭运河上两座大型现代化船闸航道的运行管理与养护建设任务。船闸地处江苏扬州江都市邵伯镇境内，是京杭运河过长江向北的第二个梯级过船枢纽，通过这里的船舶遍及到10多个省市。邵伯船闸不仅是江苏交通对外服务重要的水上窗口，也是江苏交通的一个著名服务品牌。20多年来，邵伯船闸管理所连年获得上级先进表彰，连续多届获得江苏省、江都市文明单位称号，1999年被中央文明委表彰为全国首批精神文明建设工作先进单位，2001年、2005年两次被交通部、团中央命名为全国青年文明号，“十五”期间两次被江苏省委、省政府表彰为文明单位标兵，2005年10月，被中央文明委表彰为首批全国文明单位，2005年12月，被交通部表彰为创建全国文明行业十佳先进单位，2007年初，被江苏省经贸委、中小企业局、总工会、团省委等多家联合表彰为“江苏省服务明星单位”。

近年来，邵伯船闸管理所深入落实交通部提出的文化建设实施纲要的目标要求，始终用时代的要求、发展的眼光、改革的精神自觉推进船闸文化建设，突出以船闸精神文化、安全文化、廉政文化、创建文化以及制度文化的建设为重点，使文化建设工作总有新举措，适应了科学发展观的要求，适应了构建和谐社会的需要，同样也适应了船闸和全所干部职工自我发展进步的需要，实现了文化建设的理论创新;他们不断战胜自我，完善自我，提高自我，放下老品牌、老先进的包袱，虚心学习，善找差距，再强素质，再争提高，实现了文化建设的观念创新;他们创新服务手段，提高服务水平，争创服务业绩，优质服务的声誉影响深远广泛，广受服务对象和社会各界好评，实现了文化建设的效果创新;他们深入持久广泛地开展优质服务、诚信服务活动，面向水运，面向船员，面向社会，坚持送温馨、送优质、送满意，不断树立文明船闸文明窗口的文明优质新形象，实现了文化建设工作的形象创新。经过长期的文化建设工作的探索，在交通系统和地方上较为成功地走出了一条富有自身特色的路子，较好推进了船闸各方面工作的健康快速发展，有效地增

强了船闸对于干部职工的团结凝聚作用。他们的主要经验是:

（一）求活，以精神文化凝聚职工思想

精神文化作为单位文化建设的灵魂，多年来，邵伯船闸管理所进行了多方位、多形式的探索：一是坚持理论引导，在船闸干部职工长期拼搏奉献的实践中，提炼出的“团结奋斗、自强不息，顽强拼搏、永创新业”作为体现“邵闸人”特别能战斗的船闸精神，形成了“顽强善战、敢打必胜、追求进取、唯旗必夺”的船闸精神文化氛围，长期以来一直在鼓舞激励干部职工不断攀登船闸事业发展的新高峰。同时，他们还设计了创作了诸多船闸精神文化建设的产品，如：闸徽、闸旗、闸歌，丰富了船闸文化的内容。随着船闸精神文化产品的开发利用，也激发了干部职工的集体荣誉感和自豪感。二是开辟了固定的文化宣传阵地，自办了《邵闸简报》，每月定期出刊，设置了多处宣传橱窗和巨幅标语牌，做到既紧跟形势又展示了活跃的思想政治工作，把握了文化建设的主流方向。三是经常开展形式多样的文化活动。通过开展各种座谈、讨论、歌咏比赛、文艺演出等活动，吸引职工、船员参与，推动相关工作。党的十六大闭幕后，他们组织成立了学习宣传党的十六大报告文艺宣传队，精心组织职工自编自演了一台精彩的文艺节目，开出了文艺宣传艇，向广大船员宣传党的十六大精神；以小问答的形式摘编十六大报告的要点印成宣传品发给过往船员。整个宣传活动持续近半个月，船员观众多达2000余人，这一新鲜做法吸引了多家新闻单位前来采访，当年中央电视台包括《新闻联播》在内的多档新闻栏目、省内多家媒体对此作了广泛报道。四是通过政治教育与实践引导，促进职工保持良好精神状态。他们长期坚持抓好职工政治教育，始终抓好党的创新理论的学习，突出加强艰苦奋斗传统教育。所里多年前把单位的荒地开垦划分给职工，在公共场所设立义务劳动包干区，组织职工开展义务劳动，培养职工的艰苦奋斗精神；通过统一职工标志服的穿着促进职工行为文明、举止规范，使全体职工保持了积极向上的精神状态。

（二）求实，用安全文化引领安全生产

安全管理是船闸工作的根本。邵伯船闸管理所通过持续深入的安全文化建设，扎牢职工的安全意识，推动和引领了安全生产工作不断创新发展。特别是多形式、多载体的文化实践催生各个岗位职工安全生产的自觉意识，强化了制度保障。

1. 安全观念指导安全生产

邵伯船闸管理所提炼形成了许多安全工作的观念，“安全无小事”、“安全责任重于泰山”、“安全生产只有起点没有终点”、“在岗一分钟，安全六十秒”、“船在闸内，人在室外”等安全生产观已深入人心。前些年他们在闸区长200多米的林荫道上建设了安全文化长廊采用“职工安全警句”的形式以喷绘制作了展图，每人都创作有一句话的涉及安全生产的观点和真知灼见，形成了人人参与安全文化建设的良好氛围。

2. 安全教育筑牢思想防线

在安全文化建设中，他们十分重视安全法规方针的宣传教育，安全教育做到了经常化。把每月9日定为安全宣传教育日，每月要开展一次安全规章制度的学习教育活动，还通过开展典型案例教育、“反违章、 反事故、查不足、订措施”大家谈等活动，筑牢干部职工的安全思想防线，促进职工增强事故防范的意识和能力。

3. 隐患控制和提醒宣传建立防范保证

10多年前邵伯船闸管理所实行了危险点控制法，明确了船闸主要运行现场易发事故的各个主要控制点，排找了各类事故因素(隐患)20多种，制作成宣传灯箱，在岗点安装提醒牌，提示了各自的预控防范措施。在贯标的过程中还建立起了公示牌，每月定期公布现时新增的重大危险源和影响因素，供职工和船员共同了解掌握，为安全生产建立了可靠的保障。

4. 安全竞赛和活动推进安全目标实现

邵伯船闸管理所每年组织 开展“冬安赛”、“安全月”、“夏安赛”、“春运”等安全竞赛，还按照上级工会的要求开展班组安全竞赛活动，运行现场各班组均已全部创建成市以上的安全合格班组。并结合自身的特点和优势，组织开展安全征文、安全家书征集、安全知识竞赛等专项活动， 达到了全员参与、教育甚深的效果。

5. 安全制度建设巩固了安全建设成果

邵伯船闸管理所长期重视制度建设，用制度文化承载安全文化，多年来一直坚持凡事未动制度先行。多次汇编船闸管理制度手册，2005年8月新编印了手册分十六个大类，共310个制度，50余万字，涵盖了船闸管理的各个方面，被江苏省航道局向全省系统推广，并推介给国内许多知名船闸。他们在工作中始终坚持贯彻“上规范、 做示范、当模范”的要求，特别是通过职业健康安全管理体系的认证，使安全生产工作在行业内率先走上国际规范的轨道。制度建设强力推进了安全生产，至2007年邵伯船闸已保持了连续28年无重大责事故发生的记录。

（三）求新，让创建文化推动创建发展

党的十四届六中全会以来，邵伯船闸管理所深入开展社会主义精神文明创建活动，始终坚持真抓创建、真求促进、真要成果的理念，使创建活动成效显著，也形成了富有特色的创建文化。

1. 以优质服务展示创建文化

他们不断深化服务工作，创建服务文化，打造服务品牌。船闸现场长年开展多种服务竞赛，全所上下坚持做到“让文明与闸次同行，让邵闸给船员满意”，实行“有困难找我责任制”，推行和“四无”（服务无推诿，言行无不端，工作无差错，船员无投诉)承诺。近年随着软硬件建设的加强，又重点推出了远调站“一站式”服务等10多项服务项目，使服务工作赢得了船员的普遍褒奖。

2. 以学习型单位建设提升创建文化

近年来邵伯船闸管理所积极开展学习型组织创建活动，开展各种业务技能培训，还成立多个学习兴趣小组引领带动学习型单位创建工作，积极开展各种文体活动。在闸区为职工建起了阅览室、篮球场、乒乓球室，为职工购买了数百种图书，还把获得中央文明委表彰奖励的碟片分类整理编号，供职工们借阅。2006年还专门建设了职工文体中心，建立了多个活动室，在供职工使用的同时，也向社会开放，扩大辐射影响。

3. 以学习先进典型推进创建文化

邵伯船闸管理所把开展向先进典型学习活动作为创建文化建设的重要引领，近年开展了学习包起帆、许振超、陈刚毅、孔祥瑞等先进典型活动。在先进性教育活动中，开展向中央推出的重大典型学习活动，在办公楼楼层外墙面制作悬挂了许振超、牛玉儒、任长霞等先进典型事迹宣传牌，营造了学习先进的浓厚氛围，不仅在全体党员中，也在全所干部职工中起到了弘扬正气，激励奋进的积极作用。

4. 以多方投入丰富创建文化

在创建文化建设中，工会、团支部的“职工之家”和“青年文明号”创建活动也成为重要的部分，起到了积极作用。工会不断加强“建家”意识的教育，注意激发每位职工都积极参与家的建设和管理，带领工会会员积极为单位努力奉献。团支部深入开展青年志愿者服务活动，让服务向船员和社会延伸，开展“青年文明号文化节”等活动，形成了争创“青年文明号”为主题的创建氛围。

5. 以展示成果升华创建文化

在创建活动形成高潮，取得成果后，他们编印了《创建在“窗口”》一书，汇编创建活动中形成的制度、规范、经验材料，获得系统内外一致好评。近年又将创建工作中提炼规范的船闸精神、形象标准、工作规范、服务承诺内容、窗口服务忌语等进行了汇编，印制了《创建手册》，展示了创建成果。创建活动的深化，精神文明建设的持续推进，使全所职工的思想境界不断提高，过闸船员也受到感染带动，促进了闸船之间关系融洽和全所局面的和谐稳定。

邵伯船闸闸徽说明

邵伯船闸闸旗由闸徽和旗面组成，闸徽用红色制作，旗面为白色，闸徽镶嵌在旗面中央。

闸徽采用“邵闸”两字汉语拼音的声母“S”和“Z” 组成。“S”和“Z”字母中的两个折笔划构成航道图中的船闸特定符号，并居于闸徽的中间位置，代表邵伯船闸，其上下的不完全符号分别表示了位于上下游的其他船闸。“S”和“Z ”字母之间的垂直分隔代表着运河的主通道，其字母中折笔划形成的斜形分隔喻示着支线航道，整个分隔线喻示运河航道与支线航道干支相通。圆形边框表示从零起步，成绩已属于过去，一切都在从零开始。

整个标志内方外圆，表示内部管理严格严谨，外部环境和谐圆满。

与邵伯船闸闸旗共同组合的是班组竞赛旗，班组竞赛旗划分成四个等次。红白相间为一等，红粉相间为二等，红黄相间为三等，红绿相间为四等。根据所内四个主要班组各月的工作业绩悬挂不同的旗帜，每月更换调整。班组竞赛旗的设立大大提高了班组职工的竞争意识，激发了职工工作积极性。

（四）求深，使廉政文化净化职工心灵

深入开展廉政文化建设，有利于净化职工心灵，提高廉政自律意识，是进行反腐倡廉教育的有效辅助形式，为净化职工心灵、树立良好职业道德和形成清廉服务之风产生了积极的作用。邵伯船闸管理所一是重视宣传教育。每年与职工签订廉政行风

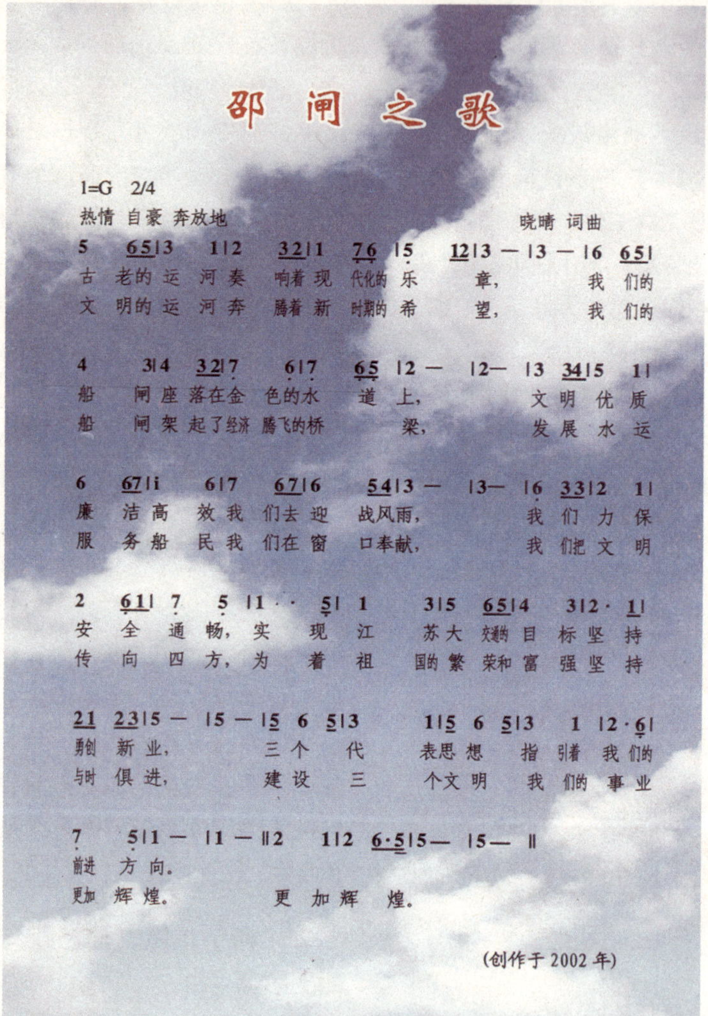

邵伯船闸之歌

建设的责任状，每月定期公布反腐倡廉好人好事，在职工中弘扬清廉之风，在廉政教育上，每年组织电教月活动，还组织实施“廉政文化宣传月”，开展廉政文化征文，征集廉政警句和廉政格言，制作了《船闸职工反腐倡廉警言辑录》，接受公示监督，促进了职工廉政意识的铸造。二是重视道德建设。中央印发《公民道德建设实施纲要》后，他们组织职工深入学习，举办了学习骨干培训班，组织知识竞赛。在中央颁布《建立健全教育、制度、监督并重的惩治和预防腐败体系实施纲要》后，又结合该文件的学习，完善了该所职业道德建设的制度规定，推进了廉政制度建设。三是重视活动引带。在廉政文化建设中，他们不断发起形式多样的行风建设活动，始终突出查纠“三乱”，正本清源。过去，邵伯船闸曾带头在全省交通系统开展了“行业不正之风自查自纠、自我教育”活动，得到江苏省交通厅推广。近年来，根据船闸工作特点，开展了“算好人生四笔账”专题讨论活动，开展了“爱运河、爱船闸、爱岗位、爱船员、爱自己和珍惜自己工作、珍惜自己家庭、珍惜自己饭碗”为主题的“五爱三珍惜”主题教育，促进全所树立起了良好的廉政形象。四是重视接受监督。他们长期坚持公示有关工作标准和收费依据，实行承诺服务，坚持允诺必践。在船闸各重点岗位分别设立意见簿和举报箱，广泛收集船员的意见，还坚持定期走访船员，明察暗访，组织召开船员座谈会，进行行风测评。运行现场每个班次、各个岗位均做到挂牌公开当班班组名号、岗位人员姓名，通过各项监督措施的落实促进了行风建设。在廉政文化的推动之下，全所行风廉政建设取得了很好成绩，船员们不论行船到什么地方，总是称赞江苏邵伯船闸的行风好。

四、长江口深水航道整治工程的文化建设实践

建立适应社会主义市场经济的企业文化，是一个崭新的课题。随着中国经济体制改革的深入开展，企业文化所具有的功能和作用越来越被人们认同，被企业所重视。长江口深水航道治理工程是社会主义建设的一个组成部分。工程建设中的文化建设，对于凝聚人心，树立工程形象，形成文化品牌，促进工程建设的顺利实施，都有着极其重要的意义。因此，交通部长江口航道管理局高度重视长江口深水航道整治工程中的工程文化建设，并进行了有益的探索和实践。

（一）长江口工程建设中文化建设的基本内涵

文化是反映人类创造的物质财富和精神财富的总和。工程建设中的文化是反映一个工程整体形象特征的一种文化形态，它是由物质文化层、行为文化层、制度文化层，和精神文化层组成的完整体系。

1. 物质文化层

物质文化是表层文化，是指物质基础、物质条件和物质手段等方面所

反映的文化内涵的总和。物质文化的特点是看得见、摸得着、非常直观。在长江口工程建设中主要表现在工地的场区布局、场容场貌、建筑设施、技术装备、生产产品、防护设施、居住条件、等“硬件”构成的工作条件、生活环境所反映的文化内涵和文化意义。这些物质文化层面的东西都是文化的反映，是深层次的精神文化层面的一种折射和表露，它不仅能体现企业的文化积淀和人员素质，而且能体现企业管理理念及管理水平，在一定意义上讲，是一个企业形象的象征。

2. 行为文化层

行为文化是透过表层文化后的浅层部分，它是形成表层物质文化的浅层基因之一。从内容看，长江口工程的行为文化包括生产行为、管理行为、分配行为、交换行为和消费行为以及个人的言行举止、仪容仪表乃至生活习惯等行为人文因素。对工程建设来说，生产行为是最根本、最基础的行为，这是因为它的合理性、有效性直接影响到分配、交换、消费的有效性，因此，生产行为中的文化建设无疑是工程中文化建设的最重要最基础的文化建设。在长江口工程建设过程中，先进而合理的船机配备、施工技术、施工工艺和流程、劳动组织并辅之以有效的监督、激励行为，是生产行为的一项重点文化建设。在长江口工程中组织开展的立功竞赛活动和创建文明工地活动，就是行为文化的一种有效的形式和载体，一航局的“浇铸明天”、二航局的“五杯一星”竞赛、航道局SⅡA标段的“三文一星”竞赛、航道局疏浚公司的“三管一貌”活动以及明达公司的“身在孤岛采块石，胸怀全国十三亿”的战斗誓言，都是行为文化的一种集中表现。通过这些活动，极大地调动了广大职工和管理人员的积极性，有效地促进了工程建设和各项管理工作，也形成了长江口工程有别于其他工程的形象定位。

3. 制度文化层

制度文化是中层结构部分，主要包括组织与领导制度、工艺和工作管理制度、人力资源管理制度和工薪管理制度等若干方面。从功能看，它主要为了解决生产活动的有效运行问题，规范企业行为文化的方向，以效果为目标，从某种意义上讲，它直接涉及物质财富和精神财富的创造。长江口工程中制度文化这个层面的建设主要集中在工程建设中的工程合同制、监理制等规范工程行为的制度以及各单位的各项规章制度等方面。在长江口工程建设中的制度文化建设中，为了保证工程建设的顺利进行和相关制度的有效实施，所施行的招投标制度、合同制、监理制，推出的党建联建制度、廉政建设合同制度、立功竞赛和文明工地的检查评比表彰制度等，这些制度与各施工单位自身的各项管理制度构成覆盖长江口工程建设全过程的一个完整的制度文化层，在工程建设中发挥了积极的作用。

4. 精神文化层

精神文化层是核心层次，是相对于中层的制度文化、浅层的行为文化和表层的物质文化而言的。就长江口工程中精神文化建设的主要内容来说，主要包括工程建设中的哲学、价值观、企业精神、职业道德、思维方式等方面的内容。在精神文化层面，哲学是基础，人生观、价值观是关键，企业精神则是在企业价值观念的基础上所形成的一种群体意识和精神状态，它是精神文化层的核心，是企业文化建设的最高层次和最高境界。目前归纳提炼的“坚韧不拔，开拓创新，勇于实践，敢于胜利”长江口精神，就是广大工程建设者在一期工程精神中工作态度和精神状态的真实写照。

（二）长江口工程文化建设的有效载体

企业文化不是无源之水、无本之木，它必须通过一定的物质实体和精神手段，才能在生产活动实践中表现出来。 这种物质实体和精神手段，就是文化建设的载体，载体在文化建设中具有举足轻重的作用。在长江口深水航道治理工程的实践中，较为成功地运用了以下文化建设载体：

1. 立功竞赛活动

长江口工程围绕施工进度、质量、安全、文明等方面开展的“四比、三建一创”立功竞赛活动，突出了“三全”，即全员、全方位、全过程，形成了覆盖业主、科研、设计、施工、监理等全部参建单位的全体职工。时时处处形成的比学赶帮、你追我赶的竞赛局面，是长江口工程中文化建设的一个鲜明特征；在立功竞赛活动中大家熟知的“只要思想不滑坡，办法总比困难多”的响亮口号，已经成为克服困难的信心标志和战胜困难的力量源泉，是文化建设中的一个突出亮点；立功竞赛的规则、检查考核评比制度和标准、办法及展示牌的耸立同样也是长江口工程文化建设的重要标志和重要内容。实践证明，立功竞赛活动不仅有效地推进了长江口一期工程的顺利实施，同时也成为长江口工程建设中文化建设的一个有效载体，推进着长江口工程文化建设的形成和发展。

2. 创建文明工地活动

创建“文明工地”活动是精神文明建设和物质文明建设融成一体的最佳形式之一。它内容涵盖着场地布局、工序衔接、工程质量、生产安全、综合治理、环境卫生、宣传教育、卫生防疫、防火防灾等方方面面。争创“文明工地”活动，是工程建设的需要，同时又是各企业形象和企业群体素质及综合管理水平的体现。工地文明是企业文化的一面镜子，也是企业文化建设的一个重点。

3. 科技论文评比竞赛活动

科技论文竞赛，是长江口一期工程建设中创建的一个颇具有工程特色的文化建设活动，它是鼓励科研、设计、施工和监理单位以中国水运史上史无前例的长江口工程为依托，加大研究和开发力度，培育总结一批具有自主知识产权的核心技术，在加快推进工程建设的同时，提高工程科技含量，为中国在国际水工技术领域占有一席之地，将中国文化推向世界作出贡献，也为不断增强企业自身的竞争力锻炼造就优秀人才，提供了一个舞台。事实证明，一期工程科技论文竞赛胜出的一大批科研成果和一大批优秀科技工作者已成为目前乃至今后水运工程中的一笔宝贵的文化财富。

4. 党建联席会活动

党建联建是长江口工程建设中党建、思想政治工作的一个探索。党建工作联合搞，可以有效地发挥建设、施工、监理、科研和设计各家的特点和专长，发挥集体的力量，起到1+1大于2的效果。党建联席会的活动紧贴工程实际，围绕工程建设中的重点、难点、热点展开，每次都有实实在在的内容，通过研讨，形成共识，有益于工作。目前，党建联建活动已成为长江口工程文化建设不可或缺的一个重要组成部分，成为具有长江口特色的有效载体。

5. 编辑和出版围绕工程建设的音像制品、简报、书籍和资料

长江口深水航道整治工程是一项跨世纪的宏伟工程，记录和展示工程建设本身就是文化建设的一个积淀。从一期工程至今的5年当中，相关部门录制了包括从科研立项、项目研究、“预可”、“工可”，到设计、施工一系列内容的音像资料；出版了工程简报，特别是航道维护水深变化的简报，掌握了河势变化及回淤规律；发布和出版了几十份科技论文；印制了众多的导堤结构物及新型专用船舶的设计资料，出版发行了反映工程建设者风采的文选等，所有这些，不仅发出了正确的信息，而且为领导者和工程指挥者的正确决策提供了科学资料，成为长江口文化建设的极好载体，也是长江口文化建设的体现和见证，它将载入中国水运工程建设的史册，给后人留下了一份宝贵的财富。

6. 文化娱乐和文体比赛活动

长江口工程远离上海，大部分职工长期工作和生活在波涛汹涌的大海和孤岛上，条件艰苦，生活单调。因此，在抓紧工程建设的同时，各级组织经常组织开展形式多样的工地文化活动，不仅是企业文化建设的需要，也是职工工作、学习和生活的需要。如联谊会、读书活动、卡拉OK、各类比赛等载体的文化建设实践活动的开展，不仅起到了劳逸结合、养精蓄锐、以利再战的作用，而且丰富了职工文化生活，陶冶情操，增进官兵一致、同志友爱的关系，对营造昂扬向上的氛围，鼓舞职工士气，培育和弘扬长江口工程文化起到了积极的作用。

（三）搞好长江口工程文化建设的几点思考

文化建设作为一项综合工程和系统工程，必须从整体上把握对文化的描述和形成完整的概念。从目前情况看，长江口工程建设中的文化正在形成，尽管它是分散的、不全面的，但已经显现了对工程建设的积极推动和促进作用。然而，要真正形成长江口工程建设文化，还需要对长江口文化建设的基本框架，即建设目标、基本内容、基本形式和操作手段等要有一个准确的描述和设计。长江口航道管理局正在思考对长江口工程建设文化进行提炼和总结，挖掘和发现，同时，进一步培育和塑造、宣传和提升，使长江口工程文化建设既融于工程建设和企业发展之中，又成为提升企业形象和搞好工程建设之动力。

1. 在对现有文化建设提炼、总结的基础上，逐步形成长江口工程文化建设的基本框架和思路

长江口工程是一个功在当代，利在千秋的世界级大型河口整治工程，不仅具有重大的现实意义，更具有深远的历史意义。从这个意义上讲，长江口工程文化建设的出发点，应该定位在世界大型河口整治技术前沿这一位置上，目标上努力做到在物质文明和精神文明的统一，即建一个精品工程，出一批科技领先成果，育一批卓越人才。

2. 进一步挖掘和充实基本框架和思路，形成完整的长江口精神和文化品牌

首先，要对长江口工程现有的文化进行科学的分析和研究，其次，要发动群众对长江口工程形象的理念进行讨论，形成统一的表述。从企业的实际出发提炼和打造长江口工程文化品牌，应该追求的是世界大型河口整治技术前沿的科技形象；新世纪建设者昂扬向上、开拓创新、与时俱进的人格形象；中华民族自强不息、坚韧不拔、无私奉献的民族形象；精心组织、一流科学管理的现代企业管理形象；博采众长、扬长避短、团结协作的融合形象。

3. 在建设、营造的基础上，尽快形成全员参与，全过程培育、全方位体现的长江口工程文化建设氛围

企业文化用共同的理想、价值观念和行为准则等对人进行管理，发挥的是道德的力量、信念的力量和心理的力量。坚持“以人为本”，培育每个职工昂扬向上的精神状态，是企业文化的核心。企业文化又是一个无处不在的文化，会渗透到各项工作之中，每天的生活之中。长江口工程的文化建设要一步一个脚印，要在整个长江口工程建设中不断建设、不断积累、不断发展，在党政工团的领导下，形成全员、全过程和全方位的“三全”思路和局面，使长江口工程的文化建设更具时代性、独创性和创新性。

（四）在提升和培育长江口工程文化的过程中，要注意处理好几个关系

1. 继承与创新的关系

中国是一个文化底蕴十分深厚的国家，先人为我们留下了极其丰富的文化遗产。长江口文化建设要敢于将一切有用的传统文化都继承过来，发扬光大，与此同时，还要将文化建设同正在做着的工程建设更加紧密地结合起来，去创新、去发展，只有这样，长江口文化建设才会更加富有个性和时代特色，才能达到长江口精神和“人的形象与工程形象合一”的境界。

2. 自成与吸收的关系

一切优秀的文化，没有国界，都

可以容纳和吸收。长江口工程是世界级的河口整治工程，要从世界范围内的水运工程视角去思考，吸纳先进国家的科学技术，管理经验，结合自身的经验和特点，形成先进的具有自身特色的东西。通过学习优秀文化，研究新技术，掌握新技能，开发新工艺，使长江口工程的科技含量和施工工艺处于世界领先水平，使广大工程建设者各方面有所提高，真正体现先进文化的要求。此外，在学习国外先进文化的同时，加强内部相互学习，取长补短，通过交流、碰撞，达到融合和提升，形成新的、更高层次的各具文化特色的百花竞放的局面。

3. 塑造与宣传的关系

企业的形象和品牌一靠自身塑造，二靠设计宣传。在塑造和宣传企业形象和文化品牌时，要注意认识上的两个误区：一是追求形象的“原生状态”。认为企业本来是什么样就应当是什么样，不必进行所谓的“形象塑造”。二是对企业形象“盲目自吹”。相比较而言，目前，长江口工程无论在工程管理、施工工艺、技术创新、工地建设、精神文明等方面所取得的成绩是有目共睹的，得到了上级乃至社会各界的好评，但与国内外先进工程比，也有一定的差距。因此，要加大宣传和塑造卓越的长江口文化的工作力度。在中国水运工程史上、在上海市重大工程、全国的重点工程项目乃至于世界河口整治领域中，打出长江口工程建设的文化大旗。

后　记

航道文化研究是交通部组织的“交通文化建设研究”22个子课题之一，承担单位为长江航道局。接此任务后，长江航道局迅速行动，与广东海事局、广东省航道局、黑龙江省航道局、江苏省航道局等单位的领导和相关部门积极沟通，确定了由以上四家单位作为航道文化研究的协作单位。在此基础上，成立了各单位主要领导为组长、副组长的研究工作领导小组。领导小组确定了文化研究的总体思路，并经常性听取课题组研究进展汇报，按照总课题组的要求，及时成立了研究课题组和专家顾问组，认真进行了前期调研和大纲编写的准备。为了保证研究质量和研究进度，长江航道局聘请了北京和君文化咨询公司的专业研究人员共同进行课题研究。

本书写作之前，首先由李伟红、方大怀同志组织课题组成员在认真学习领会交通文化建设研究总的指导精神和“航道文化研究大纲”前提下，由章婧、朱仁健等起草完成了研究框架和本书编写大纲。在集思广益的基础上最终形成了8个章节的专著编写大纲，尔后在反复论证、实地调研和搜集大量资料的基础上，开始了书稿的撰写工作。参与本书初稿撰写的人员是：第一章，程从芦；第二章，朱仁健；第三章，艾峦苓；第四章，刘方来；第五章，张兆明；第六章，殷黎；第七章，张兆明；第八章，章婧。初稿完成后，又数易其稿，反复进行修改。课题组根据评审专家的意见和建议，逐字逐句对书稿反复推敲统稿。

在航道文化研究和全书撰写的过程中，交通部黄先耀副部长多次就本课题的研究作出重要指示。同时，交通部体法司及交通文化建设研究总课题组的领导和同志们给予了热情的关怀、精心指导和具体的把关。在专著框架研讨会和专著初审、终审会上，来自行业内外的诸位专家也提出了许多中肯的意见和建议。在课题研究的调研过程中，我们还得到了广东海事局、广东省航道局、黑龙江航道局、江苏省航道局、苏北航务处等许多兄弟单位的大力支持。本课题之所以能够顺利完成，更多地是得到了来自部领导、总课题组领导和专家、各协作单位领导和同志的大力支持和赐教，目前取得的这个成果充分凝聚着各位领导和专家的智慧和心血。在此，我们对真诚帮助过我们的各位领导和专家表示由衷的谢意！

在课题研究过程中，我们参阅了行业内外相关领域各个方面的资料。前人的诸多理论成果和来自航道管理部门的实践总结，为我们的研究提供了丰厚的养料，在此一并表示诚挚的感谢！

航道文化的研究尚属一项探索性的工作。课题在这一过程中进行的研究，大多无例可循，用以借鉴的资料难觅鸿爪雪泥，这就更增添了研究工作的难度。回顾整个航道文化研究的工作，由于我们在能力和时间等诸多方面的原因，难免存在一些不妥之处，敬请行业内外广大读者批评指正。

最后感谢交通部水运司宋德星司长为本书作序。

参考文献

[1] 武汉水利电力学院河流动力学及河道整治教研室.河道整治.北京:中国工业出版社，1965.

[2] 武汉水利电力学院河流泥沙工程学教研室.河流泥沙工程学.北京:水利电力出版社，1983.

[3] 陈维政，张丽华.忻榕.转型时期的中国企业文化研究.大连:大连理工大学出版社，2005.

[4] [美]吉姆·柯林斯.从优秀到卓越——社会机构版.北京:中信出版社，2006.

[5] [美]吉姆·柯林斯.基业长青.北京:中信出版社，2005.

[6] [美]鲁斯·本尼迪克特.菊与刀.北京:商务印书馆，2005.

[7] 庞顺根，刘少青.与时代同行——交通行业文化通论.南京:江苏人民出版社，2006.

[8] 石伟.组织文化.上海:复旦大学出版社，2004.

[9] [美]阿伦·肯尼迪、泰伦斯·迪尔.公司文化.北京:中国对外翻译出版社，1989.

[10] [美]约翰·科特.变革的力量.北京:华夏出版社，1997.

[11] [美]埃德加·H·沙因.企业文化与领导.北京:中国友谊出版社，1989.

[12] [德]马克斯·韦伯.新教伦理与资本主义精神.北京:中信出版社，2005.

[13] 沙莲香.现代社会学.北京:中国人民大学出版社，1994.

[14] [英]罗伯特·高菲，盖瑞斯·琼斯.公司精神.哈尔滨:哈尔滨出版社，2003.

[15] [美]埃德加·沙因.组织心理学.北京:经济管理出版社，1987.

[16] [德]蓝德曼.哲学人类学.北京:工人出版社，1988.

[17] 王轼刚.长江航道史.北京:人民交通出版社，1993.

[18] 侯长纯，郑承龙.黑龙江航运史（古、近代部分）.北京:人民交通出版

社，1988.

[19] 黄振亚.长江大撤退.武汉:湖北人民出版社，2006.

[20] 刘恒伟，魏志刚.长江航运研究文集.武汉:武汉出版社，2004.

[21] 周冠伦.航道工程手册.北京:人民交通出版社，2004.

[22] 陈元生.长江航道文献.香港:天马出版有限公司，2007.

[23] 周家华.长江航运五十年.长江航务管理局党委宣传部，1999.

[24] 杨卫泽，周世忠.奉献之歌.北京:中国文联出版社，2001.

[25] 徐从法.京杭运河志（苏北段）.上海:上海科学院出版社，1998.

[26] 秦振中.创建在“窗口”.邵伯船闸文明创建工作资料汇编

[27] 广东海事精神文明建设红皮书，2006

[28] 李小琳.静水深流.上海:上海人民出版社，2007.

[29] 沃伦・本尼斯.成为领导者.北京:中国人民大学出版社，2008.

[30] 淞泉.商道如水.长春:吉林出版集团有限责任公司，2006.

[31] 谢佩良，王学秀.企业文化建设案例选编.北京:中国财政经济出版社，2007.

[32] 王宜发.险滩恶水之间.武汉.长江出版社，2008.

[33] 江苏省航道局.江苏航道精神研究成果汇编，2007.

[34] 邵树德.探索长江口工程建设中的文化建设，2007.

[35] 中央电视台编导《话说长江》、《话说运河》、《再说长江》视频资料.

[36]《中国水运报》、《长江航道》、《运河航务报》、《广东海事》等报刊、杂志、网站.